努力与光荣

成都市机关事务管理局　主编
Government Office Administration of Chengdu

四川大学出版社
SICHUAN UNIVERSITY PRESS

图书在版编目（CIP）数据

平凡与光荣 / 成都市机关事务管理局主编. — 成都：四川大学出版社，2022.10
 ISBN 978-7-5690-5676-1

Ⅰ.①平… Ⅱ.①成… Ⅲ.①地方政府－行政管理部门－工作概况－成都 Ⅳ.①D625.711

中国版本图书馆CIP数据核字（2022）第188995号

书　　名：	平凡与光荣 Pingfan yu Guangrong
主　　编：	成都市机关事务管理局

选题策划：刘一畅
责任编辑：刘一畅
责任校对：曹雪敏
装帧设计：墨创文化
责任印制：王　炜

出版发行：四川大学出版社有限责任公司
　　　　　地址：成都市一环路南一段24号（610065）
　　　　　电话：（028）85408311（发行部）、85400276（总编室）
　　　　　电子邮箱：scupress@vip.163.com
　　　　　网址：https://press.scu.edu.cn
印前制作：成都墨之创文化传播有限公司
印刷装订：四川五洲彩印有限责任公司

成品尺寸：185mm×260mm
印　　张：15.75
字　　数：280千字

版　　次：2022年10月 第1版
印　　次：2022年10月 第1次印刷
定　　价：98.00元

本社图书如有印装质量问题，请联系发行部调换

版权所有 ◆ 侵权必究

四川大学出版社
微信公众号

《平凡与光荣》编审委员会

主　　　任	谢瑞武　刘筱柳
副 主 任	郭　杨　向　阳　龙太利　吕京生　李世明
	叶　竞　史长凯　文　平　洪　安　晋　军
	肖兴国　罗　斌　孟　杰　刘瑞娟
委　　　员	张卫军　孙新良　周恩平　李　良　李志宏
	雷　涛　李　悦　刘　健　唐木林　于钧博
	宋学杰　陈　康　杨志强　宋晓梦　胡　晟
	黄　蓉　李　燕　袁雪梅
主　　　编	郭　杨
常务副主编	文　平
执 行 主 编	李　燕
编　　　辑	张春东　李晓庆　彭　静　彭国竹　刘　琳
图 片 提 供	视觉中国　汇图网　王守德　唐丽萍　黄　博　温剑奇
撰稿及翻译	王　彪　周淼然　刘　妤　郭　敬
法 律 顾 问	国浩律师（成都）事务所
特 别 感 谢	四川大学公共管理学院
	成都市市级机关国有资产管理服务中心
	成都市机关生活服务中心
	成都市机关会议服务中心
	成都宾馆
	天府新城会议中心

前言
PREFACE

  自1921年成立以来，我们的党已经跨越百年历程。过去的一百年，是我党矢志践行初心使命的一百年，是筚路蓝缕奠基立业的一百年，是创造辉煌开辟未来的一百年。回顾百年奋斗历程，机关后勤队伍始终是中国共产党的"近卫军"，始终是人民群众的贴心人。他们没有什么豪言壮语，却有着一颗热诚服务的心，他们以不懈的努力坚强保障着党政机关的正常运行。"平凡与光荣"是对机关后勤队伍最恰当的形容。

  平凡铸就光荣。"功崇惟志，业广惟勤"。习近平总书记指出，"只要有坚定的理想信念、不懈的奋斗精神，脚踏实地把每件平凡的事做好，一切平凡的人都可以获得不平凡的人生，一切平凡的工作都可以创造不平凡的成就。"在革命、建设、改革的不同历史阶段，机关后勤队伍始终以自己辛勤的劳动，为党政机关的正常运行和工作人员的日常生活提供基本保障，脚下沾着泥土、衣上带着露珠、身上冒着热气，以平凡的工作成就了光荣的事业。

  光荣在于平凡。"民生在勤，勤则不匮"。习近平总书记指出，"劳动没有高低贵贱之分，任何一份职业都很光荣。""只要踏实劳动、勤勉劳动，在平凡岗位上也能干出不平凡的业绩。"机关后勤队伍是一支光荣的队伍，在百年历史风云中他们始终是坚定者、奋进者、搏击者，为党和人民的事业殚精竭虑、不遗余力。

  在中国共产党党史、新中国史和改革开放史的大背景下进行考量，就能感受到机关后勤队伍永远奋斗的精神特质和实干担当的高尚品质。也正因为如此，我们编撰了《平凡与光荣》一书，来讲述机关后勤队伍的故事、中国共产党的故事、中国的故事。百年仍是少年，奋斗正青春！机关后勤队伍都是追梦人。为实现第二个百年奋斗目标，为实现中华民族伟大复兴的中国梦，机关后勤队伍正在努力走好新时代机关后勤工作的长征路，继续撰写"平凡与光荣"的新篇章。

PREFACE

Since its founding in 1921, the Communist Party of China (CPC) has gone through a glorious journey of 100 years. The past century years have witnessed the CPC unswervingly fulfilling its founding aspirations and missions, working hard to lay a foundation for its great cause, and achieving triumphs for a greater future. Looking back, public office service teams have been steadfast guards of the CPC and close feiends of the people. They serve not with grand words but with a committed heart; they play supporting roles but nonetheless spare no effort to secure the stable functioning of Party and government institutions. *The Glory of the Ordinary* is the most fitting description of their dedication.

Glory rises out of the ordinary. "Exploits and triumphs are only won with commitment and diligence." As General Secretary Xi Jinping advocated, "as long as we have firm ideals and beliefs, a unrelenting spirit, and a pragmatic attitude to our every ordinary endeavor, all lives shall become extraordinary, and all efforts shall prove triumphant." Throughout the times of revolution, development, and reform, public office service teams provided constant support to operations of Party and government offices and the daily necessities for civil servants. The glorious triumph of the cause never obscure the unassuming toil of those who get mud on their shoes, dewdrops on their coats and sweat across their faces.

True glory lies in the ordinary. "A life of diligence is never one of wants." General Secretary Xi Jinping stressed that "every occupation is equal in value and glory"; "as long as you work honestly and diligently, there are extraordinary success even in ordinary positions." Service teams for public offices occupy glorious chapters in the pages of history. For the causes of the Party and the people, they have been the most constant supporters, pioneers, and fighters.

Through the lenses of the histories of the Party, the People's Republic, and reform and opening up, striving spirit and noble qualities of the public office services teams are rendered even more impressive. For this reason, we compiled The Glory of the Ordinary to tell the story of public office service teams, the story of the CPC, and the story of China. 100 years young is the prime for those who fight. All members of public office service teams are believers—of the second centenary goals and the Chinese dream of the great rejuvenation of the Chinese nation. For that, public office service teams are steadfast on the Long March of the New Era, towards new Glory of the Ordinary.

目录
CONTENTS

▶ 第一章　光荣的起点：初心使命与艰苦奋斗
Chapter One : Initial mission and hard work

◆ 第一节　1921 年—1936 年的后勤工作 ………………………… 2
　　　　Logistics work from 1921 to 1936 ……………………… 2
◆ 第二节　1936 年—1948 年的后勤工作 ………………………… 7
　　　　Logistics work from 1936 to 1948 ……………………… 7
◆ 第三节　1949 年—1978 年的后勤工作 ………………………… 16
　　　　Logistics work from 1949 to 1978 ……………………… 16

▶ 第二章　光荣的探索：改革开放与锐意进取
Chapter Two : Reform, opening up and forging ahead

◆ 第一节　机关事务改革的初始探索阶段 ………………………… 23
　　　　The initial exploration stage of the reform of
　　　　organ affairs management ……………………………… 23
◆ 第二节　机关事务改革的逐步推进阶段 ………………………… 51
　　　　The gradual promotion stage of the reform of
　　　　organaffairs management ……………………………… 51
◆ 第三节　机关事务改革的全面推进阶段 ………………………… 70
　　　　The comprehensive promotion stage of the reform
　　　　of organ affairs management …………………………… 70

第三章 光荣的发展：守正创新与砥砺前行
Chapter Three : Keep innovation and forge ahead

- ◆ 第一节 走向新时代机关事务管理的新征程 ················· 95
  A new journey towards the management of government affairs in the new era ················· 95
- ◆ 第二节 走出新时代机关事务管理的创新路 ················· 125
  Walk out of the innovative way of organ affairs management in the new era ················· 125
- ◆ 第三节 走好新时代机关事务管理的长征路 ················· 172
  Take the long march of the management of government affairs in the new era ················· 172

第四章 光荣的传承：红色基因与文化自信
Chapter Four : Red gene and cultural confidence

- ◆ 第一节 红色基因永传承 ················· 201
  Red gene will be inherited forever ················· 201
- ◆ 第二节 文化自信更坚定 ················· 210
  Cultural confidence is stronger ················· 210
- ◆ 第三节 使命光荣再出发 ················· 217
  Mission: start again with glory ················· 217

主要参考文献 ················· 231
Reference

后 记 ················· 242
Postscript

第一章
Chapter One

光荣的起点：
初心使命与艰苦奋斗

雾锁南湖一苇来，神州长夜起春雷。1840年鸦片战争以来，中华民族饱受帝国主义的侵略和摧残，封建主义统治的倒行逆施和残酷镇压，仁人志士难忍统治者的软弱无能和自私虚伪，中国革命急切需要先进思想的科学指导，民族自救迫切需要先进政党的坚强领导。在历史和人民的正确选择下，实现民族独立、完成人民解放、实现国家富强的艰巨使命落在了中国共产党的肩上。经过国民大革命时期的激流洗礼、瑞金革命时期的艰难成长、红军长征时期的艰苦磨砺、延安革命时期的刻苦锤炼和社会主义建设时期的不懈奋斗，中国共产党各方面组织逐步完善，带领中国人民相继实现了从半殖民地半封建社会到新民主主义社会、从新民主主义社会到社会主义社会的伟大转变，创造性地开辟了一条中国特色的社会主义建设道路。

第一节

1921—1936年的后勤工作

"工欲善其事，必先利其器。"中国共产党带领人民群众迎来了从站起来、富起来、到强起来的伟大飞跃，其间后勤工作者发挥着至关重要的组织保障作用。后勤工作是职能性的组织保障工作，其实质是为单位其他工作的开展提供适时的物质保障和适宜的服务保证，如财务管理、车辆管理、住房管理、医疗服务、餐饮服务等。后勤工作者通过大量艰苦细致的工作，保证了单位的正常运转。党的后勤工作服务于机关党务、

第一章 光荣的起点：初心使命与艰苦奋斗
Chapter One : Initial mission and hard work

政务工作，在确保组织各项职能活动的正常进行和有序运转中起着十分重要的作用，是党政机关正常运转的必要保障和重要支撑。党的后勤工作者具有与生俱来的优秀红色基因，通过保障党政机关的有效运转，实践为人民服务的宗旨，为党的伟大事业做出了重要贡献。

一、中国共产党成立初期的后勤工作

1911年10月10日爆发的辛亥革命推翻了统治中国几千年的封建专制制度，但由于民族资产阶级在政治和经济上的软弱性，辛亥革命没能把反帝反封建的革命斗争进行到底，帝国主义在中国的势力几乎没有被削弱，封建残余势力依旧存在，中国人民依然生活在苦难的深渊里，贫穷落后，饱受欺凌。在这样的社会背景下，一批先进知识分子和革命青年发起了冲击封建专制思想和宣扬民主科学理念的新文化运动。1917年11月7日，十月革命一声炮响，给中国送来了马克思列宁主义。中国先进知识分子从马克思主义的科学真理中找到了解决中国问题的"金钥匙"，马克思主义的传播速度不断加快。1921年7月，中国共产党第一次全国代表大会在上海法租界望志路106号（现兴业路76号）和浙江嘉兴召开，会议通过了中国共产党第一个纲领，确定党的名称为"中国共产党"，正式宣告了中国共产党的诞生。中国出现了一个以马克思主义为行动指南，始终把为中国人民谋幸福、为中华民族谋复兴作为初心使命的工人阶级政党，中国的革命面貌从此焕然一新，中国的历史翻开了崭新的一页。

中国共产党一经成立，就把实现中华民族伟大复兴和追求中国人民长久幸福作为自身的初心使命，把组织无产阶级革命斗争和维护人民群众的根本利益作为自身的职责担当，积极投身且坚强领导了中国的新民主主义革命。1922年1月至1923年2月，中国共产党掀起了中国工人运动的第一次高潮。在持续的13个月里，全国发生大小罢工100多次，极大鼓舞了人民群众参与革命的积极性。1924年1月，中国国民党第一次全国代表大会在广州举行，通过了《中国国民党第一次全国代表大会宣言》，对"三民主义"作出新解释，确定了联俄、联共、扶助农工的三大革命政策，标志着第一次国共合作正式形成。第一次国共合作实现后，革命统一战线建立，开创了反对帝国主义和封建军阀的革命新局面。1924年7月，广州沙面租界爆发数千工人参加的政治大罢工、国民会议运动、五卅运动和省港大罢工等，使工农运动得到了大力发展。

伟大的事业离不开相应的物质基础和后勤保障。中国共产党成立之初，由于党员数量较少、党组织管理职能较弱，党内暂时未能形成一套专门的机关后勤服务制度，只涉及了一些相对基础的后勤服务内容，如会议活动的组织筹备、往来人员的食宿安排、各地党员的沟通联络、活动经费的筹集使用等。在帝国主义侵略者和封建军阀严密防范、残酷镇压民主革命活动发展的动荡时局中，为了民族大义和国家救亡而努力奋斗的早期中国共产党党员和仁人志士，以舍我其谁的奉献精神和舍生忘死的牺牲精神，在细心呵护和努力促成中国共产党发展壮大的过程中，充当了会议勤务员、经费筹集者、交通联络人等后勤保障角色。

二、瑞金革命时期的后勤工作

"头上高山，风卷红旗过大关。"自1927年4月12日，以蒋介石为首的国民党新右派公然发动反革命政变，大批共产党员和革命群众惨遭屠戮，欣欣向荣的大革命形势急转直下，从高潮走向失败。1927年8月7日，中共中央在湖北汉口秘密召开紧急会议（八七会议），确定了土地革命和武装反抗国民党反动派的总方针。9月9日，秋收起义失败后，毛泽东果断改变计划，率部队退到浏阳文家市集中，主持召开前委会议，决定走"农村包围城市，武装夺取政权"的革命路线。9月29日，毛泽东领导起义军在江西永新县三湾村进行了著名的三湾改编，并率领起义军到井冈山建立革命根据地，全力进行边界党、军队和政权建设。井冈山根据地的建立，点燃了工农武装割据的星星之火，为中国革命探索出了农村包围城市、武装夺取政权这样一条前人没有走过的正确道路。1931年11月7日，为争取政治主动、实现人民利益和统一领导全国各根据地斗争，中共中央决定进驻瑞金，以工农红军为国家武装力量，成立中华苏维埃共和国临时中央政府。

瑞金革命时期是指中国共产党领导创立的中华苏维埃共和国临时中央政府在瑞金筹建和驻扎的那几年，即1931年至1934年。在这个时期，在中国共产党的坚强领导下，工农红军连续挫败了国民党第一、二、三、四次"围剿"，主要由赣南、闽西等区域组成的中央苏区正式形成。到1933年秋，随着第四次反"围剿"胜利和东方军入闽作战，中央苏区拓展到西起赣江、东至闽赣边界最东端，地域范围包括赣南、赣东南、闽北、闽西北、闽西各区大部及闽中、闽西南、粤东北各区一部的面积，设立了江西、福建、闽赣、粤赣 4 个省，总面积 8.4 万平方公里，总人口 450 多万。[1]

"当年鏖战急，弹洞前村壁，装点此关山，今朝更好看。"瑞金革命时期，新生的工农民主政权一方面遭受着国民党反革命势力的围困绞杀，另一方面面临着内部生存发展资料严重短缺的残酷现实。在这样的历史条件下，中华苏维埃共和国临时中央政府希望建立一个能够保障中央苏区人民群众生产生活、各级苏维埃政府顺利运行以及工农红军部队作战能力的后勤保障部门。在多次反"围剿"中，中央苏区虽遭受战争破坏和经济封锁，但依然勉力发展生产，农业、工业、商业、交通等经济工作都有一定发展。这离不开后勤保障部门的努力。

瑞金革命时期的后勤工作具有鲜明的时代特点、独特的工作方式和良好的保障效果，各级苏维埃政府总务厅（处/科）囊括了各项机关后勤保障职责，开创了中国共产党执政条件下机关事务管理的先河。各级苏维埃政权的后勤保障部门以自己辛勤的劳动，为机关的正常运行和工作人员的日常生活提供了基本保障，其所体现的精神面貌、经验成效对此后的后勤工作产生了深刻的影响。其工作成果是中国共产党政权建设的历史见证，是中国革命精神和中华民族优秀文化的重要载体。

1931 年 11 月 27 日，中华苏维埃共和国中央执行委员会第一次全体会议设立了总务厅。同年 12 月 18 日，《红色中华》发表了中华苏维埃共和国中央执行委员会委任政府人员的文告，其中有"委任方维夏为中央执行委员会总务厅厅长"的内容。中华苏维埃共和国中央执行委员会第一次全体会议结束后，中华苏维埃共和国临时中央政府便成立了总务厅，并委任了该厅首长，这标志着中国共产党首次有了管理后勤工作的专门机构。瑞金革命时期的后勤工作管理体制开创了中国共产党执政条件下的后勤工作管理之先河。

三、长征时期的后勤工作

"雄关漫道真如铁，而今迈步从头越。"1933 年 9 月至 1934 年夏，国民党调集百万大军，对中央革命根据地发动了第五次军事"围剿"。博古和李德等人的错误指挥使红军屡战失利、损失严重，日益陷于被动。1934 年 9 月上旬，国民党军队加紧对中央革命根据地发动进攻，红军已无在原地扭转战局的可能。10 月，中共中央、中央

[1] 游永涌．将乐红色故事会（下册），内部资料，2021:452-453.

军委率中央红军8.6万多人，踏上战略转移的漫漫征程，开始了世界上前所未有的长征壮举。1935年1月，党中央在贵州遵义召开政治局扩大会议，纠正了博古、王明等人在军事指挥上的错误，开始确立了以毛泽东为主要代表的马克思主义正确路线在党中央的领导地位，屡遭挫折的红军拥有了走向长征胜利的政治保证。

"山高路远坑深，大军纵横驰奔。"红军长征途中，恶劣的自然环境，沿途地方军阀以及国民党中央军的围追堵截，使红军的战略转移环境险恶万分，军队后勤保障成为党在长征时期的核心工作内容。军队后勤保障是军队组织实施物资供应、医疗救护、装备维修、交通运输等各项专业勤务保障的总称，任何军事行动或政治活动都离不开必要的后勤保障。红军在长征途中长期处于流动作战状态，既没有任何根据地作为依托，也没有任何后方基地安置伤残病员和补给军需物资，部队的前线就是后方。后勤保障工作成了红军军事活动的重要内容，是关系红军生死存亡和能否成功实现战略转移的重大问题。

兵家常云，"兵无辎重则亡""兵马未动，粮草先行"。面对着敌人的围追堵截，长征路上的红军长期处于流动战争环境中，加之长征沿途地区一般都比较贫困，红军常常陷入等米下锅甚至无米下锅的艰难境地。因此，军需供给成为影响红军战略转移的主要问题。粮食、油盐、被服、鞋袜、药品等生存物资的筹措供给是红军长征中最突出的后勤工作。为了打破敌人的经济封锁，保障红军的生存和发展，党中央在充分考虑战略转移目标、敌我力量区分以及现实环境条件的情况下，探索出了一条及时有效的后勤保障之路，通过以战养战、生产自救、打土豪、艰苦自筹、购买借贷和群众支持等方式筹集军需物资。这为红军胜利完成长征起到了有力的保障作用，对维系部队团结奋进发挥了重要的促进作用。

过草地是红军长征最困难的阶段。红军长征经过的川西北草地，属于青藏高原东部边缘。草地属于高原寒冷气候区，长冬无夏，地广人稀。红军在进入草地后突遇暴雨，当地群众借与的青稞粉变成了面疙瘩，战士们只能将面疙瘩掺入野菜中熬汤喝。身上带的干粮吃完以后，战士们不得不在草地里寻找野菜或树叶充饥，水芹菜、马齿菜、茵茵菜、榆树叶、桦树皮……成了他们的主要食物。到后来，可吃的野菜、树叶都找不到了，他们不得不宰杀一些乘骑的牲口，甚至吞嚼皮带、枪带、皮鞋、马靴。据杨尚昆同志回忆："过了腊子口，就到哈达铺，部队休息了几天。这里的条件比较好，主要是有东西吃了。那一段路上我们实在饿得不行,整天想找东西吃。很多东西我都吃过,牛皮鞋底也吃,皮带也吃,那些东西要烧柴火熬几道水,把硝熬掉,成为一块像油胶那样的东西才能吃。"[1]

"中华儿女多奇志,不爱红装爱武装。"缺粮之苦和艰险征途折磨着这支英雄的军队,高原的寒夜无情地摧残着红军战士的身心。在死亡和困苦面前,他们以大无畏的英雄主义精神和革命乐观主义精神,展现了对党的坚定信仰和对革命的坚定信念。在那段风雨如磐的岁月里,他们用不屈信念、铮铮铁骨和血肉之躯在世界行军史上留下了震撼人心的一幕,创造了行军史上的伟大奇迹。

第二节

1936—1948 年的后勤工作

延安时期是指从 1935 年 10 月中共中央随中央红军到达陕北吴起镇(今吴旗县),到 1948 年 3 月 23 日毛泽东、周恩来、任弼时等在陕北吴堡县东渡黄河迎接革命胜利曙光之间的 13 年。[2] 1935 年 10 月,中央红军经过二万五千里长征,到达陕北吴起镇,以毛泽东为代表的党中央带领全党同志、全军战士及根据地人民群众团结抗战,齐心协力狠抓生产。经过 13 年的自力更生、艰苦奋斗,"延安和陕甘宁边区成为了抗日战争的领导中心、解放战争的总后方、令全世界瞩目的革命圣地"。[3] 该时期党的后勤工作紧密围绕革命形势和任务需要,卓有成效。后勤保障部门在党的领导下走过了不平凡的征途,经历了从无到有、从弱到强、从零到整的渐进过程,其职能、任务、标准、作用亦逐步健全、日臻完善,为确保党中央战略目标的实现做出了重要贡献。我们习惯性地将这一时期党的后勤工作分为 1935 年 10 月—1941 年 7 月、1941 年 7 月—1945 年 10 月和 1945 年 10 月—1948 年 3 月三个阶段,下文中将分别介绍。

一、1935 年 10 月—1941 年 7 月的后勤工作

"天高云淡,望断南飞雁。"1935 年 10 月 19 日,中央红军到达陕西吴起镇,纵

---

[1] 杨尚昆. 杨尚昆回忆录 [M]. 北京:中央文献出版社,2001:150.
[2] 孙军. 马克思主义民族理论中国化早期进程研究 [M]. 北京:中央民族大学出版社,2018:12.
[3] 何载. 丹心照日月 缅怀李维汉在西北 [M]. 北京:中央党史出版社,2017:1-2.

横 11 个省的长征胜利结束。1935 年 12 月，中央红军的供给部与陕甘宁晋军委的供给部合并为中国工农红军总供给部（又称中央军委总供给部），下设财政处、粮秣处、军需处、总务处，为部队作战、训练、生活提供物质保障。[1]1936 年 2 月至 7 月，红一方面军先后进行东征和西征，将陕甘宁根据地扩大为陕甘宁边区，正式拉开了中国共产党带领陕甘宁边区人民艰苦奋斗发展生产的辉煌序幕。毛泽东曾评价党中央落脚陕北地区的意义："陕北是两点，一个落脚点，一个出发点。"党中央落脚陕北后，万里长征艰苦磨砺使党拥有了席卷山河的精神气质，三大红军主力会师使党完善了团结一心的组织保障，西安事变和平解决使党获得了暂时稳定的发展环境。

1936 年 12 月 12 日，西安事变发生，党中央以中华民族团结抗日的大局为重，独立自主确定了用和平方式解决西安事变的方针。为团结国内力量挽救民族危机，中国共产党积极推动实现了第二次国共合作。8 月，中国共产党领导的中国工农红军改名为国民革命军第八路军（简称"八路军"）。9 月，陕甘宁根据地改称陕甘宁地区，仍是党中央所在地。接着，党在南方八省的红军游击队（琼崖红军游击队除外），改编为国民革命军陆军新编第四军（简称"新四军"）。[2]"兵马未动，粮草先行"，在这

[1]《吴堡县军事志》编纂委员会. 吴堡县军事志 [M]. 西安：三秦出版社，2009:193.
[2]《中国共产党简史》编写组. 中国共产党简史 [M]. 北京：人民出版社；中共党史出版社，2021:74.

第一章 光荣的起点：初心使命与艰苦奋斗
Chapter One : Initial mission and hard work

个阶段，后勤保障部门通过经济动员，为抗日武装力量提供保障，建立起了军事斗争与社会生产的直接联系。面对残酷的斗争环境和恶劣的发展环境，中国共产党急需建设出一支政治上意志坚定、业务上素质过硬和指挥上行动高效的后勤供应补给队伍。

大生产运动是克服抗日根据地困难的重要一环，其总方针是"发展经济，保障供给"。1939年2月，当困难刚刚露头的时候，毛泽东就发出了"自己动手"的号召。6月10日，毛泽东在延安高级干部会议上指出："吃饭是第一问题"，要"自力更生，克服困难"，号召"一切可能地方，一切可能时机，一切可能种类，必须发展人民的与机关部队学校的农业、工业、合作社运动，用自己动手的方法解决吃饭、穿衣、住屋、用品问题之全部或一部，克服困难，以利抗战。"[1] 1941年，党中央再次强调必须走生产自救的道路。同年春，八路军第三五九旅开进南泥湾实行军垦屯田。他们发扬奋发图强的精神，使昔日荒凉的南泥湾变成了"陕北的好江南"。

[1] 延安陕甘宁革命根据地史研究会.中共中央在延安三十年资料汇编[M].北京：现代出版社，2008:18.

【知识库1-1】南泥湾大生产运动

在陕甘宁边区大生产运动中，八路军第三五九旅发挥了重要作用。1940年11月，八路军第三五九旅一部奉命陆续开赴南泥湾、金盆湾一线。根据毛泽东主席、朱德总司令的指示，在时刻保持战斗的情况下，以南泥湾为中心实行屯田政策，开展大生产运动，形成了以"自力更生、艰苦奋斗"为核心的伟大的南泥湾精神。战士们风餐露宿，靠自己的双手，把昔日荆棘丛生、荒无人烟的南泥湾，改造成了五谷丰登的米粮川，使南泥湾变成了"陕北的好江南"。1941年，全旅开荒种地11200亩，收细粮1200石（每石270市斤），蔬菜164.8万斤，平均每五人养一头猪，当年经费自给达28.5%。在发展农业的同时，还大力发展了工业、运输业和商业。1942年，三五九旅开荒种地26800亩，收细粮5450石，经费自给达到90.3%。蔬菜、肉食、油以及鞋袜全部自给，养猪1800多头。[1]

"自力更生，艰苦创业"的南泥湾精神，带动了整个陕甘宁边区的大生产运动的蓬勃发展。在党中央号召下，战士们一手拿枪，一手拿锄，做到了军事生产两不误。军队、机关、学校自给率的提高，有力支持了陕甘宁边区政府的运行，减轻了人民的负担，为打败日本侵略者提供了坚强的物质保障。大生产运动的历史功绩和影响是深远的。正如毛泽东主席总结的那样："这是中国历史上从来未有的奇迹，这是我们不可征服的物质基础。"

"人心齐，泰山移。"陕甘宁边区的大生产运动组织保障设计严密，共产党员示范作用突出，广大军民生产积极性空前高涨。例如，据"1938～1944年陕甘宁边区生产发展统计表"，1938至1941年，陕甘宁边区耕地面积从899.45万亩增加至1200.78万亩，粮食产量从121.12万石提升至163万石，棉花产量提升至25.4万公斤，牛的数量从10.27万头增加至20.29万头，驴的数量从7.08万头增加至13.7万头，羊的数量从76.15万只提升至171.42万只。[2]

在全民共同参与的情况下，陕甘宁边区的生产运动获得初步成功。中国共产党所具有的自力更生、艰苦奋斗的政治本色，凝聚了党心和民心，冲破了前进道路上的各种艰难险阻，书写了辉煌灿烂的壮丽篇章。

[1] 邓熙. 农一师简史[M]. 乌鲁木齐：新疆人民出版社，2002:30+33.
[2] 《延安市计划志》编委会编. 延安市计划志[M]. 西安：陕西人民出版社，2003:81.

二、1941年7月—1945年10月的后勤工作

"工农康乐新天地,革命功成万众和"。在中国共产党的科学部署、坚强领导和以身作则下,经过五六年的发展,陕甘宁边区的社会经济事业蓬勃发展,中国共产党逐渐成长为挽救民族危机的中流砥柱,延安也成为仁人志士所向往的革命圣地。但这引起了日本帝国主义和国民党顽固派的深深忌惮,他们采取种种手段,妄图扼杀共产党领导的抗日力量。震惊中外的皖南事变发生后,国民党顽固派掀起第二次反共高潮,制定了一整套反动的"溶共""防共""限共""反共"的具体政策,停发配给八路军的军饷和被服等物资,对共产党领导的抗日根据地实行军事进攻和严密的经济封锁,中国共产党遭遇了前所未有的困难。毛泽东在回顾这一段历史时说:"我们曾经弄到几乎没有衣穿,没有油吃,没有纸,没有菜,战士没有鞋袜,工作人员在冬天没有被盖。国民党用停发经费和经济封锁来对付我们,企图把我们困死,我们的困难真是大极了。"[1]在供应补给短缺、生产发展受阻、敌我力量悬殊的情况下,为保障革命力量的生存发展,服务边区人民的生活需要,迎接民族自救的胜利曙光,成立服务于中央直属部门和军队直属机关,能够为生产建设提供保障的后勤保障部门,对于中国共产党人集中力量完成供给保障并在经济斗争中取得主动权,有着至关重要的作用。

皖南事变后,为坚持长期抗战,减轻人民负担,解决由国民党顽固派经济封锁造成的困难,中共中央通过加强中央后勤保障工作组织建设,加速推进中共中央后勤保障工作科学化、制度化。1941年7月30日,中共中央政治局召开会议,研究改革中央机关组织机构问题,决定将中央财政经济处和陕甘宁边区中央直属财政经济处合并,在中共中央秘书处之下成立中共中央管理局。中共中央管理局深入一线指导生产,坚持领导带头、上行下效的工作方式,常常审查各单位生产计划,严格实施监督审计,确保了各项任务和补给指标不折不扣地落实到位。

1941年12月,毛泽东在高级干部会议上作《经济问题与财政问题》的报告,提出了"发展经济,保障供给"的经济工作和财经工作总方针,制定了正确的发展路线,总部机关相继开展了更大规模的生产运动。这些生产运动的开展,极大地缓解了当时党和军队的经济困境,并涌现出了张思德等"为人民服务"的先进代表。

---

[1] 梁向阳,王俊虎.延安文艺研究论丛 第1辑[M].西安:陕西人民出版社,2012:323.

【知识库 1-2】张思德精神：为人民服务

张思德，1915年出生于四川省仪陇县。1933年，他参加红军，在战火与硝烟中成长为一名坚强的红军战士。1937年，张思德加入中国共产党，从此他更加严格地要求自己，始终牢记为人民服务的初心和使命。在长期艰苦的革命事业中，张思德始终坚持贯彻为人民利益勇于牺牲、任劳任怨和艰苦奋斗的伟大精神。

1940年春，张思德调至中央军委警卫营任通信班班长，作为班长他总是承担全班最困难、最艰苦的工作。因为粮食不足，通信班的战士们经常吃不饱，为了让大家多吃一些，每次吃饭时张思德总是吃到一半时撂下饭碗，提起水桶去打水。1942年冬，因部队整编，军委警卫营和中央教导队合并，成立中央警备团。张思德被分配到另一个班当战士，面对职务上的调整，他欣然接受，并说道："当班长是革命工作需要，当战士也是革命工作需要。"不久后，他被调到枣园内卫班，在毛泽东身边执行警卫任务，为了保证主席拥有一个舒适的工作和生活环境，他经常主动为驻地打扫卫生、铺石垫路、修补窑洞，将全部心血都倾注到警卫和后勤工作中。

1944年初，为响应党中央大生产运动的号召，张思德主动报名参加中央机关和枣园警卫组织的生产小分队，去延安70多里外的安塞县（今延安市安塞区）石峡峪开荒种地，并被选为农场副队长。同年7月，张思德带领突击队员进入安塞县林区烧制木炭。炭窑温度很高，张思德总是第一个钻进窑中作业。不怕苦、不怕累的张思德处处树起了模范标兵的大旗，在他的感召下，战士们夜以继日地埋头苦干，仅用一个月时间就烧炭5万多斤。9月5日，张思德带着一位战士进山赶挖新窑，炭窑突然坍塌，千钧一发之际，张思德一把将战友推出窑口，战友得救了，年仅29岁的张思德却永远闭上了眼睛。

在张思德同志的追悼大会上，毛泽东沉痛而坚定地发表了《为人民服务》的重要讲话，对张思德做了高度的评价："人总是要死的，但死的意义有不同""张思德同志是为人民利益而死的，他的死是比泰山还重的"。这篇讲话经整理后收入《毛泽东选集》。毛泽东清晰指出了判断工作价值的标准——凡是为了人民利益而进行的工作都是有意义的，都是值得的和高尚的。1944年9月18日，毛泽东在中共中央办公厅举办的招待八路军留守兵团全体模范学习代表及敌后转战归来参加整训的各部队战斗英雄代表会议上继续强调："因为我们的军队是真正人民的军队，我们的每一指战员，

第一章 光荣的起点：初心使命与艰苦奋斗
Chapter One : Initial mission and hard work

以至于每一个炊事员、饲养员，都是为人民服务的。"同年12月，毛泽东在《一九四五年的任务》中再次提出："我们一切工作干部，不论职位高低，都是人民的勤务员，我们所做的一切，都是为人民服务，我们有些什么不好的东西舍不得丢掉呢？"

1943年2月24日公布的《陕甘宁边区简政实施纲要》提出："今后一个时期，物质的困难还会比现在更加严重。为要渡过这困难，所以实行精简，为要渡过这困难，我们还须厉行节约。"要求"不急之务不举，不急之钱不用，且须在急务和急用上，力求合理经济"；"要疏散机关，调整窑洞，停止建筑；要减少公差公马，提倡动手动脚"；"要注意一张纸、一片布、一点灯油、一根火柴的节省"；"开展反对贪污浪费的斗争"。[1]根据党中央指示和边区政府规定，各单位在制定生产、供给和业务工作计划时，都必须把节约列为重要内容，按不同工作岗位特点，提出节约的指标和措施。为了响应政府的号召，后勤保障部门把节省作为基本任务，对衣、食、住、行、用制订了严格的节约措施，坚决杜绝奢侈和浪费行为，并与有关贪污腐败现象进行了最坚决的斗争。广大干部职工始终遵循中央"自己动手，丰衣足食"的指示，垦荒种地、组织生产，发展畜牧业、运输业，开工厂、建作坊、兴商贸，大兴勤俭节约之风。

---
[1] 陕西省档案馆，陕西省社会科学院.陕甘宁边区政府文件选编第7辑[M].西安：陕西人民教育出版社，2015:70-71.

在这段极其困难的时期，广大干部群众团结一心，勤俭节约，较好地缓解了生产和供给压力，使党和军队经受住了重大考验。

抗战十四年，党的后勤保障部门以自力更生、依靠群众为主，以争取外援为辅，通过艰苦卓绝的努力，粉碎了敌人的封锁围剿，基本满足了规模不断扩大的部队军需供给需求，为最终战胜日本侵略者，获得抗日战争的最后胜利，做出了不可磨灭的历史贡献，彰显了伟大的"自力更生，艰苦奋斗"的革命乐观主义和革命英雄主义精神。

三、1945 年 10 月—1948 年 3 月的后勤工作

"神州岂是无生气，又见春风舞嫩条。"1945 年 8 月 15 日，日本天皇裕仁以广播形式发布《终战诏书》，日本无条件投降。9 月 2 日，日本代表在投降书上签字。至此，中国人民取得了抗日战争的伟大胜利。

"天若有情天亦老，人间正道是沧桑。"抗日战争胜利后，中华民族满怀团结一致实现伟大复兴的期望，但国民党反动派对民族复兴大义和爱国人士期盼置若罔闻，企图通过战争来削弱和消灭人民革命力量，独吞胜利果实。一边通过和平谈判、政治协商等民主会议虚与委蛇，企图麻痹国内舆论，一边通过重兵部署、武装镇压等军事行动打压革命力量。1946 年 6 月 26 日，国民党重兵围攻以鄂豫边宣化店为中心的中原解放区，挑起全面内战。1947 年 3 月 18 日，为了粉碎国民党军队对延安和陕甘宁边区的进攻，党中央和中央军委决定诱敌深入，在运动中消灭敌人的有生力量，主动撤离延安，转战陕北。随着解放战争的节节胜利，党的后勤保障部门立足于服务人民解放战争发展形势需要，熔铸了全民参与后勤服务的光辉品质，参与了"从胜利走向胜利"的伟大实践。

这一时期的机关后勤保障工作受机关行军影响较大，经费和物资相对缺乏。为贯彻党中央"我们的后方在前线"的指示，后勤保障部门实行了以战养战、就地供给和统筹统支的方针，不仅制订了严格的规章制度，还凭借机关自筹坚持了供给标准，做到了机关各项供应开支有标准有明细，做到了供应保障有章可循。后勤保障部门一方面自己动手发展生产，一方面组织筹划解决财政供给问题，贯彻执行了中共中央、中央军委的有关方针，为保证机关正常运转和革命稳步推进做出了重要贡献，并积累了丰富的机关事务工作经验。

【知识库 1-3】陕甘宁边区的儿童保育事业

儿童是祖国的未来，是民族的希望。为解决前线将士的后顾之忧，党中央决定创办幼儿保育机构，抚育革命后代。1937年，陕甘宁边区政府成立不久，就首先建立了托儿所。接着在鲁迅师范学校内附设了一个小学班，收容了三十几名七八岁到十几岁的儿童。1938年初，初小班的学生来到延安，和延安完小合并，改名"鲁迅小学"。1938年9月边区中学成立后，鲁迅小学改为边区中学小学部。1938年7月，蔡畅、邓颖超、康克清等在延安发起成立了中国战时儿童保育总会陕甘宁边区分会。从此，在延安的儿童保育组织如雨后春笋般地发展起来。1938年10月2日，在延安柳林村首先成立了延安第一保育院。毛泽东为该院写了"儿童万岁"的题词。1945年6月1日，为解决出征干部子女和从敌后辗转来延安的烈士遗孤的抚养和教育问题，延安第二保育院成立。[1]

尽管各方面的条件都很差，但陕甘宁边区政府对儿童保育事业的发展高度重视，尽量给予延安保育院比较充裕的物资，确保孩子们能够茁壮成长。保育院初期以解放妇女和保育儿童为初衷，主要任务在保育。后来保育院提出"锻炼儿童革命的观点与作风，培养儿童活泼愉快的心情，健康坚实的体格，增进儿童智识训练，手脑并用，使成为未来中国健全的主人公"的教育方针，儿童保健与教育成为保育工作的中心工作。"保育工作的两个工作重点，那就是儿童保健与儿童教育。因为我们保育儿童，并不是养一群肥胖的不懂事的小山羊，而是要训练为手脑并用、聪明活泼的新中国的小主人。"[2]由于条件艰苦，从打窑洞，修建房屋，制作用具、玩具、教具以至养猪种菜，样样都是由保育员亲自去做。保育院设有常识、数数、识字等课程，还有讲故事、学儿歌、看画报、玩玩具等活动。此外，保育员还十分注重对孩子们德育、卫生习惯、劳动能力等方面的培养，力争让孩子们成长为德智体全面发展的国家栋梁。

1946年，国民党军队向延安发起进攻。党中央指示延安非战斗人员提前转移，并责令保育院、托儿所要在3到5天内全部撤离延安。在那个炮火连天的年代，要带领年幼的孩子长途行军，除却翻山越岭的艰辛，还要防备敌人的围追堵截和敌机的狂轰

---

[1] 赖伯年.陕甘宁边区的图书馆事业[M].西安：西安出版社，1998:166.
[2] 贺燕丽，郭茜，吕芳.陕甘宁边区第一保育院"保教合一"的教育实践与启示[J].陕西学前师范学院学报，2019（03）:51-55.

滥炸，可谓困难重重。面对这一艰巨的任务，保育员积极准备撤离，日夜为孩子们赶制被褥、干粮，把孩子平时睡觉的小床改为"驮床"，以便牲口驮着走。在转移过程中，保育员牢记党"一切为了孩子"的殷切嘱托，发扬自我牺牲精神，历经千辛万苦，最终安全抵达转移目的地。

开创于抗日战争时期的边区儿童保育院，在党中央的关心领导下，在保育员的努力工作下，为养育、培养革命后代呕心沥血、艰苦奋斗，留下了一段段感人肺腑的故事。在十多年的时间里，陕甘宁边区儿童保育院从无到有、从小到大，在教育干部子女、抚养烈士遗孤和培养革命后继力量方面做出了尤为突出的贡献，数千名干部子女、烈士遗孤、战区难童在保育员的辛勤培育下茁壮成长。边区儿童保育院的工作人员，以无私的奉献精神切实解决了棘手的儿童教育问题，稳定了革命后方、支援了前线战争。

第三节

1949—1978年的后勤工作

"一唱雄鸡天下白，万方乐奏有于阗。"在党中央的坚强领导下，在人民群众的大力支持下，中国人民解放军经过战略防御、战略进攻、战略决战和战略追击四个阶段的艰苦奋战，终于取得了解放战争的胜利。1949年10月1日，毛泽东主席在天安门城楼上向全世界庄严宣告了中华人民共和国中央人民政府的成立。中华人民共和国的成立揭开了中国历史新的篇章，彻底结束了旧中国半殖民地半封建社会的历史，实现了中国从几千年封建专制政治向人民民主的伟大飞跃。中国真正成为独立平等的主权国家，真正拥有了自主发展的稳定环境，中国人民从此把命运牢牢掌握在自己手中，成为国家、社会和自己命运的主人。

"独有英雄驱虎豹，更无豪杰怕熊罴。"新中国成立初期，中国共产党和中国人民依旧面临着很多严峻的考验。国际上，妄图称霸全球的美国仍然不肯放弃与中国人民为敌的立场，企图在国际上孤立新中国。军事上，人民解放战争尚未完全结束，国民党还有100多万军队在西南、华南和沿海岛屿负隅顽抗，在新解放区，国民党溃逃时遗留下的大批残余力量，同恶霸势力以及悍匪相勾结，严重危及社会新秩序的建立和稳定。经济上，新中国继承的是一个千疮百孔的烂摊子。生产萎缩，民生困苦。因此，

第一章 光荣的起点：初心使命与艰苦奋斗
Chapter One : Initial mission and hard work

实现全国领土解放、恢复国民经济发展、进行社会主义改造、加强国家能力建设是党在新中国成立后的首要任务和工作重心。从革命战争沿袭下来的后勤保障部门，自觉顺应国家需求调整自身职能，积极参与国家建设，实现自身价值，在忠诚陪伴和踏实保障中华人民共和国伟大建设的过程中，留下了可圈可点的宝贵经验和可歌可泣的感人事迹。

一、国务院机关事务管理局的成立

1949年6月15日，新政治协商会议筹备会第一次全体会议在中南海举行。中共中央与各单位代表共134人参加了会议，在会上对重大议题达成了共识，并正式成立了新政治协商会议筹备会常务委员会。新政治协商会议筹备会常务委员会下设秘书处、庶务处、招待处、新闻处、警卫处、人事处等工作机构。庶务处的主要任务包括：一是怀仁堂、勤政殿以及小组会场的布置、管理、安全检查、参会人员的招待服务，保证各项筹备工作的顺利完成；二是工作人员的食宿安排、各种物品供应的保证，为完成会议的各项任务创造条件。庶务处、招待处、警卫处、人事处等机构后来演变为中央人民政府办公厅和政务院秘书厅的机关事务和安全保卫机构。[1]

中央人民政府成立后，中央人民政府办公厅主任，政务院秘书厅主管机关事务工作。齐燕铭任中央人民政府办公厅主任，政务院副秘书长并代理秘书长（李维汉秘书长病休），参与国家政务，并主管机关事务各项工作。中央人民政府办公厅和政务院秘书厅分别在勤政殿和清末摄政王府两地办公。中央人民政府办公厅设立行政处（也称为总务处），政务院秘书厅设立总务处。两个处的处长均由政务院秘书厅副主任周子健兼任。中央人民政府典礼局，只有局长余心清一人，设有办事机构，其典礼、宴请等事宜均由中央人民政府办公厅总务处三科（交际科）具体承力。政府委员与政务委员的公关事务，以及其他总务工作，分别由两个总务处负责。因为是分散管理，工作中的扯皮现象时有发生。1950年11月6日，毛泽东主席和周恩来总理批示：为精简起见，撤销中央人民政府办公厅办事机构（政府办公厅的名称仍保留），政府委员会开会及招待、宴会、典礼等项工作完全由政务院负责。同年12月8日，中央人民政府政务院第六十二次政务会议批准成立中央人民政府政务院机关事务管理局，下设办公室、总

[1] 白振刚.我国机关事务的历史沿革[J].中国高校后勤研究，1997（5）:84.

务处、财务处、供给处、交际处、警卫处、人事处、生产管理处等 8 个职能部门[1]。这标志着政府工作与机关事务工作的分离,奠定了新中国机关事务工作的基本格局,机关事务工作正式成为中国政权建设和国家治理的一项重要内容。

1950 年 12 月 15 日,中央人民政府政务院机关事务管理局召开了第一次局务会,会议主要研究了管理局成立后的工作制度建设问题。1950 年 12 月 18 日,政务院秘书长召开扩大的秘书长办公会,原则同意政务院机关事务管理局组建初期的服务范围和机构设置方案。中央人民政府政务院机关事务管理局组建初期的机构设置如下:局办公室、总务处、财务处、供给处、交际处、生产管理处和人事处。1951 年 1 月 6 日,政务院机关事务管理局举行成立大会。这次会议的召开标志着机关事务管理局的组建工作已经初步完成,开始了正常的工作,翻开了机关事务管理工作的历史新篇章。

1953 年 9 月,政务院批准了《关于扩大管理局业务范围的初步意见》,将机关事务管理局的业务范围扩大,增加了中央一级各机关的经费管理、房产管理及各部委召开全国性会议接待布置等各项业务,以及协助政务院专家招待事务管理局(国务院外专局的前身)的工作。同时将"政务院机关事务管理局"更名为"中央人民政府机关事务管理局"。1954 年 10 月 31 日,周恩来总理主持召开国务院第二次全体会议,决定将"中央人民政府机关事务管理局"更名为"国务院机关事务管理局",作为国务院直属机构。

---

[1] 白振刚.建国初期的中央人民政府机关事务管理机构[J].中国机关后勤,1999(2):31+33.

二、国务院机关事务管理局的主要职能

新中国成立后,中国真正成为独立平等的主权国家,具有了相对稳定的建设环境,党的工作重心亦转移为治愈战争创伤、建设社会主义制度、进行规模经济建设、提升国家综合实力。这一时期后勤工作的目标不再只是吃饱穿暖,而是开始追求服务质量。机关事务管理局的成立,完成了政府政务工作与机关事务工作的分离。其主要服务对象为机关工作人员,主要工作内容为机关后勤工作,凸显了机关后勤服务的工作特性。

与革命战争背景下的后勤工作相比,新中国成立后的后勤工作有了很大变化。新中国成立后的后勤工作可以大致概括为:以分配为基本手段,以服务为职能核心,以福利为根本原则,以保障机关设施建设和机关运行为最终目的。这一时期的后勤工作除了要为机关工作人员提供基本生活保障外,还要进行机关建设。其管理范围明显扩大,并且对服务质量有了一定要求。

国务院机关事务管理局的根本职能是对国家机关内部工作进行有效管理,是对保障机关运转的人、财、物实行有效的组织配置和使用,以保障机关内部工作的高效运转。国务院机关事务管理局的主要职责如下[1]:

一是负责中央和国务院领导同志指定范围的人大常委会副委员长、国务院副总理、最高人民法院院长、最高人民检察院检察长、政协全国委员会副主席及人大常委会委员和高级民主人士的生活服务与安全警卫工作。

二是负责中央国家机关的行政经费管理和所属预算外单位的财务管理工作。

三是负责中央国家机关行政单位的办公和附属用房及宿舍的基建、调配、修缮、管理等工作。

四是负责中央和国务院领导同志批准住该局宾馆的重要外宾的生活服务工作。

五是负责中央和国务院交办的大型重要会议的总务工作和各部门召开的部分专业会议的招待服务工作以及各省、市、自治区来京的部分负责同志和来国务院办事的工作人员的生活接待工作。

六是负责中央国家机关所需汽车的管理、分配、调拨以及外宾赠送给国家领导人、中央国家机关各部门的礼品的管理工作。

七是负责中央国家机关人防工程计划的管理和经费、材料的调拨以及防空警报的通信联络等工作。

---

[1] 张成福,倪文杰.现代政府管理大辞典[M].北京:中国经济出版社,1991:62-63.

八是负责国家重要政治性活动的有关组织工作和归口传达北京市布置的爱国卫生、社会治安、交通安全、计划生育、植树造林等工作。

九是负责省、市、自治区驻京办事处的人员编制的管理和工作人员的政治学习工作。

二十世纪六十年代，国家机关事务管理工作形成了比较完善的体系，国务院机关事务管理局的内设机构也比较健全。其中办公室主要负责机关事务工作的规章制度建设，探索机关后勤改革；经费处主要负责中央行政经费管理；交际处主要负责承办国家重要会议、典礼、宴会的接待工作；服务处主要负责指定范围内的党和国家领导人、高级民主人士的安全保卫和生活服务；人民大会堂管理处主要负责党和国家在人民大会堂的重要活动的安全保卫和服务工作；总务处主要负责中南海北区国务院机关等单位的后勤保障工作；各省市驻京联合办事处主要负责各省区市政府驻京办事处的有关管理与服务工作；中央机关干部劳动生产办公室主要负责组织国家机关干部参加生产劳动及270多个副食品生产基地的业务指导等工作；招待所管理处主要负责中央国家机关各部门招待所的集中统一管理。

新中国成立后的后勤工作在稳定国家政权、推进国家建设等方面发挥了积极作用。一方面，提高了党政机关工作人员的生活水平和生活质量，以此调动并提升了机关工作人员的工作积极性，激励他们为国家的发展做贡献；另一方面，在当时条件较为艰苦的情况下，后勤工作者通过自身的改革与完善，不断提高机关办事效率，促进了国家社会和经济的发展。

第二章
Chapter Two

光荣的探索
改革开放与锐意进取

"1979年,那是一个春天……"悠扬的歌声,带人回到了那段激情澎湃的岁月。

改革开放是顺应时代发展的必然选择。从1949年中华人民共和国成立到1978年党的十一届三中全会的胜利召开,在这波澜壮阔的三十年中,全国社会主义建设取得伟大成就。政治上,新民主主义革命的胜利与社会主义制度的建立,为中国经济发展奠定了最为根本的制度基础;经济上,建立起了独立的比较完整的工业体系和国民经济体系,但由于我们进行社会主义经济建设的经验较为匮乏,在进行经济建设的过程中也走了不少弯路;思想上,人们对思想解放的需求渐渐萌芽。改革开放的先决条件和内生土壤已悄然完备,只等春风来。

改革开放是饱含深远意义的伟大转折。随着党的十一届三中全会的顺利召开,一幅崭新的时代画卷徐徐展开。改革开放的时代浪潮中结出了无数硕果:一是实现了由计划经济体制向社会主义市场经济体制的转变,确立了社会主义初级阶段公有制为主体、多种所有制经济共同发展的基本经济制度和以按劳分配为主体、多种分配方式并存的分配制度;二是极大地解放了生产力,推动中国经济持续、快速发展,中国国内生产总值快速增长,一跃成为世界第二;三是形成了全方位的开放格局,对外贸易飞速发展,"一带一路"倡议实施,基本形成了全方位、多层次、宽领域的对外开放新格局。

改革开放送春风。党的十一届三中全会开启了改革开放历史新时期,它极大地调动了人民的积极性,使中国成功实现了从封闭半封闭到全方位对外开放、从高度集中的计划经济体制到充满活力的社会主义市场经济体制的伟大转折,促进了人民生活质量的提高、综合国力的显著增强和生产力的飞速发展,创造了为世界所称道的"中国传奇"。

在此伟大转折之下,为了顺应时代发展趋势,中国机关事务工作也进入改革发展的新阶段。经过阶段性的改革尝试和经验积累,机关事务工作确立了"管理科学化、保障法治化、服务社会化"的改革目标,并建立起集中、统一、权责明确的管理体制,科学规范的、系统完美的保障制度,市场导向、多元并存的服务机制。经历了初步探索、逐步推进、全面展开等阶段,中国机关管理工作从改革开放前的早期机关后勤管理向科学化、社会化、规范化的机关事务管理大步迈进,在宏伟的时代华章下谱写出悦耳动听的音符。

第一节 机关事务改革的初步探索阶段

机关事务工作是党和政府机关进行职能活动的基础和保障,更是保证机关职能高效运转的必备条件。因此,做好机关事务管理工作对于党和政府机关更好地服务于社会发展有着重要意义。

然而,长期以来,高度集中的计划经济体制使得中国机关事务管理体制呈现福利性、封闭式、供给制的特征,虽然其能够满足新中国成立初期机关事务管理的需求,但却无法适应社会主义市场经济体制。因此,机关事务改革既是时代发展的外部要求,更是机关事务工作部门寻求自身发展的内在需求。

改革开放浪潮来临后,为了适应改革开放带来的经济、政治、社会、思想改变,从中央到地方,各层级的机关事务工作人员迅速认识到了进行机关事务改革的必要性,并开始了虽艰难却坚定的初步探索,于平凡之处开出了鲜艳的花朵。

一、改革开放与机关事务改革

改革开放与机关事务改革的关系,既像树林与其中一棵树,整个树林的生态走向影响着这一棵树木的生长趋势;也像盛开的花朵和采蜜的蜜蜂,花朵为蜜蜂提供花粉,蜜蜂帮助花朵授粉。换言之,改革开放推动机关事务改革进程,机关事务改革则为改革开放贡献保障力量。

因此,深入了解改革开放的历史进程、机关事务改革的必要性和重要性,能够帮助我们更好地理解改革开放初始进行机关事务改革这一重要决策的原因。

(一)改革开放的历史进程

改革开放的历史进程大致可分为以下四个阶段。

1. 改革启动阶段(1978年至1984年)

在此阶段,农村改革率先取得突破。从安徽省凤阳县小岗村18户农民在一张包产合同书上按上自己鲜红的手印起,农村经济改革的序幕正式拉开。1982年,党中央发出"一号文件",明确指出包括包产到户、包干到户在内的各种责任制,都是社会主义集体经济的生产责任制。在党中央的支持下,以包产到户、包干到户为主要形式的

家庭联产承包责任制迅速推广。这充分调动了农民的生产积极性。其后，农村向着专业化、商品化、社会化生产方向转变。在城市，城市经济体制改革初步展开。以扩大企业自主权为主要内容的城市经济体制改革取得了初步的成效，深圳、珠海、汕头、厦门四个经济特区也初具雏形。与经济基础对应的上层建筑同样有所转变：从以阶级斗争为纲转变为以经济建设为中心；从封闭、半封闭状态转变为对外开放；从墨守成规转变为大胆改革。

2. 以城市为中心的全面探索阶段（1984年至1992年）

在这一阶段，改革的广度和深度都大幅提升，改革全面展开。从农村到城市，从经济领域到政治、科技、教育领域，若干个方面都取得了一系列重大突破：以公有制为主体、多种经济成分并存的格局形成，开创了发展国民经济，方便人民生活和扩大就业的新局面；对外开放程度继续加深，多层次、有重点、点面结合的对外开放新格局初步形成；科学技术体制和教育体制的改革马不停蹄地开始；政治体制改革也同样提上了议程。除此之外，我们在社会主义理论建设上也取得了重大的突破与创新。这一阶段提出的理论为后续经济体制改革提供了指导，较为系统地论述了社会主义初级阶段的特点，为开辟建设有中国特色的社会主义道路奠定了重要的理论基石。

3. 以建立社会主义市场经济体制为核心内容进行综合改革的阶段（1992年至2002年）

1992年初，邓小平先后到武昌、深圳、珠海、上海等地视察，并发表了一系列重要讲话。同年召开的党的第十四次全国代表大会提出用邓小平建设有中国特色社会主

第二章 光荣的探索：改革开放与锐意进取

Chapter Two : Reform, opening up and forging ahead

义理论武装全党的任务，并确定我国经济体制改革的目标是建立社会主义市场经济体制。在这一阶段，改革由全方位的改革细化到更深度的综合改革，国有企业改革、财政体制改革、流通体制改革等都取得了重大进展。由计划经济体制向社会主义市场经济体制转轨的步伐加快了。而理论上，在坚持邓小平理论的指导地位的同时，与时俱进地形成了"三个代表"重要思想，继续推动改革开放这艘大船沿着正确的方向推进。

4. 完善社会主义市场经济体制的阶段（2002年至今）

进入二十一世纪后，改革开放已取得累累硕果，显示出生机勃勃的景象。在新时代背景下，我国改革开放继续前行。2002年11月召开的党的十六大是我国发展进程中具有重大意义的大会。大会系统总结了党的十三届四中全会以来13年奋斗历程和基本经验，提出了全面建设小康社会的奋斗目标，把"三个代表"重要思想写入了党章。党的十六大以后，党中央采取了一系列举措，推动"三个代表"重要思想的学习贯彻。各地区、各部门认真落实中央的要求，把学习贯彻"三个代表"重要思想不断推向新高潮，有力地推动了党和国家各项事业的发展。

"全面建成小康社会，开启全面建设社会主义现代化国家新征程。"2021年3月4日至3月11日，十三届全国人大四次会议、全国政协十三届四次会议在北京召开，提出了"十四五，开新局"的宏伟蓝图。"十四五"是我国全面建成小康社会、实现第一个百年奋斗目标之后，乘势而上开启全面建设社会主义现代化国家新征程、向第二个百年奋斗目标大步进军的第一个五年，具有重大战略意义。

【案例库 2-1】邓小平：机关事务工作要发扬艰苦奋斗、勤俭节约的作风

1952年7月，邓小平调任政务院常务副总理兼财政部长。他要求政务院机关事务管理局从机构建设、制度建设两个方面，促进中央机关后勤工作发扬艰苦奋斗、勤俭节约的作风。

1953年10月，遵照政务院和周总理、邓副总理的决定，管理局从中南海迁至原中财委办公地点，扩大了业务范围，实施"负责管理中央一级机关需要和可能统一管理的机关事务，……以贯彻精简节约、克服分散浪费，保证各机关的业务需要和工作人员的物质生活"的工作方针，将原由中央财政部掌管的中央一级（包括大区）政府机关、党派、团体的行政经费的职能及相应的机构、人员划给管理局。中央一级机关的房屋管理、基建、调配、修缮工作，汽车管理、分配、调拨工作，指定范围内的党和国家领导人的生活服务和安全警卫工作，以及大型会议的总务工作等等，同时亦由管理局统一管理，以发挥行政经费使用效益，节约行政经费开支。例如：1964年12月举行的第三届全国人大和四届全国政协一次会议，由国务院机关事务管理局负责组织的全国"两会"总务组，贯彻了邓小平等中央领导同志关于不要把招待外宾的一套形式用到内宾工作中来的指示，检查了工作的特殊化和铺张浪费现象，改革了会议招待制度；降低了伙食标准，代表、委员吃饭按实际收费、收粮票；撤换了饭店的高级用品，毛巾、肥皂自备；除大会和小会外，不招待茶水；在京代表1936人不住饭店、不在饭店吃饭。这些措施取得了良好的政治效果，为会议的整个招待工作树立了良好的作风，"两会"会议经费花销大幅降低。[1]

[1]　白振刚.机关后勤工作要永葆艰苦奋斗的本色——回忆毛泽东、周恩来、邓小平等老一辈革命家对国管局的关怀与教诲[J].高校后勤研究，2008（2）:53-55.

（二）机关事务改革的必要性

通过对改革开放历史进程的了解和研究，我们认识到：1978年后的机关事务改革是十分必要且具有前瞻性的，机关事务改革既是时代发展的外部要求，更是机关事务工作者自身发展的内在需要。

1. 机关事务改革是时代发展的外部要求

改革开放既带来了经济、政治、思想、文化等多领域、多方面的快速发展，也对机关事务管理体制提出了新的要求。作为"坚实后盾"的机关事务管理部门必然需要重新规划资源配置、做好后勤保障工作，以适应社会主义市场经济体制的发展。由此看来，机关事务改革是时代发展的外部要求。

2. 机关事务改革是自身发展的内在需要

中国共产党成立以来，党、政、军各方面组织确立并逐步完善，成为夺取革命伟大胜利的决定性力量。在夺取革命胜利的漫漫长路上，后勤工作发挥着十分重要的战争保障作用。早期机关事务工作的核心任务：通过自组织生产的方式，为革命战争提供强大的后勤物资供给。新中国成立后，机关事务工作的主要内容从直接组织生产和供给变为按国家规定分配、管理财务和举办集体福利事业等，机关事务工作者的核心职能由供给转变为服务。而改革开放前，我国机关事务工作受到高度集中的计划经济体制影响，形成了"行政化、供给制、福利型、小而全"的保障特征。这种机关事务工作体制对新中国的建设、国民经济的恢复和发展做出过重要贡献，但也具有相对明显的弊端，束缚了机关事务工作的开展。为了突破计划经济体制的影响，提升机关事务工作者的服务水平、管理水平、保障能力，机关事务改革被提上日程。

（三）机关事务改革的重要性

从改革成果来看，机关事务改革为机关后勤注入了鲜活力量，切实有效地提升了机关事务工作的服务水平、管理水平、保障能力，为党政机关提供了更为坚实的后盾力量。其重要性主要体现在以下三个方面。

1. 机关事务改革为提高服务水平提供现实动力

从革命战争时期起，机关事务工作的核心要点便是服务于党和国家。因此，机关事务改革也要坚持围绕中心、服务大局。具体而言，机关事务工作者要提高服务水平，应做到三个"坚持"和三个"围绕"。三个"坚持"，即坚持为党和国家中心工作服务，坚持服务于经济建设这个中心，坚持服务于改革开放这个大局；三个"围绕"，即围绕党和国家中心工作想问题、办事情、做决策，围绕保障党政机关的正常运转搞管理、办保障、做服务，围绕实现科学发展定政策、定制度、定标准。

2. 机关事务改革为提升管理水平提供体制基础

在社会主义市场经济高速发展、政府职能有所转变的背景下，机关事务管理部门根据转变职能、权责一致、改进管理、提高效能的要求，通过自我革新渐渐实现了行政管理与后勤服务在编制、人员、机构、职能等方面的分离，并且逐步建立了适应社会主义市场经济体制和满足党政机关建设需要的机关事务工作体制。机关事务改革的具体成果包括以下三个方面：

第一，科学地设置管理机构、充分完善机关事务管理部门的行政管理职能，强化宏观管理，统筹服务资源，统一制度标准，减少因标准不一、调控不力而出现的管理不力、不均、不和现象。

第二，建立健全机关事务管理制度，推行集中采购模式，减少因分散采购带来的资源浪费，推动了机关服务保障资源的集约化利用。

第三，改进管理方式，使从前单纯依靠行政手段的机关事务工作向综合运用经济、行政和法律手段转变，进而提升了经费和资产的使用效益，实现了效益最大化。

由此可见，随着机关事务改革的逐步深化，机关事务工作者的管理水平显著提高。

3. 机关事务改革为增强保障能力提供机制基石

新中国成立初期的机关事务工作"行政化、供给制、福利型、小而全"的保障特征限制了机关事务管理的利用效益，阻碍了机关事务工作的进一步发展。改革开放后，为了增强保障能力，机关事务管理部门主要采取了以下三个措施：

第一，根据财政状况和党政机关建设的实际需求，新建或改建了一批办公用房和后勤保障设施。

第二，通过改革部门内部的劳动人事、收入分配制度，转变了服务经营方式，优化了服务经营结构，加强了服务经营横向联合，逐步建立了现代企业制度，由此壮大了经济实力，增加了资产容量，提高了服务质量。

第三，按照保障有力、服务优质、提高效益的要求，通过参与市场竞争，开展内外两面服务，建立后勤服务费用结算制度，由封闭式自我服务向开放型经营服务转变，形成了一批各具特色和优势的支柱产业,逐步成为自主经营、自负盈亏、自我约束、自我发展的法人实体和市场主体。

在上述措施的有力推动下,改革开放后的机关事务保障能力不断增强、服务条件不断改善。

【案例库 2-2】
国管局国二招宾馆圆满完成庆祝改革开放 40 周年大会接待服务任务

2018年12月18日,庆祝改革开放40周年大会在北京人民大会堂隆重举行,中共中央总书记、国家主席、中央军委主席习近平在大会上发表重要讲话。

为了办好庆祝改革开放40周年大会,完成好这一万众瞩目、举世关注的重大政治任务,国务院机关事务管理局所属国二招宾馆承接了参加庆祝大会的受表彰对象、随行家属和工作人员,共计285人的接待服务……国二招宾馆专门成立了驻地接待组,在大会总务组的统一指挥下,认真细致、周到热情地做好各项接待服务工作,以务实创新的行动向改革先锋们致敬,以优质一流的服务向改革开放40周年献礼。

筹备期间,宾馆上下一心,学习改革先锋的实干苦干精神,紧抓"精、新、细"这条主线,把各项准备工作扎实做牢,确保万无一失。

以精准为要,认真制定接待方案。宾馆上下集思广益、认真讨论,与局办公室和服务司有关领导连夜商讨、仔细推敲,从环境布置的构思到房间、车辆的安排,从代表用餐的细节到购置物品的要求,都精准、严密地写入接待方案中,把责任明确到岗、到人,督促各部门将准备工作落细、落实。

以新颖见长,布置环境处处用心。本着"热烈、庄重、简约、节俭"的原则,围绕大会主题对环境进行了精心布置,更新了庭院和公共区域的花卉和绿植,在大堂吧、餐厅分别装饰了庆祝改革开放40周年的主题插花。精心设计制作了100位代表的照片墙展板、房间问候卡,以及大堂吧、餐厅欢迎卡等,表达了全体员工对代表们的由衷敬意。

以细节取胜,物资准备独具匠心。更新了毛巾等棉织品和洗漱用品,配备了荞麦皮枕头、棉麻拖鞋、加湿器等,还为年长代表特意准备了电暖气、浴凳、防滑拖鞋等,手写洗漱用品标签并贴于明显处,便于年长代表识别;针对姚明、郎平两位代表的特殊身材,对床和沙发进行了加大加固,配备了定制卧具。前厅部为行动不便的代表准备了10把轮椅；配备了发胶、花镜、防雾霾口罩等"常用物品箱"；在大堂吧准备了菊花茶、姜糖茶等清火降燥的茶饮，缓解南方代表对北方气候的不适。精心准备了鲁菜、淮扬菜和京味菜等地域美食，以及火锅席、清真席、软食席、忌糖席等特色餐席；为年长代表准备了低糖、低油、低盐的健康绿色菜肴，并细心安排医护人员与代表在同一区域就餐，随时关注代表健康状况……[1]

总的来说，"廉洁、勤政、规范、务实、高效"是机关事务工作者依据改革开放后，党政机关建设对机关事务工作提出的任务和要求总结的前进目标。在此目标的指引下，机关事务工作者努力加强自身建设，积极推进学习型机关建设、创新型机关建设、服务型机关建设和法治型机关建设，注重转换职能、转变作风，提高机关单位工作效率，注重廉洁自律、率先垂范，提高自身服务水平，从而造就了一支政治坚定、业务精通、作风优良的机关工作队伍，为改革开放后党和国家的建设提供了坚实后盾。

二、中央国家机关的后勤改革

邓小平同志曾说："改革是中国发展生产力的必由之路。"在改革开放的时代背景下，一成不变就意味着落于人后。机关事务管理部门意识到了自我改革的重要性，开启了专业化和社会化改革的光荣之路。

改革开放浪潮下的机关事务改革经历了一个从上到下逐渐推进的过程。中央国家机关率先开始探索机关事务改革之路，而作为中央国家机关事务工作的管理部门，国务院机关事务管理局在指导、推进中央国家机关的后勤改革方面发挥了应有的重要作用。中央国家机关在"在适应社会主义市场经济发展要求的同时，提高机关办事效率"的改革目标的指导下，通过体制改革、思想改革等改革实践，经历了"解放思想""明晰方向""确立体制""扩大交流"等改革阶段，渐次扩大改革的广度和深度，最终取得了丰硕的成果。下文将主要介绍中央国家机关后勤改革的目标，并依照时间顺序，大致梳理中央国家机关后勤改革的历史脉络。

---

[1] 国家机关事务管理局. 国管局国二招宾馆圆满完成庆祝改革开放40周年大会[EB/OL].（2018-12-21）[2020-09-30].www.ggj.gov.cn/xwzx/tpxw/201812/t2018/221_24575.htm.

（一）中央国家机关后勤改革的目标

改革开放后，社会主义市场经济制度的建立对我国政府机关提出了新的要求：政府机关不仅需要保证社会秩序稳定和提供基本公共服务，更需要通过实施提升服务水平、提升整体办事效率、提升公职人员个人素养等措施，保障机构组织的运转，提高政府机关的工作效能，适应快速发展的外部环境。

因此，作为后盾与支持力量的机关事务管理部门，将其改革目标定为："在适应社会主义市场经济发展要求的同时，提高机关办事效率。"而要想达成此目标，需着重推进以下两个进程。

1.机关事务工作的专业化进程

机关事务工作的专业化指的是，随着外部环境的改变和政府行政效能提升要求的提出，机关事务管理部门需要坚定不移地推进去行政化，朝着专业化的方向改革。通俗来讲，"专业化"就是让专业的人来负责专业的事，例如建筑、幼托等。为了实现机关事务管理工作的专业化，机关事务管理部门需要加大在招募专业人才上的投入，增加技术人员比例，减少行政管理人员比例，为各机关单位提供更加专业的服务，使机关单位的需求得到更高效的满足，从而保障各机关单位的高效运转。

2. 机关事务工作的社会化进程

改革开放背景下的机关事务工作需转向部门内部管理制,即机关事务管理部门将后勤服务等一般职能通过社会化渠道转交给社会,同时保留管理权和监管权,对合作的企业和社会组织所提供的服务进行监督。机关事务工作的社会化既能保障机关事务工作的质量和服务水平,也能提升机关事务管理部门的工作效能。

【知识库 2-1】国家机关事务管理局历史沿革

国家机关事务管理局是国务院中央国家机关事务工作的直属机构,成立于1950年12月,原名中央人民政府政务院机关事务管理局,1954年更名为国务院机关事务管理局,2013年3月更名为国家机关事务管理局。

国家机关事务管理局一直负责中央国家机关经费、财务、公务用车、国有资产和房地产管理,负责指定范围的党和国家领导同志以及有关服务对象的生活服务管理工作。

1998年国务院机构改革,将原国家计委管理的国务院有关部门行政用房的基建投资、公务用车购置和更新经费等职能划转国务院机关事务管理局,并增加了组织实施中央国家机关政府采购、中央国家机关职工住房补贴经费管理等职能。

1999年为适应部门预算制度改革,国务院机关事务管理局相应转变了中央国家机关行政经费的预算管理职能。

2000年增加了中央国家机关各部门所属单位国有资产管理的职能,接收了原国家国有资产管理局管理的中央行政事业单位国有资产产权登记档案。

2010年,根据中央机构编制委员会办公室批复,国务院机关事务管理局承担了全国公共机构节能推进、指导、协调、监督的具体工作。

2012年6月,《机关事务管理条例》公布,明确了国务院机关事务管理局负责拟定有关机关事务管理的规章制度,指导下级政府公务用车、公务接待、公共机构节约能源资源等工作,主管中央国家机关的机关事务工作。

2014年,国务院机关事务管理局增加了承担全国人大机关、全国政协机关、各民主党派中央部级干部住房和公务用车管理工作。

（二）中央国家机关后勤改革的历史脉络

1. 解放思想

改革开放初期，国务院机关事务管理局除了要完成日常的业务外，还要处理一些历史遗留问题。这一阶段中央国家机关的后勤改革主要是在中央国家机关的招待所、印刷厂、食堂、幼儿园等服务经营单位内进行，且主要集中于以下三个方面。

（1）出台一系列改革办法

国务院机关事务管理局出台了一系列的办法，如《中央国家机关汽车司机安全节油奖试行办法》《中央国家机关招待所试行床位使用率超额奖励办法》《关于中央和国家机关工人试行奖金办法》等。其中《关于中央和国家机关工人试行奖金办法》经劳动人事部和财政部报请中央和国务院领导批准试行，是使中央国家机关后勤改革有章可循的第一个文件。这个阶段出台的一系列改革办法的主要目的是对单一的行政管理方式进行改革，旨在打破平均主义、吃大锅饭的传统分配格局，将精神鼓励与物质奖励二者有机结合起来。[1]

（2）成立机关服务中心

1983年6月，中央书记处会议在研究机构改革时提出，机关后勤服务工作要逐步实现社会化。之后，机关后勤改革开始在机构改革上进行了一些尝试，出现了机关服务公司。这种组织形式的出现，对深化后勤改革，推动机关后期服务面向社会，开展对外经营服务有积极的一面。但由于政企不分，管理与服务不分，后来被撤销。1989年，《中央国家机关后勤体制改革意见》印发后，国务院系统的后勤改革在坚持后勤服务社会化的改革目标的基础上，开始按照后勤行政管理职能和服务职能分开的思路进行机构改革。在一些部门，开始将后勤服务职能划出，成立机关服务中心。

机关服务中心是机关后勤服务组织，是机关直属事业单位。它不同于企业经营组织，但要模拟企业经营管理形式，逐步实行自收自支和企业化管理。它面向社会开展内外两面服务，但更主要的是保证为机关服务。它是推进机关后勤服务社会化的重要组织形式。成立机关服务中心不仅是政府机构改革的需要，也是机关后勤服务事业自身发展的必然要求。[2]

---

[1] 杨炜苗. 高校后勤管理学导论 [M]. 保定：河北大学出版社，2014:20.
[2] 郭济. 机关后勤改革与发展十年 [M]. 北京：中国民主法制出版社，1999:244-245.

（3）开展机关事务改革交流会，统一改革认识

1984年，国务院机关事务管理局组织召开了国家机关后勤改革座谈会，邀请了地矿部等14个部委的办公厅副主任、行政司长、机关服务公司经理座谈机关后勤改革问题，就机关事务改革的必要性和重要性，改革的目的等达成了共识。[1] 这次座谈会解放了各部门各单位的思想，明确了机关后勤改革的重要性和必要性，增强了后勤服务系统的内在活力。

以上改革措施在试行中取得了良好效果，为推进机关后勤服务社会化创造了现实条件、奠定了思想基础。

2. 明晰方向

经过解放思想的阶段后，中央国家机关的后勤改革正式进入"明晰方向"的阶段，而这一阶段主要举措有两个。

（1）制定《关于中央国家机关后勤体制改革的意见》

1989年3月，在总结多年试行"小步、单项、试点"的改革经验后，国务院机关事务管理局制定了《关于中央国家机关后勤体制改革的意见》[国机中编发（1989）7号]，该意见于1989年3月4日经国家机构编制委员会第一次会议批准后开始实施。同年3月17日，国家机构编制委员会正式印发了该文件。《关于中央国家机关后勤体制改革的意见》指出，机关后勤的体制改革是机构改革的一项重要内容，明确了改革的最终目标是实现后勤服务工作的社会化，当前改革的主要任务是将后勤服务人员的编制同机关的行政编制分开，实行不同形式的承包责任制，加强经济管理机制，增强后勤服务单位的活力，提高管理水平、服务质量和经济效益，更好地为机关工作和职工服务。

【案例库2-3】
乘上"铁路大包干"的东风——铁道部后勤部门实现经济承包的实践

铁道部机关后勤部门实行经济承包是1968年首先在部招待所开始起步的。铁道部招待所是以接待铁道部召开的各种会议和全路来部出差人员为主的内部招待所，共有客房433间，床位1364个，各种附属设备齐全。承包前，由于没有核定经济指标，不讲经济效益，招待所没有经营自主权，缺少生机和活力。同时，经营的好与坏，与职

---

[1] 王元慎. 机关后勤改革30年的历史回顾[J]. 中国机关后勤，2009（1）:36-41.

工个人收入无关，职工缺少积极性。

1986年，铁道部招待所作为中央国家机关后勤改革的试点单位，成功引入了承包机制，实行所有权与经营权分离，把经营权交给招待所，实行企业化经营。在坚持为领导、为机关、为基层服务宗旨的前提下，确定了"包死基数，定率上缴，超收留用，欠收自负"的承包方案和自主经营、自负盈亏的管理体制，把责、权、利结合起来，使招待所从单纯服务型转变为服务经营型，增强了自我发展、自我完善的能力，调动了招待所和广大职工的积极性。

继招待所实行经营承包之后，铁道部机关食堂实行了管理费包干的投入产出的大承包，机关车队实行了预算金额包干的经营承包，理发室实行了超定额提成奖励的承包，浴池实行了服务提成的服务承包，等等。这些部门通过推行各种不同形式的经营承包，初步克服了"供给制"不讲经济效益、平均主义"大锅饭"的弊端，把服务质量、经济效益与承包者的利益结合起来，调动了广大职工的积极性，取得了明显的效果。[1]

（2）召开全国政府系统机关后勤工作改革座谈会

1989年12月，国务院办公厅在北京召开了全国政府系统机关后勤工作改革座谈会。该座谈会讨论了前一阶段中央国家机关后勤改革中出现的问题，并提出了改革的目标任务和具体意见。此次座谈会可以说是机关事务改革全面推进的动员大会，具有重要的历史意义。此次座谈会的召开也彰显着中央对于推行机关事务改革的重视和决心。此后，全国政府系统机关后勤各个部门的联系和协作空前地活跃起来。

3. 确立体制

为了深入贯彻邓小平南方谈话精神，推动改革开放的进一步发展，顺应机关事务改革趋势，中央国家机关从理论和实践两个角度推动后勤改革进程，确立了一套更符合党政机关及社会需求的机关事务工作体制。

（1）举办机关后勤工作改革研讨班

1992年6月18日至24日，国务院机关事务管理局举办了由14个省市政府和13个部委机关后勤部门负责人参加的机关后勤工作改革研讨班。该研讨班以邓小平南方谈话精神为指导，围绕机关后勤如何更好地适应社会主义市场经济体制的要求，加快

---

[1] 该案例改编自王光琦. 浅议机关后勤部门实行经济承包的必要性[J]. 铁道运输与经济，1991（3）：10-12.

后勤体制改革及后勤改革的目标、途径、步骤、方式方法、配套政策以及与第三产业的关系等重要话题进行了研讨。此次理论研讨班在后勤服务的商品属性、后勤改革的目的（解放和发展后勤服务生产力）、机关后勤改革的总体目标（适应国家政治体制和经济体制改革的需要，逐步建立有中国特色的、适应社会主义商品经济发展的、符合机关实际的后勤管理体制，逐步实现后勤服务社会化）等方面达成了共识。

此次研讨班被视作机关事务管理系统举办的全国性的、参与面较广的后勤工作改革理论研讨班，它对机关事务改革起到了积极推进作用，产生了深远影响。

（2）印发《国务院各部门后勤机构改革实施意见》

1992年10月，党的十四大召开，明确我国经济体制改革的目标是建立社会主义市场经济体制，这对机关事务工作提出了新的要求。

1993年，为贯彻落实中共中央、国务院《关于党政机关改革方案的实施意见》和中共中央、国务院《关于加快发展第三产业的决定》，国务院机关事务管理局拟定了更加符合现实需求的《国务院各部门后勤机构改革实施意见》（中编办〔1993〕33号），经国务院领导批准，1993年9月17日与中央机构编制委员会办公室联合印发。

《国务院各部门后勤机构改革实施意见》首次明确了"以机关后勤管理科学化和后勤服务社会化为方向，改革机关后勤管理体制和机构"的改革内容，为中央国家机关后勤改革指明了前进道路。

4. 扩大交流

真正的改革不仅要进行自我革新，更应将视角放置于广阔的外部环境，不断学习他人先进经验，做到"取其精华，去其糟粕"。在这一阶段，中央国家机关后勤改革的主要举措如下。

（1）积极开展国际、国内交流

国务院机关事务管理局在改革开放方针政策的指引下，积极开展国际、国内交流，学习国内外先进的管理方法和经验，促进了机关后勤管理和服务水平的提高。这一阶段的国际交流活动主要有：

1992年，国务院机关事务管理局与外交部共同组团赴日本考察政府机构后勤保障系统和公务员福利情况。这是国务院机关事务管理局自1950年成立以来，首次以了解和借鉴国外先进管理经验、深化机关后勤体制改革为目的的出国考察活动。

1994年，组团前往美国进行行政事务工作培训考察。

1996年，组团前往澳大利亚考察政府机关事务工作和后勤服务社会化。

1996年，组织财务管理、房地产管理人员赴德国进行专业考察培训。

（2）加强理论建设，宣传先进理念

除了开展国际、国内交流以外，为加强机关后勤改革的舆论宣传、理论研究、业务指导和经验交流，与机关事务管理相关的理论文章如雨后春笋般涌出。

1996年，国务院机关事务管理局创办了刊物《中国机关后勤》，这是全国后勤系统唯一的一份经国家批准的刊物。它在宣传党和国家的方针政策、报道改革发展情况、交流管理服务经验、研讨后勤科学理论、弘扬敬业奉献精神、推进机关事务改革和发展中发挥了重要作用。

1995年2月，国务院机关事务管理局在北京召开了全国机关事务工作协会第一次会员代表大会暨机关后勤机构改革情况交流会，成立了第一个全国机关事务工作社团组织——全国机关事务工作协会。该协会作为全国机关事务部门交流先进经验、共同协作、共同进步的平台，为加强全国机关事务部门的交流提供了强力支持。

【知识库2-2】全国机关事务信息之窗——《中国机关后勤》

《中国机关后勤》创刊于1996年，是国家机关事务管理局、全国机关事务管理研究会主管，经国家新闻出版署批准，全国机关事务系统唯一公开发行的综合性刊物，刊名由时任国务院总理李鹏同志题写。

该刊是国家机关事务管理局指导各地区、各部门机关事务工作的重要媒介，也是机关事务系统开展理论研究，加强互相交流，进行风采展示的良好平台，更是社会各界人士了解机关事务工作最新动态的权威窗口。

创刊二十多年来，《中国机关后勤》秉承"宣传中央方针政策、报道改革发展情况、交流管理服务经验、研讨后勤科学理论、弘扬敬业奉献精神"的办刊宗旨，围绕国家治理体系和治理能力现代化下的机关事务工作，结合各地区、各部门机关事务工作改革创新发展的新实践，使机关事务系统成为"交流的园地、宣传的阵地、理论研究的平台"。

三、各地机关事务管理部门的改革

在中央国家机关推进机关事务改革的同时，各地机关事务管理部门也积极响应中央号召，结合当地实际情况推行改革。在地方机关事务改革的进程中，涌现出了成都市、上海市、江苏省等先进典型。下面将分别介绍这三者后勤改革的历程及成果，以期为机关事务改革提供一定启发和经验。

（一）成都市的机关事务改革

"九天开出一成都，万户千门入画图。"成都市是四川省省会、副省级市、超大城市、国家中心城市、成渝地区双城经济圈核心城市，国务院批复确定的西部地区重要的中心城市、国家重要的高新技术产业基地、商贸物流中心和综合交通枢纽。近年来，成都的发展日新月异，已经跻身于"新一线城市"的行列。城市的飞速发展推动了党政机关发展方向和目标的转变，更翻开了成都市机关事务改革的崭新篇章。

在蓉城千年文脉的哺育之下，在"对党忠诚、用心做事""以优质的服务赢得信任，以优异的成绩赢得尊重"等理念的指引之下，在国家机关事务管理局、四川省机关事务管理局的关心指导下，成都市机关事务管理局放眼长远、立足实际，在机关事务实践中逐渐推进机关事务改革，在落实机关事务建设任务、打造机关事务文化符号、树立机关事务工作品牌等方面取得了若干丰硕成果。

1.拓展自身能力，落实机关事务建设任务

机关事务工作涉及党政机关工作的方方面面，其改革的范围和内容更加需要立足实际、与时俱进。改革开放以来，成都市机关事务管理局在推动机关事务法制化进程，构筑安全管理防线，推动数字化管理转型升级，全面从严治党、推行廉政建设，实现乡村振兴等方面落实机关事务建设任务的同时，将"文化+"思维融入机关事务工作中，不断拓展其自身能力。

一是在推动机关事务法治化进程上有新突破。成都市机关事务管理局用法治精神引领机关事务，用法治思维谋划机关事务，用法治方式推进机关事务。培育法治理念，形成崇尚法治、敬畏法律、自觉守法的良好氛围。

二是在构筑安全管理防线上有新举措。安全作为机关事务工作平稳进行的基础，是机关事务工作者应当尤其注意的一环。成都市机关事务管理局着力构建"群防、群控、群治、群管"的安全生产大格局。完善与质监局、安监局、食药监局、消防支队等单位共同构建的安全巡查机制，健全市级机关集中办公区驻地军警民联合防范常态化机制。

三是在推动数字化管理转型升级上有新探索。信息化时代为机关事务工作的效率提高提供了现实条件，成都市机关事务管理局全面推动管理、保障、服务转型升级，优化完善国有资产管理、"虚拟公物仓"管理、"虚拟中央厨房"管理、公务用车管理、能源资源管理、办公用房管理、安全防控管理等系统建设，实现了"指尖上的管理"。

四是在全面从严治党、推行廉政建设上有新发展。成都市机关事务管理局从思想根源上加强党员干部教育管理，完善反腐倡廉制度，深化廉政风险防控，推进机关文化建设，改进机关工作作风，提升机关效能，整体推动、相互促进，形成了"廉洁文化无处不在、润物无声"的浓厚氛围和良好风尚。

五是在实现乡村振兴上有新贡献。成都市机关事务管理局整合利用机关事务资源，深入开展"十万精品、百万特色、千万创新"名优特产进机关活动，以精品展销、专场推介、订单销售等方式，展示天府文化品牌及"一带一路""蓉欧+"等最新成果。

2. 增强文化聚力,打造机关事务文化符号

党的十八大以来,习近平总书记高度重视中华优秀传统文化的传承和发展,指出"要推动中华优秀传统文化创造性转变、创新性发展,以时代精神激活中华优秀传统文化的生命力。"文化自信是一个国家、一个民族发展中更基本、更深沉、更持久的力量。成都市机关事务管理局始终坚持文化自信、文化自觉、文化创造,在机关事务改革的过程中增强文化聚力,打造了一系列机关事务文化符号。

一是打造了寻根溯源的文化符号。1941年,中共中央管理局诞生于延安,从烽火硝烟的岁月一路走来,形成了丰富的机关事务精神文化和制度文化。成都市机关事务管理局多次组织"红色寻根"主题相关活动,带领机关事务工作人员寻根溯源,深入了解红色基因,赓续传统文明之"脉",厚植文化自信之"根",铸牢文化发展之"魂"。

二是打造了奋斗圆梦的文化符号。成都市机关事务管理局组织开展了全市机关事务系统"两优一先""服务明星""技术标兵""能工巧匠"评选活动,编撰平凡系列丛书,讲述他们平凡而优秀的故事,大力弘扬劳模精神、工匠精神。这一举措得到业内的高度肯定:"平凡系列丛书生动宣传了一线职工的业绩和奉献,很好!希望再接再厉,为建设国家中心城市而努力奋斗!"

三是打造了忠诚廉洁的文化符号。成都市机关事务管理局持续开展"永不褪色的'红袖套'"活动,通过选聘政治立场坚定、原则性强的政风行风监督员,约束"微权力",防止"微腐败"。这一举措得到了社会各界的高度肯定:"(成都)市机关事务管理局认真落实市委工作部署,发挥100名政风行风监督员作用,切实做到监督工作的广覆盖和把监督的触角延伸到最基层,所做的工作广获社会及媒体好评。(成都)市机关事务管理局的工作值得肯定和学习。"

四是打造了追求卓越的文化符号。成都市机关事务管理局坚持在攻坚克难中追求卓越,以较高的标准完成了机关事务标准化工作现场会会务工作、成都市事业单位公车改革工作、"天府文化公园"建设涉市级机关事业单位搬迁工作、不作为及"懒散拖"问题专项治理工作等各项工作。全力保障了第12届世界华商大会、联合国世界旅游组织第22届全体大会、第3次G20财长和央行行长会、第3届世界文化名城论坛·天府论坛、成都全球创新创业交易会等一批具有国际影响力的会议活动的顺利举办,得到了积极评价:"工作主动服务大局,敢于攻坚克难,工作成效明显。"

五是打造了敬业奉献的文化符号。敬业奉献是机关事务工作一贯的文化底色，成都市机关事务管理局大力强调在平凡岗位上甘当"螺丝钉"，不断强化"复命意识"，持续提升"画句号能力"的自觉意识，高效管理着12个集中办公区、130万平方米办公用房、1300亿国有资产、近200台电梯、1.6万余套电气设备，有力保障了全年300余万人次就餐、3200余场会议顺利开展，确保了机关政务活动有序开展，为成都经济社会发展做出了积极贡献。

3.激活内生动力，树立机关事务工作品牌

习近平同志指出："一个没有精神力量的民族难以自立自强，一项没有文化支撑的事业难以持续长久。"习近平新时代中国特色社会主义思想为新形势下的机关事务文化建设工作提供了方向指引。成都市机关事务管理局自觉肩负起"举旗帜、聚民心、育新人、兴文化、展形象"使命任务，从激活机关事务工作发展的内生动力开始，推进机关事务工作品牌建立，取得了丰厚成果，形成了显著的品牌效应。

一是加强辐射作用，共建共享发展。作为全国机关事务文化建设的试点城市，成都市机关事务管理局充分发挥辐射和带动作用，在国家机关事务管理局的大力支持下，创办"全国机关事务文化——天府论坛"，借鉴全国各地机关事务文化建设的好经验、好做法，形成若干可持续、可复制、可推广的机关事务文化建设模式。贯彻落实四川省委"一干多支"发展战略，定期举办"环成都经济圈机关事务管理论坛"，积极搭建成都、绵阳、德阳、资阳、眉山等城市"融入成都、同城发展"交流合作平台，形成相互沟通、交流心得、共谋发展的良好态势。

二是建设学习阵地，发挥培育功能。机关事务工作的发展除了依靠外界推动，更多的是要依靠自身的驱动力，不断学习和提升。因此，机关事务工作中的学习必不可少。成都市机关事务管理局以部门和处室为单位，持续开展"五个一"活动：编"一本"书，为平凡的人出书，为优秀的人点赞；写"一篇"调研文章，把繁杂的工作上升到理论的高度；编"一期"杂志，围绕中心服务大局，每月工作抓提升；写"一组"信息，勤学习，勤思考，勤动笔，练就文字好功夫；拍"一部"宣传片，用动态的画面展现鲜活的形象。基于以上的学习和培育工作，成都市机关事务管理局从根源上充分激活了自身发展动力。

三是凝聚文化力量，彰显时代担当。成都市机关事务管理局紧跟时代趋势、顺应时代潮流，落实"七化"要求，围绕法治、绿色、安全、数字、效能、廉洁"六个机关"建设，全面提高运用国际视野、人文关怀、传播规律，讲好机关事务的"成都故事"的能力水平，做到"和鼓点""找卖点""拨亮点"。

【案例库2-4】成都市机关事务管理局着力打好"机关事务文化建设牌"

成都市机关事务管理局牢牢把握新时代历史机遇，注重文化传承与开拓创新并行、文化发展与队伍建设并举、文化繁荣与效能提升并重，传承出新、主动创新、变动求新，在推动机关事务工作文化建设中探索新路径、找寻新方向，形成了一系列联系工作实际、具有时代气息的机关事务管理文化符号和工作品牌。

1. 推动文化研究

成都市机关事务管理局与成都职业技术学院联合开办成都银杏文化学院。坚持"小切口大文章、小舞台大空间、小课堂大合作、小改动大平台"，积极打造学习园地、文化阵地、人才高地、工匠营地、创新领地"五位一体"、全国一流的机关事务"产、学、研"基地。布局建设川菜川茶文化区、川派盆景艺术区，通过"互联网+职业教育教学"，携手华为、腾讯等高科技企业，安排远程可视化实训课程，构建"互动互联"的现代化教学模式。

联合成都大学，成立成都市机关事务管理与文化建设研究中心，聚焦机关事务管理标准化、信息化、法治化和机关事务文化建设，开展前瞻性研究，充分发挥中心"思想库""智囊团"的作用。着力增强全市机关事务系统干部队伍综合素质、提升专业本领。

精准提炼区（市）县机关事务文化，撰写形成《古鱼凫 金温江》《思源清白文化筑廉机关事务》等调研文章，催生机关事务发展内在动力。从"虚拟公物仓""虚拟中央厨房""十百千"活动、"全生命周期"管理等方面加强理论思考，形成调研成果。

2. 营造文化场景

以办公区走廊、电梯等公共区域内的电子宣传屏、宣传海报为载体，就安全生产、绿色节能、文明礼仪、禁烟控烟、节日祝福等内容开展主题宣传。在食堂，借助海报、餐桌台卡等载体，创建"健康驿站""食物百科""话厨房"专栏，弘扬中华饮食文化，倡导健康生活方式，普及疾病预防知识。

举办"不忘初心使命 传承红色基因"主题展，从红色文化丰富内涵中找到根脉、传承基因、汲取力量；举办"壮丽70年奋斗新时代"主题展，回顾70年来机关事务工作征程，生动呈现办公用品老旧物资、机关办公场所变迁掠影；举办"建设公园城市推进绿色发展"绿色文化展，展示管理局落实成都市美丽宜居公园城市建设总体部署的各项工作举措；举办"平凡与追求"主题展，集中展示成都市机关事务文化建设总体工作情况，营造良好的文化氛围。

积极打造生态环保、低碳循环、可持续发展的绿色文化，绿化美化办公区环境，推进大厅、走廊、绿道等公共区域植物点缀，建设办公区"楼顶花园"，将"银杏""太阳神鸟"等天府文化符号有机植入办公区绿化带和场所设施，构建"一层一风景、一处一文化"的绿色空间，为广大机关干部工作之余提供慢行、休闲、游憩的绿化景观，营造统一规范、洁净优美的办公环境。

3. 塑造管理品牌

拓展"十百千"活动。主动融入乡村振兴战略和脱贫攻坚计划，依托党政机关这一特殊"窗口"，创造性开展"十万精品、百万特产、千万创新"名优特产进机关活动，推广成都市产业品牌、区域公共品牌和精准扶贫产品，推动"产业——产品"优势资源展示和天府品牌建设，构建"基地——餐桌"食品安全生产体系，探索"扶贫——市场"造血型精准扶贫机制。借力全国机关事务系统窗口优势，宣传推介"有机、绿色、无公害"天府农产品及农家风俗文化,让"农业+文创""农业+电商"走出四川、走向全国。发动"爱心助农"行动,促进简阳、双流销售草莓5万多斤,促成国管局订购蒲江爱媛水果1万斤,带动温江区农林业(花卉苗木)在市级集中办公区开展展示展销活动,促进精准扶贫工作落地落实。

深化"虚拟公物仓"。围绕保障大型政务活动、新增机构和临时机构等办公需求,汇总形成覆盖各机关部门办公物资需求的底层数据库,分门别类构建办公家具、办公设备、办公房产等租赁供应目录,通过"虚拟公物仓"购买社会服务,向社会租用设备、服务、维保等,实现办公物资保障"零库存、零运输、零安装、零维修费用"。携手华为、腾讯等企业,加快5G软硬件布局,搭建"虚拟公物仓"从电脑端到移动端的全新应用体系。依托"虚拟公物仓"平台"抗疫助产"栏目,会同市新经济发展委员会开展"2020成都新经济企业进公物仓"活动,加大对企业产品面向全国机关事务管理系统的定向推荐和面向社会的市场化推荐,破解特殊时期小微企业的发展难题,助力复工复产。

探索"虚拟中央厨房"。遵循共享理念及采购进入、烹饪制作、供应反馈的"三段式"工作法,依托"互联网+社会实体中央厨房",将采购进入环节的原料加工、配料清洗工作纳入虚拟中央厨房建设。借助市场较为成熟的净菜加工产业链,与机关食堂中段的烹饪加工、末端的成品供应等流程无缝衔接,形成畅通的食品加工"流水线",形成标准统一的"配送链",减库减量动态的"监控链",可视可查的"安全链"。

强化"三机对标管理"。主动深入开展跨行业对标,学习借鉴机场及航空领域管理服务保障工作先进理念,对标机场健全安防体系、学习机务优化维护体系、研究机关健全管理体系,摸索总结并形成了具有自身特色的"三机"对标管理体系。引入大数据、物联网、云计算等新技术新手段,深入推进智能安防体系建设,建设一体化综合指挥调度平台,运用人脸识别、车辆识别等前端采集设备,从被动安防到主动安防,实现科学预警、智能监管、实时联动。

4. 树立文化标杆

拓展"文化+"思维,围绕法治、绿色、安全、数字、效能、廉洁六大理念,深入挖掘办公用房管理文化、公务用车管理文化、大型会议活动服务保障文化、物业服务文化、餐饮服务文化等特色亮点。

在治理体系治理能力现代化上有新突破。修订完善成都市党政机关办公用房、公务用车管理等相关配套制度，完善住房补贴制度；继续推进内控管理制度建设，规范权力运行、有效防范风险；继续加强标准化建设，总结推广安全、维保标准化建设经验成果，在节能、餐饮、审批、会务等方面打造一批典型标杆，逐步构建标准统一、管理集中、流程规范、权责清晰的标准体系。

在建设美丽宜居公园城市上有新作为。深化拓展"4+6"公务出行保障体系（"5分钟行程步行、10分钟行程骑车、30分钟行程坐公交、60分钟及以上行程用车"的4种公务出行新选择和"重点出行、应急出行、公交出行、绿色出行、健康出行、科学出行"6种公务出行新方式），积极推进"能效领跑者"及节约型公共机构示范单位创建，实施节能工程和节能管理，深入开展节能宣传系列活动和节能管理业务培训。

在构筑安全管理大防线上有新举措。构建"群防、群控、群治、群管"的安全生产大格局，创新举办安全生产主题文化活动，引导干部职工处处讲安全、时时抓安全。加强安全防控，推进市级机关集中办公区安全监控指挥中心建设，完善监控网络，形成高清晰、全覆盖、无盲区的安全管理监控指挥平台。持续开展"机关安全运动会"宣传活动。

在管理转型升级上有新探索。推行智慧管理，主动融入成都"智慧城市"试点示范城市建设，实现指尖管理。推行数据管理，按照科学化、精细化、规范化管理要求，逐步建设统一的机关事务数据中心，推动机关事务工作向精准治理转变。

在管理服务提质增效上有新贡献。加强效能督查和目标考核，将文化建设纳入目标体系和考核办法，形成激励约束机制，增强干部职工执行力和行动力，切实做到在其位、谋其政、尽其责。继续落实负面清单考评，从问题管理入手，强化督查督办、分片联系、夜巡包干等制度，促进依法高效履职。

在推进全面从严治党上有新发展。选聘100名政治可靠、坚持原则的一线"红袖套"作为政风行风监督员，在一线岗位上当好政策法规的宣传员、沟通的联络员、"四风"问题监督员，约束微权力，防止微腐败，助力推进党风廉政建设。

构建"一层一风景、一处一文化"的绿色空间，为广大机关干部工作之余提供慢行、休闲、游憩的绿化景观，营造统一规范、洁净优美的办公环境。[1]

---

[1] 成都市机关事务管理局：打好机关事务文化建设牌[J]. 中国机关后勤，2020（6）：64—66.

（二）上海市的机关事务改革

上海市是我国的直辖市之一、国家中心城市、超大城市、沪杭甬大湾区核心城市，国际经济、金融、贸易、航运、科技创新中心，也是改革开放后发展最为快速的城市之一。1984年以来，上海市机关事务管理局在不断深化机关后勤服务社会化改革中攻坚克难，取得了一定的改革成果。学习上海市的机关事务改革实践能够让我们更加深入地理解"机关事务管理部门应如何面对飞速变化的外部环境"这一命题。

上海市机关事务改革大体经历了以下三个阶段：

1. 政企分开阶段（1984年至1994年）

此阶段的改革重点为贯彻中央书记处提出的服务社会化的改革目标和《中共中央关于经济体制改革的决定》的文件精神。1984年，上海市委市政府决定在机关后勤领域推行"政企分开"的政策，包括锦江饭店在内的10家宾馆、饭店以及友谊汽车服务公司等接待服务单位陆续被划出，组建了上海锦江联营（集团）公司，迈出了推进上海机关事务改革的第一步。1985年，上海市机关事务管理局所属的上海工业展览馆也被划出，组建了企业性质的上海展览中心，使其从原来单一的工业产品展览转变为集会务、展览、经营为主体的多功能企业。以上改革使得上海市机关事务管理局的管理体制和职能转变为以政府机关事务管理为主。

2. 管办分离和机制转换阶段（1995年至2002年）

在此阶段，根据中央政事分开，管理与服务分开的指导原则，在政企分开的基础上，上海市机关事务管理局主要在以下三个方面进行了改革：

首先，实行了管理职能和服务职能的分离。按照"管理和服务分开"的改革原则，重新组合行政管理部门，从而加强了市级机关国有资产管理、对全市机关后勤体制改革进行业务指导的两大职能。

其次，进行了行政管理机制改革。建立健全了岗位责任制，坚持责任到人，并在内部全面推行了后勤工作目标管理机制。

再次，进行了经营管理机制改革。与局属基层经营单位建立经营承包责任制，较好地调动了基层单位员工的工作积极性，激发了后勤单位的内在活力。

其具体的改革历程如下：

1995年，根据中央要求，上海市机关事务管理局率先推行"管办分离"，即将行政管理职能和服务保障职能分开，行政管理职能由机关行政机构承担，服务保障职能则由相应的服务机构承担。首先，将行政处改制成市政府机关服务中心。随后，又将基建处改制成市级机关工程建设管理中心，成立了市级机关汽车服务中心等7家经营服务事业单位。2000年4月，中共上海市委下发了《关于深化本市机关后勤体制改革的意见》，上海机关事务改革进入了向市级、区县级全面推进并实施机制转换的阶段。根据管理职能和服务职能相分离的要求以及后勤服务社会化的改革目标，机关各部门转变后勤服务运行机制，采取多种形式设置和重组后勤服务机构。对后勤服务保障任务重的部门，经主管部门审核批准后设立机关服务中心。2000年至2002年，市级机关先后成立了43个市级机关服务中心，承担了机关繁重的后勤服务保障任务。此外，上海市还改革了服务经费的结算方式，进一步深化机关后勤体制改革。

3. 体制改革阶段（2003年至今）

此阶段的改革重点是转变职能、理顺关系、优化结构、提高效能。2003年以来，上海市机关事务管理局从规范后勤行政管理职能、建立服务保障机制和加大后勤岗位培训力度入手，在不同主体间采取了不同改革措施，这些措施主要涉及以下三个方面：

首先，在机关和服务保障单位中，加大用人、用工制度的改革和岗位培训、考核力度，建立完善了各类岗位人员的考核、任（聘）用和竞争激励机制。

其次，在机关行政管理部门中，相继建立和加强了国有资产管理、财务、车辆、房产等管理机制。

再次，在后勤服务和经营单位中，积极探索服务有偿核算。建立结算制度、实行资产重组和股份合作等多种形式。

2003年起，为充分发挥机关后勤资产规模效应，上海市机关事务管理局成立了盛勤和锦勤两个后勤服务集团公司（后合并组建为国有独资公司上勤集团），以现代企业制度运作，依照市场规律，承担的后勤服务保障工作。2006年，上海市机关事务管理局出台了《关于推进市级机关后勤服务社会化改革的实施意见》（沪府机管字〔2006〕第45号），在市级机关全面推行机关后勤服务社会化改革。全市30家后勤服务机构被纳入改革范畴，通过自行转制、并入企业、撤销机构等3种方式进行改革，分流安置机关工勤、事业编制人员1600余名。至此，政府管理体制层面的改革基本完成。

近年来，上海市机关事务管理局不断加大政策研究力度，先后出台《上海市市级机关引进社会服务管理暂行办法》《上海市市级机关后勤服务质量监督考核评价暂行办法》等相关政策文件，积极推进后勤服务社会化制度标准体系建设，并建立起第三方专业机构测评、专项督察、日常巡检等系列监管制度，为上海陆家嘴物业管理有限公司等龙头企业进入机关服务市场创造了良好的营商环境。

（三）江苏省的机关事务改革

江苏省地处长江经济带，下辖13个地级市，是我国综合发展水平最高的省份之一，也是我国经济较发达的省份之一。1980年以来，江苏省机关事务管理局在改革开放的进程中贯彻落实中央和江苏省委省政府的决策部署，立足本地实际，不断推进机关事务改革，其改革的主要措施包括以下四个方面。

1. 加快转变工作职能，深入调整机构职能

1980年，"江苏省省级机关行政管理局"更名为"江苏省省级机关事务管理局"，拉开了工作职能转变的序幕。2014年6月10日起，又更名为"江苏省机关事务管理局"。

二十世纪八十年代，江苏省省级机关事务管理局主要承担机关行政经费管理、重大工程建设，以及宾馆接待、车辆配备维修、医疗门诊、幼儿保育、安全保卫等方面的具体工作。

二十世纪九十年代，江苏省省级机关事务管理局紧跟时代要求，加强了省级机关国有资产管理、省级机关后勤体制改革、住房制度改革等方面职能。

二十一世纪初，江苏省省级机关事务管理局积极推进政企分离、政事分离，在进一步强化机关资产、基建、办公用房、公务用车、机关后勤服务等管理职能的基础上，将局下属宾馆饭店、接待车队、汽车修理厂、加油站等经营性事业单位全部整建制划出，成立企业集团公司，实行市场化运营，同时成立住房资金管理中心、政府采购中心、房屋建设中心、机关服务中心等事业单位，将有关具体服务工作分别委托相关事业单位承担。

2. 聚焦集中统一管理，着眼体制机制改革

改革开放以来，江苏省机关事务管理方式发生了深刻的变革，逐步建立并完善了集中统一管理体制机制。

二十世纪八十年代，江苏省省级机关事务管理局根据"分工切割、分散管理"的原

第二章 光荣的探索：改革开放与锐意进取
Chapter Two：Reform, opening up and forging ahead

则，规定各部门的房产、基建、财务、物资、车辆等机关事务工作均由各部门自行负责。随着政府机构改革、职能转变的不断深入，二十世纪九十年代开始，省级行政机关政府采购工作、公务用车购置、住房补贴经费管理和发放、国有资产产权界定和清查登记、行政用房的基建投资、办公和住宅区的物业管理等工作逐步交由江苏省省级机关事务管理局进行集中统一管理。

二十一世纪初，随着经济社会的不断发展和党政机关办公条件的不断改善，江苏省省级机关事务管理局紧密结合形势要求，稳步推进机关事务集中统一管理体制机制建立和完善。在省级机关层面，印发实施了改进和加强办公用房管理的意见、小汽车配备和使用管理的有关规定等制度规定，推动机关事务集中统一管理体制机制的建立；在市县层面，借助各地建设机关集中办公区的契机，积极推动各市县机关集中办公区的机关办公用房、公务用车、公共机构节能、后勤服务保障等工作的集中统一管理，逐步形成了以行政中心为依托、机关事务管理部门集中统一管理的新模式。

2012年以来，随着《机关事务管理条例》《江苏省机关事务管理办法》的颁布实施，江苏省机关事务集中统一管理体制机制的法治基础得到了进一步夯实。

3. 强调机关高效运转，开启后勤服务社会化改革新局面

后勤服务社会化改革是机关事务改革的大势所趋。改革开放后，江苏省机关事务改革亦跟随着后勤服务社会化改革的趋势而动，不断拓宽其社会化保障范围。

江苏省机关后勤服务社会化改革的序幕于1985年正式拉开。当时，江苏省机关事务管理局尝试采取"放水养鱼"的方式，将部分后勤单位保持多年的统收统支的财政体制转变为独立核算、自负盈亏的财政体制，实现服务与经营相结合。

1995年，江苏省省级机关事务管理局将后勤保障实体的无偿服务、价值补偿服务全面转向有偿服务。

2000年，江苏省省级机关事务管理局将局属宾馆饭店、汽车修理厂和加油站、接待车队等事业单位整体打包，成立企业集团并划归省国资委管理，江苏省机关后勤经营性服务实体实现转企改制并与机关全面分离。

2003年，江苏省政府办公厅转发省级机关事务管理局《关于加强和改进省级机关后勤工作意见的通知》，巩固深化机关后勤服务社会化改革成果，全面推动机关后勤服务的社会化、市场化保障。江苏省省级机关事务管理局不断总结机关后勤服务社会化改革经验成果，指导下属各部门建立健全机关后勤服务社会化标准制度，加强对社会化服务企业的监督和管理，开启了后勤服务社会化改革的新局面。

4.关注职工生活，不断推进住房制度改革

改革开放以来，江苏省省级机关事务管理局始终关注职工生活，不断推进住房制度改革，提升服务保障水平。

一直以来，江苏省省级机关事务管理局坚决贯彻落实国家关于住房制度改革的政策要求，坚持发挥市场在资源配置中的决定作用，紧密结合江苏省实际，不断深化住房制度改革，积极探索货币化、市场化的住房保障措施，努力帮助干部职工解决居住问题，不断改善其生活水平。

第二节

机关事务改革的逐步推进阶段

经过初步探索阶段后，我国机关事务改革有了突破性进展：在思想认识方面，冲破了"左"的思想禁锢和传统观念的束缚，对传统机关后勤体制的弊端有了更加深刻的认知，对改革落后的生产方式和服务模式、尽快适应社会主义市场经济需求有了更加迫切的愿望；在工作实践方面，以食堂、车队、修理厂等实行经济核算为起点，以推行宾馆招待所企业化管理为契机，开始了有偿服务的改革试点，取得了一定成效。

中央机关事务管理部门首先开始探索机关事务改革之路，通过体制改革、思想改革等改革实践，经历了解放思想、明晰方向、确立体制、扩大交流等改革阶段，改革广度和深度渐次扩大。各地机关事务管理部门亦积极响应中央的号召进行改革探索，并在改革途中更加深入地理解了机关事务管理的实际情况。

然而，初步探索阶段的机关事务改革集中在中央国家机关的基层服务经营单位进行，涉及面窄、规模小、层次浅，具有明显的局限性，更加深入的、针对运行机制的机关事务改革刻不容缓。下文将梳理我国机关事务改革逐步推进阶段的历史脉络，详细介绍"服务社会化""机关后勤改革问题座谈会""企业化管理"这三个关于机关事务改革的关键词。

一、服务社会化改革

1983年6月，中共中央十二届中央委员会书记处第70次会议提出了"服务社会化"，明确指出机关后勤服务工作的社会化问题要逐步解决，将"服务社会化"这一改革方向带到我国机关事务工作者的眼前。

为什么会提出服务工作社会化的改革方向？机关事务改革过程中存在哪些需要解决的现实难题？为了回答上述问题，我们需要详细了解"服务社会化"的来龙去脉，包括其内涵、特征，梳理"服务社会化"的改革历程等，并从多方面入手解析"服务社会化"给机关事务管理工作带来的影响。下文亦将遵循以上逻辑，为读者全面、深入地介绍服务社会化的发展脉络。

（一）"服务社会化"的提出背景

改革开放前，我国机关后勤体制是从革命战争年代为军队提供后勤保障的供给制沿袭下来的，并长期受到计划经济体制环境影响。其主要特点如下：组织形式上，它采用的是"大而全""小而全"的封闭运行模式；管理上，它依靠的是单纯的行政手段；服务上，它强调保证供给；分配上，以平均主义为主，不计成本、不搞核算、不讲效益。由于以上特点，传统的机关后勤体制保障效率不高、人财物资源浪费等问题日益突出，渐渐无法适应社会主义市场经济体制的需求。

为适应社会发展，满足社会主义市场经济体制下的机关运行需求，提高机关办事效率，机关事务管理部门先后提出了很多改革措施和方法，"服务社会化"应运而生。

而"服务社会化"提出的根本目的,就是要按照建立社会主义市场经济体制的要求,改革传统机关后勤体制封闭、易造成资源浪费、缺乏竞争机制等弊病,实现解放和发展后勤生产力的目标。

(二)"服务社会化"的内涵

我们首先介绍"社会化"的含义与特征,再对"服务社会化"的内涵进行解释。

1. "社会化"的含义与特征

"社会化"原是经济学范畴的一个概念,指生产力发展,使单个、分散、封闭、小规模的生产,转变为建立在劳动协作与社会分工基础上的集约化、开放性、大规模、面向社会生产的过程。它是社会化大生产的必然结果,是一种先进的经济和生产组织形式。

"社会化"有以下四个显著特征:一是生产的产品不是生产者个人或少数人消费,而是面向全社会,为了市场需要;二是市场经济发展到一定阶段,生产资料不为劳动者个人占有和使用,而是变成了社会化的生产资料;三是生产过程的个人行为变成了社会行为,单个人的产品变成了社会性的产品;四是生产方式不是单个劳动者或家庭的作坊式生产,而是有组织、分工协作、可采用先进技术的大规模生产。

2. "服务社会化"的内涵

在理解"社会化"概念的基础上,我们才能理解"服务社会化"的内涵:适应社会主义市场经济的发展需求,运用社会化管理理念和市场运行机制,以满足机关正常运转需求为服务目标,充分提升现有后勤服务资源和社会服务资源的使用效率。主要涉及以下三个方面:

一是服务市场公开化。服务市场是指市场经济条件下机关后勤服务的供需活动。传统机关后勤体系中的服务需求与供给之间是封闭的、小而全的、单一的对应关系,而为了满足社会主义市场经济的发展需求,机关事务管理部门必须打破原有封闭的服务格局,逐步公开机关后勤服务项目、服务标准、服务价格等,放宽市场准入条件,取消市场准入限制,以吸引众多的服务企业进入,参与市场竞争。

二是服务主体企业化。服务主体是指为服务客体提供服务的个人或机构。初步探索阶段后的机关后勤服务主体仍然是单一的,在组织上缺乏独立性,主要依据行政命令履行其服务职能。随着社会主义市场经济的发展,机关后勤服务的主体具有了新的特征，它们必须是独立的商品生产者，具有独立民事能力，独立承担民事责任，是真正的市场主体。只有让多元化的主体参与机关后勤服务提供，才能形成竞争的局面，进一步促进机关后勤服务市场的健康发展。

三是服务方式商品化。服务方式是指服务主体与服务客体之间的联系方式。早期，机关后勤服务机构是机关的附属，其服务方式具有行政指令性和无偿性。随着社会主义市场经济的发展，一些内部服务机构开始引入核算机制，变无偿服务为有偿服务，促进了内部服务商品化。

为了达成"服务社会化"的目标，机关事务管理部门借鉴了先进的企业管理方式和手段以及服务理念。例如，通过公开竞标的方式将后勤服务承包出去，实行全面质量管理和目标管理；对产出和结果高度重视，不再是只管投入，不重产出；在人事管理方面实行灵活的合同雇佣制和绩效工资制，不再采用终身任职等传统的人事管理方式、理念及手段。

【知识库 2-3】国外机关后勤服务社会化的三种模式

国外机关后勤服务社会化主要有三种模式，按照社会化的程度由低及高依次是：远东模式（日本等远东国家）、北美模式（美国、加拿大等北美国家，也包括澳大利亚）、西欧模式（英国、德国、葡萄牙等西欧国家）。

远东模式：远东模式属于计划经济向市场经济过渡的模式，即福利后勤。在人员、编制与经费等方面，得到政府的全权保障，主要依靠行政命令进行后勤资源的调拨与供给，后勤服务部门肩负着为机关和机关工作人员提供服务的职责。采用该模式的国家中，较为经典的为日本。

北美模式：北美模式既有高度社会化的一面，也兼具一些福利色彩。采用该模式的国家，在其中央级的政府行政管理体系中，设有专门的后勤行政管理机构负责后勤管理工作。比较具有代表性的国家是美国，美国联邦政府的后勤行政管理主要由联邦总务署负责，主要使命是努力成为联邦政府商业与产品服务的最佳供应者，通过发展商业计划，提供必要的商业服务支持，帮助联邦政府减少他们在采购与动产管理方面的费用，为联邦政府工作人员提供良好的工作环境。

西欧模式：采用西欧模式的国家没有设置专门的政府后勤管理机构，而是采取分散管理的方式，以非委托与非租赁的方法让社会力量提供后勤服务。其社会化程度较高，法制化管理亦较为严格，具有浓厚的市场经济色彩。该模式的典型国家为英国。为了让社会力量提供最好的服务，英国政府制订了服务标准，且每年派检查组检查，分五个等级对服务主体的服务质量进行评定。对于服务的价格，政府也有专门部门进行审核。

（三）"服务社会化"的特征

"服务社会化"的表现形式是多层次、全方位的。"服务社会化"的改革进程必将是一个健全体系、开拓市场、扩展范围、提高质量、产品商品化、完善功能的动态过程。其特征主要有以下七个方面：

一是生产过程社会化。生产过程社会化是指由分散的生产过程逐渐发展成为建立在劳动协作与社会分工基础上的社会化生产过程，表现为区域化、专业化的大规模生产。

二是服务资源社会化。服务资源社会化是指从优化资源配置的角度，切实改变各机关后勤服务劳动力、资产和设施分散、独立支配使用和重复建设的格局。

三是生产管理社会化。生产管理社会化是指将生产管理的许多职能不断地从传统的生产单位中分离出来，形成独立的专业化、社会化管理机构。

四是服务组织社会化。服务组织社会化是指将机关后勤服务组织逐步发展成为独立的后勤服务产品生产者和经营者，使之成为适应市场的法人实体和市场主体。

五是服务交换社会化。服务交换社会化是指机关后勤服务产品不再靠行政手段分配，而是用经济的手段、遵循等价交换的原则，作为商品在市场上接受机关和社会的选择。

六是服务对象社会化。服务对象社会化指的是机关事务管理部门改变"自己生产、自己消费"的自给自足式服务方式，面向市场实行开放式服务，不断扩大机关后勤服务的领域、范围和对象。

七是服务产品社会化。服务产品社会化是指机关事务管理部门打破封闭式的自我服务体系，把分散于各机关的后勤服务部门，按专业化的要求分工组合，形成专业化的社会性服务企业。

(四)"服务社会化"改革历程

我国现代意义上的机关后勤服务起源于革命战争年代,其服务模式在当时是"以配给制、供给式为主"。新中国成立后机关后勤服务转变为"行政化、供给制、福利型、小而全"的服务模式,改革开放后又渐趋"社会化"。改革开放时期以"服务社会化"为目标的机关事务改革(1983年至2011年)历程如下。

1. 摸索起步阶段(1983年至1993年):以单纯供给型服务为主

1983年,中共中央十二届中央委员会书记处召开的第70次会议提出机关事务工作"服务社会化问题,要逐步解决"的要求和分三步走的思路:一是将后勤服务工作同机关工作分开;二是逐步打破部门界限,按地区联合;三是逐步过渡,实现社会化。此次会议为机关后勤服务社会化改革指明了基本方向、奠定了基调。

1984年,国务院机关事务管理局组织召开部分单位机关后勤改革座谈会,会上指出:后勤服务工作社会化改革的目标是"要保证工作,方便生活,更好地为机关服务,既不能增加职工的经济负担,又不能增加行政经费开支"。基于此目标,大会提出了"建立多种形式的经济责任制和岗位责任制"和"广开财源,积极组织预算外收,弥补行政经费的不足,改善集体福利"等措施,这些措施是当时迫切需要开展对外经营创收以缓解机关行政经费不足的现实选择。

1989年,《关于中央国家机关后勤体制改革的意见》提出,后勤工作可分为管理职能和服务职能两部分,为后续机关事务管理职能与服务职能的分离指明了方向,奠定了基础。

1990年,国务院机关事务管理局印发《关于机关行政财务与服务中心财务关系问题的通知》《中央国家机关差额预算单位财务管理办法》《附属自收自支单位财务管理办法》《行政后勤服务费预算管理暂行办法》等文件,就机关服务相关的预算、财务、收费和管理等作出规定。

1992年,《中共中央国务院关于加快发展第三产业的决定》首次提出机关后勤服务社会化中"走出去"和"请进来"问题。

总体上看,在摸索起步阶段,机关事务管理部门对机关后勤"服务社会化"改革的方向、目标、方式等有了初步的认知,这是其先进之处。同时,该时期的改革实践也存在显著的局限性:从参与主体看,改革的参与主体仍是本部门机关与服务中心,不同部门之间往来的也是体制内的单位；从财政来源看，经费几乎完全来源于财政供给。因此，该时期的改革只是实现了一定范围内的小社会化的改革，并未实现真正的"大社会化"。

2. 扩大范围阶段（1993年至2002年）：以经营型服务为主

由于摸索起步阶段的改革范围和力度都比较小，1993年以后，我国机关事务管理部门针对服务社会化改革进行了扩大化推进。

1993年，国务院机关事务管理局和中央机构编制委员会办公室印发《国务院各部门后勤机构改革实施意见》，明确机关后勤改革的目标、原则和步骤，并从职能划分、机构设置、编制管理和经费预算等方面做出具体部署。

当时参与制定改革实施意见的人员普遍认为，管理职能与服务职能相分离后，后勤部门转实体、办实体，利用余力向社会开展经营服务，大力发展后勤经济，既是弥补行政经费不足、减轻政府财政负担的一个重要手段，也是适应市场经济发展需要，增强自我生存和发展能力，逐步推进机关后勤服务工作社会化的有效途径。

1996年，国务院机关事务管理局印发《关于加强机关服务中心建设若干问题的意见》，对服务中心的性质和任务、权利和义务、管理体制和财务、经费、资产管理、与机关的关系等进一步予以明确。至此，机关后勤改革的第一步任务基本实现。

1998年，国务院办公厅转发国务院机关事务管理局和中央机构编制委员会办公室《关于深化国务院各部门机关后勤体制改革意见的通知》，提出建立和完善结算制度、加强服务中心资产和财务管理等内容，全面明确了机关与服务中心的工作关系、核算关系、产权关系和收益分配关系。

2000年，国务院机关事务管理局印发《关于建立机关后勤服务费用结算制度的意见》，对结算的项目、方法和资金等进行规范。

2001年，国务院机关事务管理局、国家计划委员会印发《关于中央国家机关办公楼（区）物业管理服务收费的指导意见》，将办公楼物业管理服务收费纳入国家价格调控体系。2002年，国务院机关事务管理局印发《中央国家机关办公楼（区）物业管理服务基本项目收费参考标准》，发布了机关办公楼（区）物业管理服务基本项目的收费参考标准。

沐浴着改革开放的春风，全国政府系统机关后勤部门的联系和协作在此阶段空前活跃,中央国家机关工人考核委员会、中央国家机关后勤干部培训中心、全国机关事务工作协会、中国机关后勤杂志社等组织相继成立,机关后勤领域的干部培训、人员考评、赴国(境)外考察、后勤理论研究和舆论宣传工作蓬勃开展,形成了强大的改革合力,推动机关后勤服务社会化改革向前进发。

3. 逐步转型阶段(2002年至2011年):以普遍外包型服务为主

随着机关后勤包括财务、基建、物资、环境、服务等业务分化程度越来越高,机关后勤部门的主要业务逐渐走上专门化、专业化道路,市场机制和专项改革有所改变,传统机关后勤改革的阵地渐渐缩小。反之,与传统机关后勤改革内容相对的、顺应社会发展趋势的机关后勤改革需求十分迫切。按照党的十八届三中全会关于"推广政府购买服务,凡属事务性管理服务,原则上都要引入竞争机制,通过合同、委托等方式向社会购买"的要求,中央国家机关后勤服务社会化改革扎实推进,目前服务项目外包率已达七成以上,一些省区市尤其是党政机关集中办公区的后勤服务社会化水平更高,其中物业、餐饮等服务项目普遍实现了外包,为下一步加快后勤服务社会化改革夯实了基础。

总体来看，改革开放后的机关后勤服务社会化改革历程呈现出以下趋势：改革参与主体逐步增多，除部门间交互外，越来越多的市场主体参与到了改革中；服务工作社会化体制机制逐步完善；机关后勤服务社会化的范围逐渐增大。

至此，机关事务管理部门的职能由管理、服务扩展为管理、服务、经营，并按照"企业化管理，商品化服务，市场化经营"的思路进行改革，形成了"小管理、大服务、多实体"的新格局。[1]

【案例库2-5】2021年全国机关事务工作视频会议

2021年1月8日，国务院机关事务管理局召开全国机关事务工作视频会议。会议以习近平新时代中国特色社会主义思想为指导，深入学习贯彻党的十九大和十九届二中、三中、四中、五中全会精神，认真落实习近平总书记和李克强总理等领导同志关于机关事务工作的重要指示批示精神，总结回顾"十三五"时期机关事务工作，部署安排"十四五"时期和2021年机关事务重点工作。国务院副秘书长、国务院机关事务管理局局长李宝荣出席会议并讲话。

会议认为，"十三五"时期，机关事务部门以习近平新时代中国特色社会主义思想为指导，认真贯彻新发展理念，不断提高政治站位；深入推进集中统一管理，加强标准化、信息化建设；落实过紧日子要求，严控机关运行成本，节约型机关建设取得新成效；坚持稳中求进，积极主动创新；完善制度体系，强化依法行政，机关事务法治建设翻开新篇章；加强指导交流，深化理论研究，《机关事务工作"十三五"规划》规定的任务举措基本落实、明确的目标指标顺利完成，机关事务工作迈上了新的台阶。

会议要求，机关事务部门要深入学习贯彻党的十九届五中全会和中央经济工作会议精神要求，切实把思想和行动统一到党中央对形势的分析判断和决策部署上来，坚持稳中求进工作总基调，做好"十三五"与"十四五"工作的有序衔接，保持连续性、具有创新性、坚持系统性，统筹谋划和编制"十四五"规划。按照国家治理体系和治理能力现代化要求，推进以资产管理为基础的集中统一管理，以"厉行节约、保障公务"为主线，切实履行好行政事业单位国有资产管理职责。从构建新发展格局的高度出发，

---

[1] 蔡新宝.中央国家机关后勤服务社会化改革的历史嬗变与未来走向[J].中国机关后勤，2016（16）:16-20.

着力提升法治化水平，推动出台机关运行保障的基础性、综合性法律，推进标准化信息化融合，进一步提高管理效率、提升规范化水平。深化机关事务管理体制机制改革，着力提升保障水平和管理效能，发挥市场机制作用，借鉴企业管理方式，在规范和品质上下功夫，健全绩效管理体系。加强政治建设，加强专业能力建设，加强机关事务理论建设，打造高素质专业化人才队伍。会议指出，刚刚过去的2020年，面对突如其来的新冠肺炎疫情，机关事务管理部门积极担当、认真履职，为全国抗疫斗争作出了积极贡献。当前，要着力抓好常态化疫情防控工作，针对重点区域和环节，制定好应急处置预案，落实好疫情防控各项法规、措施、要求，确保万无一失。会议强调，2021年是"十四五"开局之年，将向第二个百年奋斗目标进军。面对新形势、新任务、新要求，机关事务部门要坚持以习近平新时代中国特色社会主义思想为指导，开好局、起好步，以昂扬向上的斗志、奋发有为的决心，在立足新发展阶段、贯彻新发展理念、构建新发展格局中更好发挥职能作用，提升保障水平和管理效能，推进"十四五"时期机关事务工作高质量发展，以优异成绩迎接和庆祝中国共产党成立100周年。[1]

[1] 国家机关事务管理局. 国管局召开2021年全国机关事务工作视频会议[EB/OL].（2021-01-11）[2021-09-30]. http://jgswj.ningbo.gov.cn/art/2021/1/11/art_1229047315_59017693.html.

（五）"机关后勤服务社会化"改革的影响

国家机关事务管理部门推行机关后勤服务社会化改革后，取得了较大成效，对我国机关事务管理工作产生了重要影响，主要如下。

1. 显著提高了服务效益

推行机关后勤服务社会化改革以来，我国机关事务管理部门通过实行管理人员聘任制，坚持按需设岗、岗变薪变等原则，实现了管理人员"能上能下"；通过实行劳动合同制，将"国家人""单位人"变为"社会人"，实现了管理人员"能进能出"；通过建立管理人员任期目标责任制，加强绩效考核，实行工资分配与业绩贡献、经济效益挂钩，实现了工资分配"能高能低"。

2. 强力支持了机构改革

改革开放以来，机关后勤服务社会化改革为精简行政机构，压缩行政编制，建设廉洁、务实、高效政府机关作出了较大积极贡献。尤其是在1988、1993以及1998年的政府机构改革中，机关后勤服务社会化改革为保证政府机构改革的顺利进行，推动公务员制度的平稳实施作出了突出贡献。

3. 大力推动了服务业的发展

一方面，在会议服务、接待服务、物业管理、机关餐饮等方面，越来越多的后勤服务依靠社会力量提供。机关后勤服务市场的开放为促进社会服务业的发展提供了新的平台。

另一方面，在机关事务后勤服务社会化改革进程中，机关事务管理部门积极推进后勤经营单位股权结构多元化改革试点工作，加快完善法人治理结构，将具备条件的后勤服务经营单位改制为股份制企业，有的单位还充分利用市场机制，按照统一的品牌、标准和模式，开展连锁经营、联合经营等，壮大了服务的容量。

4. 有效改善了职工生活

机关后勤服务社会化改革期间，机关事务管理部门积极探索办公楼（区）和职工住宅小区物业管理制度改革，整治老旧小区环境，加强环境绿化和美化，推动全国物业管理示范住宅小区和北京市优秀管理居住小区建设，促进了社区和谐与办公区和谐。

"十五"期间，中央国家机关60多个不具备法人资格的机关后勤服务单位，如食堂、物业部、印刷室等，被改制为具有独立法人资格的经营实体，实行"自主经营、自负盈亏、自我约束、自我发展"的经营管理模式，提高了市场竞争能力，改进了服务方式，改善了机关生活，在一定程度上提高了中央国家机关干部职工的生活质量和水平。[1]

5. 着力保障了机关运转

机关事务管理部门通过实现政事分开、管办分离，将后勤服务职能从行政机关中剥离出来，将行政机关工作人员从繁琐的事务工作中解脱出来，集中精力开展经济调节、市场监管、社会管理和公共服务等本职工作。

中央国家机关后勤服务社会化改革所改变的不仅是后勤服务机构自身的编制和单位性质，更重要的是对公共管理职能在内涵上的规范。经过30年的改革与发展，中央国家机关事务管理部门为保障中央政府正常运转，推动中央政府更好地履行行政管理职能发挥了重要作用。

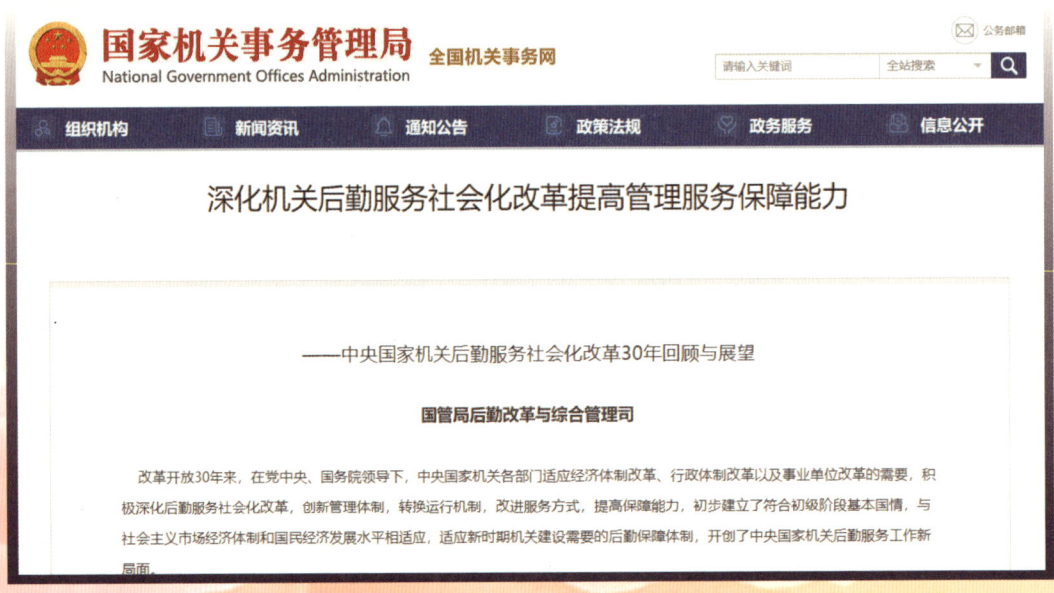

二、三次重要机关后勤改革问题座谈会

在一次全面深入的改革中，思想改革及创新是极为重要且基础的一环，不仅能够为改革奠定思想基础，还能为改革提供方向指导。为了明晰机关后勤改革的未来方向，统一机关后勤改革的思想基础，促进全国各地机关事务管理部门开展经验交流，机关后勤改革问题座谈会渐次召开。

[1] 国务院机关事务管理局后勤改革与综合管理司．深化机关后勤服务社会化改革 提高管理服务保障能力：中央国家机关后勤服务社会化改革30年回顾与展望[J]．中国机关后勤，2008（12）：9．

机关后勤改革工作推进期间,国务院机关事务管理局召开了多次机关后勤改革问题座谈会,其中有三次座谈会较为重要,需依次详细了解:一是1984年6月下旬至7月中旬,国务院机关事务管理局邀请地矿部等14个部委的办公厅副主任、行政司长、机关服务公司经理参加,讨论机关后勤改革问题的座谈会;二是1989年12月18日至21日,由国务院机关事务管理局具体组织,以国务院办公厅名义在北京召开的全国政府系统机关后勤工作改革座谈会;三是1992年6月18日至24日国务院机关事务管理局举办、由14个省市政府和13个部委机关后勤部门负责人参加的机关后勤工作改革研讨班。

(一)1984年国家机关后勤改革座谈会

为了顺应社会主义市场经济趋势,1984年6月下旬至7月中旬,国务院机关事务管理局邀请地矿部等14个部委的办公厅副主任、行政司长、机关服务公司经理等人员,举行关于机关后勤改革问题的座谈会。

该座谈会主要达成了以下四点共识:

一是需要进行机关后勤理论研究,由国务院机关事务管理局牵头,总结机关后勤改革相关经验,学习借鉴他国机关后勤管理经验,形成机关后勤理论体系,科学指导机关后勤工作。

二是各机关后勤部门应打破封闭、自我的机关服务体制,多与其他机关后勤部门交流经验。在部门集中的地区,可以试行某些方面的区域性联合,共同探索改革模式。

三是现行机关服务体制无法很好地适应社会主义市场经济和党政机关需求,机关后勤改革势在必行,而机关后勤改革的目的是更好地为机关服务。

四是机关后勤部门需要广开财源,不能仅仅依靠行政经费,需积极组织预算外收入,开拓新的经费来源渠道,以改善机关后勤集体福利。

(二)1989年全国政府系统机关后勤工作改革座谈会

新中国成立以来,全国政府系统第一次专门研究讨论机关后勤工作的会议——全国政府系统机关后勤工作改革座谈会于1989年12月18日至21日在北京召开。这次座谈会根据党的十三届五中全会关于进一步治理整顿、深化改革的方针,总结交流了机关后勤工作改革的经验,明晰了当下机关后勤工作改革的任务、方针、政策和步骤。

本次座谈会主要达成了以下四点共识:

一是坚持积极稳妥、循序渐进的方针，逐步推进机关后勤改革。根据机关后勤各项工作的不同职能，分别确定改革的重点和要求。从管理职能和服务职能两方面来看，以管理职能为主的部分需要强化管理职能，进一步加强宏观控制和科学调控；以服务职能为主的部分需要逐步推动服务工作社会化进程。

二是充分、深刻地认识机关后勤工作的地位和作用。机关后勤服务是政府工作的重要环节，机关后勤好不好，直接关系到政府机关工作的效率和各项任务的完成。

三是发扬艰苦奋斗的优良传统，搞好机关廉政建设。机关后勤改革要以更好地为机关工作、为职工生活服务为宗旨，既要注重经济效益，更要注重服务效益。

四是继续认真进行治理整顿，为机关后勤改革的健康发展创造条件。机关事务管理部门应坚定不移地贯彻落实十三届五中全会精神，进一步治理整顿、深化改革。

【知识库 2-4】全国机关事务管理研究会

近年来，《公共机构节能条例》《机关事务条例》《党政机关厉行节约反对浪费条例》等法律法规颁布施行后，国务院机关事务管理局和各级机关事务管理部门的职责不断增强，机关事务法制化建设不断完善。当前，深化机关事务工作改革、加强对机关事务管理理论与实践问题的研究任务迫切而重要。为适应新形势和新任务需要，全国机关事务管理研究会在全国机关事务工作协会的基础上更名成立，并于 2016 年 12 月 9 日召开了全国机关事务管理研究会第一次会员大会暨推进机关事务管理创新与理论建设座谈会，这标志着机关事务理论研究工作进入了新的发展历程。

全国机关事务管理研究会主要职责包括：开展机关事务管理理论与实践问题的研究，为推进管理科学化、保障法制化、服务社会化，建立和完善机关事务法治体系，发挥机关事务管理在国家治理中的作用服务。

其业务范围主要包括以下几点：

①开展机关事务管理理论和实践问题的研究，推进管理科学化、保障法制化、服务社会化；

②调研机关事务管理中的重点问题，提出对策性意见和建议；

③研讨规范机关事务管理、全面深化改革和建设节约型机关等问题，开展理论成果和实践经验交流活动；

④搜集、整理、编印国内外相关动态、信息和经验，为业务主管单位和会员提供信息和咨询服务；

⑤主管《中国机关后勤》杂志，推荐和宣传会员的研究成果和实践经验；

⑥开展业务培训，提高机关事务工作者的业务素质和管理能力；

⑦承办业务主管单位委托的事项。

（三）1992年机关后勤工作改革研讨班

1992年，国务院机关事务管理局举办了机关后勤工作改革研讨班。该研讨班以贯彻邓小平南方谈话精神为主线，围绕机关后勤体制如何更好地适应社会主义市场经济体制的需求等一系列理论问题与实践问题进行了深入研讨，从理论层面对机关后勤改革进行了研讨。

该研讨班主要达成了以下五点共识：

一是机关后勤服务社会化是一个渐进过程。需要认识到以下两点：首先，社会化应以机关后勤服务商品化为前提；其次，社会化是一个过程，不同时期的社会化存在程度上的差别，应根据当下社会情况进行社会化改革。

二是要认识并认同后勤服务劳动的商品属性。机关后勤部门需认识到后勤服务的商品属性，即服务能够购买，需要在交换过程中实现价值和使用价值，服务就是商品。这对服务社会化、企业化管理等后续改革有着重要意义。

三是机关后勤体制改革的总体目标是适应国家政治体制和经济体制改革的需要，逐步建立有中国特色的、适应社会主义商品经济发展的、符合机关实际的后勤管理体制，逐步实现后勤服务社会化。

四是改革开放以来的机关后勤改革已经取得了一定成绩。机关后勤体制内服务方式、经营方式、管理方式和服务单位内部机制等方面已经开始转变，并且开始实现管理职能和服务职能分离。但机关后勤改革尚未取得突破性进展，必须解放思想，转变观念。

五是机关后勤体制改革的目的是解放和发展后勤服务生产力。后勤服务事业同社会其他服务业一样是一种生产力。但现有较为封闭、自我的机关后勤体制束缚了后勤服务事业生产力的发展。因此，机关后勤改革重点是构造新的后勤管理体制，搞活服

务单位。

三、企业化管理改革的尝试

通俗意义上的企业化管理是指采用企业中广泛运用的科学管理方法和科学管理理念,协调好各项活动和资源,从而达到提高运作效率、降低管理成本、取得更大的社会效益与经济效益的目标。在改革开放的时代背景下,原先只靠行政指令驱动的机关事务管理显然无法满足机关快速发展的需求,也无法很好地适应社会主义市场经济大趋势。因此,在机关后勤领域进行企业化管理改革的尝试、探索更为高效的机关事务管理方式迫在眉睫。

下文将针对机关事务改革推进期间涉及企业化管理改革的措施进行介绍,首先介绍其改革背景并对机关后勤服务企业化管理的内涵作出界定,其次梳理机关事务改革中企业化管理改革的主要措施,最后总结企业化管理改革的影响。

(一)企业化管理改革的背景

新中国成立以来的机关后勤工作在各个方面都做到了有所突破,但由于其基本靠行政指令驱动,改革开放后无法完全适应社会主义市场经济体制的发展要求及机关发展要求。

随着改革开放的深入发展,社会主义市场经济体制已经在生产经营领域逐步站稳脚跟,机关后勤工作也必须适应新的形势,谋求长足健康发展。企业化管理改革能够提高机关后勤单位运作效率,降低管理成本,取得更大的社会效益与经济效益,更好地满足机关需求。因此,虽然企业化管理的推行有一定难度,我国中央和各地机关后勤单位依旧开始逐步推行企业化管理改革,并进行了一些尝试。

(二)企业化管理的内涵

总的来说,机关后勤服务中的"企业化管理"是指:改变原有供给制、福利型的机关后勤运营方式,将机关后勤推向社会,让其与社会接轨,用完全的企业运作方式对其加以规范,以市场驱动,在竞争中提高与改进机关后勤服务质量,提高机关后勤服务的社会经济效益。因此,机关事务管理部门想要进行企业化管理尝试,则需要形成企业化的经营机制。企业化管理涉及的方面很多,其基本内涵主要有以下两点。

一是理顺关系,采用企业化制度管理机关事务工作,改变传统机关后勤管理服务一体化的工作方式,实行管理职能与服务职能分开,使机关事务管理部门的服务职能从供给型、福利型的体制中解脱出来,成为服务经营型的商品生产者和经营者,从而学会运用经济管理的方式解决经济活动中的问题。

二是实现自我约束、自我发展,让机关事务管理部门向收支自主、自负盈亏的服务经营型实体迅速过渡,实行机关事务管理部门内部的企业化管理。

【案例库2-6】企业化管理改革实践
——上海市盛勤、锦勤（集团）有限公司的组建

2003年初,经上海市人民政府批准,以市政府机关事务管理局原所属服务经营事业单位为基础,组建了盛勤（集团）有限公司和锦勤集团（集团）有限公司。这两个（集团）有限公司成立后,按企业要求重组内部组织机构,分流安置富余人员,完成了由事业向企业的体制转换,积极开展内外两面服务,参与市场竞争。

上海市人民政府赋予这两个后勤集团的职能是："承担本市各级机关政务活动的后勤服务保障。运用市场机制,整合机关后勤资源,盘活机关后勤资产,努力实现资产的保值增值;通过在社会服务领域和机关各类服务中开展竞争,降低行政成本,提高服务质量,加快实现机关后勤服务的社会化和市场化。"两个集团性质均为国有独资,上海市政府机关事务管理局受国资委委托对集团资产进行监管。市政府为集团组建确立的原则是"经营服务范围一致,资产分布总量平衡,干部配备力量相当,增量资产竞争比选"。集团组建后,完成了内部体制改革,转变了运行机制,确定了发展战略,明确了经营思路,取得了较好的经济效益和社会效益。

（三）企业化管理的特征

一般来说,企业化管理有如下三个特征。

1. 非营利性

从核算形式上看,企业化管理需要具备三个要素:收入、支出和利润。企业化管理改革后的机关事务服务部门在完成行政工作的同时,必然会产生积极追求利润的欲望。因此,企业化管理的非营利性是针对服务目的而言的。企业化管理是为了增强内部服务功能而采取的一种管理形式,不同于独立企业,管理本身并不以追求营利为目的。

2. 商品性

有偿服务是机关后勤服务商品性的前提条件。在企业化管理改革尝试中,为了强

化内部管理,增强服务功能,实行了具有企业化管理特点的单独核算、自计盈亏的管理办法,这种管理办法的显著特点之一便是引进了企业化管理中的"收入"与"支出"经济核算形式。这一改革措施实质上是以有偿服务为基础,从而使机关后勤服务具有了商品性质。值得注意的是,虽然这种在内部形成的商品交换关系直接表现为行政事业单位内部管理中的经济结算关系,但它确实具有商品经济中交换关系的一般特点。

3. 承包性

机关后勤服务提供方与隶属方的事业交互关系,一般是在保证隶属方能对提供方实施有效控制和监督的基础上,通过承包合同的形式加以确定的。在这样的承包合同中,经济承包责任制与企业化管理融为一体、互为基础。企业化管理使机关后勤服务承包具有了企业化特点,而经济承包责任制又使机关后勤服务企业化的运行机制进一步得到完善,从而使实施企业化管理的内部单位具有了明确的责任考核标准和监控依据。

(四)企业化管理改革的举措

在企业化管理改革的过程中,机关事务管理部门运用企业管理的科学理念和科学方法,推动机关管理事务更高效地运行企业化管理改革的举措,主要涉及人事管理制度、分配激励制度、科学企业管理方法等方面,可归纳为以下两点。

1. 转变观念,开拓创新,走向社会

要实现企业化管理改革,转换运行机制,转变观念是前提。近年来,机关事务管理部门的观念已有很大转变,但离改革的要求还有一定差距。特别是在机关服务单位,"等、靠、要"的思想表现比较明显,后勤服务人员对参与市场竞争抱有畏难情绪。面对加快建立社会主义市场经济体制的大形势,后勤服务人员必须摒弃旧观念,适应时代要求,确立市场意识、竞争意识、效益意识、创新意识,积极参与市场竞争,主动发起改革。

机关服务单位走向市场,困难不小,但优势也不少。机关事务管理部门充分利用了中央国家机关的良好声誉、经久耐用的设施设备,充分动员了长期从事服务工作的职工队伍,以稳定的机关内部市场为起点,推行企业化管理改革。机关事务管理部门积极鼓励后勤工作人员转变观念,以期在社会主义市场经济竞争中突出重围。此外,机关事务管理部门还积极鼓励后勤工作人员转变对后勤服务工作的认识,认识到服务既是商品,也创造价值,认识到后勤服务工作不是福利工作,服务单位也不是福利性单位,要按价值规律办事,认识到机关服务单位逐步融入社会服务体系是市场经济发展的必然要求。

2. 转换运行机制,实行企业化管理

为了转换运行机制,实行企业化管理,机关事务管理部门主要进行了以下三项改革:

一是赋予了服务单位充分的经营管理自主权,通过实行经营管理承包责任制等方式,明确服务单位的责权利,放手让其参与市场竞争。

二是改革服务单位的用人用工和收入分配制度,实行干部聘任制和工人劳动合同制,真正建立起能进能出、能上能下的用人用工机制和与工效挂钩的收入分配制度,增强职工的危机感和责任感。

三是让服务单位减员增效,做好富余人员的下岗分流工作,在建立后勤服务商品交换关系后,要求服务单位也必须按市场经济的要求,讲成本、讲核算、讲效益,根据任务定岗定员,不养"闲人",以此维持生存。

(五)企业化管理改革的影响

企业化管理主要利用市场力量来创造绩效,其目的并不是追求盈利,而是谋取更好的社会效益,在这种目的的推动下,企业化管理改革产生了如下影响。

一是强化了绩效效果,促使绩效持续提高。在社会主义市场经济体制下,只有提供优质的服务,才能在激烈的市场竞争中胜出。机关事务管理部门积极推进企业化管理改革,提高服务质量,将市场竞争机制引入机关事务管理中,提高了后勤工作人员的竞争意识,调动了其工作积极性,从而增强了机关事务管理单位的竞争力,提高了工作效率。

二是节约了资金。企业化管理能够使后勤服务提供者产生竞争,减少人为控制的程度,从而易于控制资金预算。

三是提高了机关事务管理部门的服务质量。企业化管理改革推动机关后勤服务直接向市场(顾客)负责,机关后勤服务需倾听市场和顾客的心声,为其提供更加优质、更加高效的服务。

四是促使机关事务管理部门制订长远的财政决策,以确保顾客利益最大化。在企业化管理改革中,机关事务管理部门需采用企业通行的财务管理方法,如会计制度、资产折旧、长期业务规划、金融投资、投资利润统计等。因此，机关事务管理部门就需要在技术、培训、提高生产率等方面制订长远的财政决策。

【案例库 2-7】"后勤经济"探索者——浙江省机关后勤改革

近年来，浙江省省级机关事务管理局充分发挥自身优势，参与省内房地产开发，先后培育建设温州同人花园、同人大厦，杭州同人春江时代、冠盛大厦、西湖山庄、九里松首席会馆、同人山庄、紫荆大厦等十余个房地产项目。2011年，浙江省省级机关事务管理局下属企业实现利润 7.1958 亿元，再创历史新高，与 2003 年相比翻了近 6.5 番。

在物业管理方面，浙江省省级机关事务管理局积极引进社会优质的服务企业，为机关提供了优质高效的服务。同时，其下属的浙江省直同人物业管理公司积极参与市场竞争，接管了杭州铭雅苑、林业大厦等9个住宅写字楼的物业管理，营业收入近 1900 万元。

"后勤经济"的发展显著推动了浙江省机关事务保障能力的提升。2009 年以来，浙江省省级机关事务管理局相继完成了省人大、政协办公楼和地下车库建设，完善了 760 多亩的省行政中心办公区域，使办公区内东、西、南、北 4 个景点靓丽优雅，环境宜人；大规模建设和改造了行政中心办公用房和四个机关幼儿园；建设专用房 9400 多套，基本上解决了省级机关干部的住房问题；新购了 180 辆汽车，包括面包车、商务车、客车等，较大地改善了机关用车条件。

第三节

机关事务改革的全面推进阶段

经过初始探索和逐步推进阶段，我国机关事务改革取得了更为长足的进展。从改革的广度而言，机关事务改革不再是以"点"为主的尝试，而是从中央机关事务管理部门出发，延伸到各级机关事务管理部门的以"线"为逻辑的进程。从改革的深度而言，机关事务改革对机关的依附性逐渐减弱，"封闭化，小而全"的性质也得到转变，机

第二章 光荣的探索：改革开放与锐意进取
Chapter Two : Reform, opening up and forging ahead

关事务管理越来越适应社会主义市场经济体制，开放性与竞争力也越来越强。总体来看，我国机关事务改革的深度和广度都步入了新的境界，改革初见成效。

随着机关事务改革步伐的逐渐推进，改革的涉及面逐渐变广，地域范围逐渐扩大，中央和地方机关事务管理部门对体系化、整体化、指引性强的政策规章的需求日益迫切。出台与机关事务改革相关的政策规章能够为各级机关事务管理部门提供更加完整、可供操作的改革指引，从而为机关事务改革的全面推进奠定基础。

在机关事务改革由"点""线"向"面"推进之时，我国中央机关事务管理部门出台了一系列政策性文件，为机关事务管理提供了方向指引。下文将对《关于中央国家机关后勤体制改革的意见》《国务院各部门后勤机构改革实施意见》《机关事务管理条例》三个重要的政策性文件进行梳理介绍，从中可以窥见机关事务改革不可逆转的前行之势。

一、贯彻《关于中央国家机关后勤体制改革的意见》

1989年,机关事务改革经历了服务社会化改革、企业化管理改革等的扩展探索,进入全面推进阶段。在改革如火如荼地进行之时,针对机关事务改革的规范化、科学化的政策文件也应运而生。1989年3月,时任国务院总理李鹏主持召开国家机构编制委员会会议,讨论并原则批准了国务院机关事务管理局提出的《关于中央国家机关后勤体制改革的意见》(以下简称《意见》)。

《意见》诞生于何种背景之下?诞生于何时、由何部门牵头制定?包含哪些机关事务改革内容?对我国机关事务改革带来了怎样的影响?具有怎样的意义?以上问题答案能够帮助我们对《意见》形成一个较为全面的认知。因此,下文将重点介绍《意见》的提出背景、出台历程、政策内容以及此份政策性文件所具有的重要意义。

(一)提出背景

二十世纪八十年代初,在十一届三中全会精神的指引下和改革开放的推动下,部分中央国家机关部门开始了机关事务改革的积极探索。1983年6月,中央书记处第70次会议听取了中央和国家机关机构改革小组的汇报,提出"服务社会化问题,要逐步解决"。此次会议明确提出要逐步实现后勤服务社会化的改革目标,提出了将后勤服务同机关工作分开、打破部门界限、按地区联合、逐步过渡到社会化的"三步走"的基本改革思路。以上改革思路对提高机关事务管理部门的管理水平和服务质量、调动机关后勤职工的积极性、激发机关事务管理单位的活力产生了很好的效果,为后续机关事务管理改革方案的提出提供了理论依据和实践依据。

1988年7月,为了贯彻落实中央书记处第70次会议的要求,推动机关后勤服务以社会化、科学化、法治化为方向进行改革,国家机构编制委员会决定由国务院机关事务管理局牵头,在总结多年"点""线"改革的基础之上,制订中央国家机关后勤体制改革方案,以政策制度推动机关事务改革的规范化、科学化进程。

接到上述任务后,国务院机关事务管理局随即开始了中央国家机关后勤体制改革方案的编写工作。首先组织了专门的方案编写工作班子。为了广泛地听取广大机关后勤工作人员的意见,工作班子前后同多个部门后勤单位的负责同志进行了座谈和采访。同时,国务院机关事务管理局工作人员走访了北京市有关部门,全面了解了与机关事务管理工作相关的社会服务业,如物业管理行业等的现实情况,制订出了既符合机关

第二章　光荣的探索：改革开放与锐意进取
Chapter Two: Reform, opening up and forging ahead

事务改革趋势，又符合社会主义市场经济发展趋势的机关事务改革方案。

（二）出台历程

1989年3月，在反复征求相关人士的意见并反复修改后，国务院机关事务管理局提交了《关于中央国家机关后勤体制改革的意见》。该《意见》经3月4日国家机构编制委员会1989年第一次会议批准。同时，此次会议明确提出"机关后勤服务工作社会化是方向""由服务公司或服务中心统管机关后勤这种模式可以试行""机关后勤服务部门编制可以与机关分开，改为行政附属编制"等几个重要改革方向，并对后勤服务工作实行承包责任制表示支持。此次会议不仅为机关后勤改革指明了改革方向，而且提出了原则和方法。

1989年3月17日，国家机构编制委员会正式印发了《意见》。该《意见》明确了机关事务改革的方向是实现机关后勤服务社会化；改革的主要内容是将行政管理职能与后勤服务职能分开，明确机关后勤机构设置可以采取不同形式；改革的重点是后勤服务单位要实行多种形式的经营承包责任制。

1989年4月19日，国务院机关事务管理局与国家机构编制委员会联合召开了中央国家机关后勤改革工作会议。会议贯彻了中央关于机关体制改革的指示，部署实施《意见》。此次会议标志着中央国家机关后勤体制改革作为政府机构改革的重要内容被提上日程，并且有领导、有组织、有方案地全面启动了。

（三）政策内容

为了适应社会主义市场经济体制发展需求，激发机关后勤发展的内生动力，《意见》主要以服务社会化为改革方向，围绕机关后勤服务社会化提出了一系列改革建议，主要内容有以下几点：

1.确定机关后勤改革的最终目标是实现机关后勤服务社会化

《意见》提出，在机关事务改革的全面推进阶段，实现后勤服务社会化是改革的最终目标和前行方向。从机关事务改革的实际情况出发，当前机关后勤体制改革的具体任务是把后勤服务人员的编制同机关行政编制分开，实行不同形式的承包经营责任制，加强经济管理机制，增强后勤服务单位的活力，提高管理水平、服务质量和经济效益，更好地为机关工作和职工生活服务。

2. 后勤服务单位实行不同形式的承包责任制

《意见》提出，后勤服务单位按全额拨款、差额补贴和自收自支的不同情况，实行不同形式的承包经营责任制。其具体措施为，对于没有收入的全额拨款单位实行服务费承包或服务费和工资总额承包；对于有收入的差额补贴单位实行定额补贴承包；对已经自收自支或事业单位企业化管理的机关实行经营服务承包。

3. 实现机关行政管理职能与后勤服务职能相分离

《意见》提出，应当将机关后勤分解为行政管理和后勤服务两种职能，并将两者分离开来。具体措施为：机关后勤工作中，行政管理职能仍列入行政编制，履行行政管理职能的工作人员仍属于编制内人员；将后勤服务职能从行政编制中分离开来，列为行政附属编制，履行后勤服务职能的工作人员不再属于编制内人员。具体说来，机关中负责财务管理、房地产管理、基本建设管理、物资设备管理、环境秩序管理、人防工程管理等业务的部门具有行政管理职能，其工作人员仍为行政编制；机关食堂、车队、医务室、礼堂、电话总机、技工班等部门具有后勤服务职能，其工作人员列为行政附属编制。

4. 坚持从实际出发，践行积极稳妥、循序渐进的方针

《意见》提出，机关后勤体制改革必须从实际情况出发，坚持积极稳妥、循序渐进的方针，不可为了追求改革速度，不顾现实情况和过往经验，贸然强行推动改革进程。同时，《意见》提出要精简机构人员，提高工作效率；要正确处理经济效益和服务效益的关系，把提高服务质量放在首位；要坚持勤俭节约，尽可能减少行政经费开支等。

5. 开放机关后勤有偿服务

《意见》提出，机关后勤服务单位在做好本机关工作的前提下，可以开展中央国家机关及其所属单位之间的有偿服务。一些服务设施可以向社会开放，实行内外两面服务，与社会接轨，实现自我创收，而不是一味闭塞地对内服务。

（四）政策意义

从《意见》实施的后续影响来看，吸收了多方意见、结合了过往机关事务改革经验的《意见》比较符合机关事务改革的要求和机关事务的实际，为机关事务改革带来了很多积极的影响。作为改革开放以来第一份关于机关事务改革的政策性文件，《意见》对机关事务改革的意义主要有以下四方面。

1. 实现了机关事务改革的长远目标和近期任务的有机结合

结合机关事务改革的过往经验和当下社会背景，《意见》敏锐而精准地提出了机关事务改革的最终目标是实现机关后勤服务工作社会化，确定了机关事务改革的长远目标，为机关事务改革指明了发展道路。与此同时，《意见》明确指出改革并不是一朝一夕能够完成的事项，而是需要持续努力、循序渐进的进程，进而提出了在实现社会服务现代化的过程中，机关事务管理部门需要完成的任务，包括将行政职能和服务职能相分离、实行承包经营责任制、向社会开放有偿化的机关后勤服务等措施，确定了机关事务改革的近期任务。

《意见》并没有一味地提出难以企及的长远目标，也没有一味地着眼于细致之处的改革措施，而是既对长远目标进行了清晰认定，亦对近期任务进行了清晰说明，实现了改革的长远目标和近期任务的有机结合。

2. 为后续深入改革奠定了制度基础

《意见》作为改革开放以来第一份机关事务改革文件，在考虑过往改革经验的基础之上提出了许多总结性、基础性的措施，为后续深入改革、深入探索机关后勤服务社会化奠定了制度基础。《意见》中提到的将行政管理职能和服务职能分离开来，将服务职能相关人员从行政编制中抽离出来，为后续设立专门的机关服务中心奠定了制度基础。

3. 为逐步实现后勤服务社会化创造了前序条件

《意见》的政策目标是十分清晰的，即实现后勤服务社会化。因此，无论是提出后勤服务单位在做好本单位工作的基础上，可以考虑向社会开放部分有偿服务，还是推动承包经营责任制在各机关后勤单位的试点实施，《意见》的各项举措都依循了将后勤服务工作同机关工作相分离，打破部门界限，按地区联合，最后过渡到服务社会化的基本思路，为实现后勤服务社会化创造了前序条件。

4. 为机关后勤改革健康顺利发展提供了原则性指导

针对"如何实现机关后勤服务现代化"这一议题和最终目标，《意见》不仅提出了职能分离、实施承包经营责任制等现实措施，更从理念层面确定了以下几个重要的方针政策：坚持勤俭节约，尽可能减少不必要的行政经费开支，提高资金利用效率；要正确处理机关后勤中服务效益和经济效益的关系，把提高服务质量放在后勤改革的首要位置，切莫主次颠倒；精简机关后勤机构及人员规模，从"数量取胜"的工作模式转向"质量取胜"的工作模式，倒逼后勤工作效率提升。以上方针为机关事务改革健康、顺利、可持续发展提供了原则性指导，奠定了理念基础。

【知识库2-5】机关事务标准化

机关事务标准化建设指的是以标准化为引领，优化机关事务管理、服务、保障等多项职能，整合资源规范机关事务行为，改善运作方式，改进和提升服务质量和办事效率，从而形成行为规范、运转协调、公正透明、廉洁高效的管理体制和运行机制。推进机关事务标准化建设是实现国家治理体系和治理能力现代化的必然要求，更是提高机关事务管理工作质量效益的现实需要。

在《关于加快推进机关事务标准化工作的通知》《机关事务标准化发展规划（2018～2020年）》等文件的引领下，机关事务标准化工作实现了从无到有的突破。其中，《关于加快推进机关事务标准化工作的通知》要求各地方机关事务管理部门高度重视机关事务标准化工作，建立健全"3专、2报、1会"的工作机制，制定报送推进工作方案，科学制修订分项标准，大力推动地方标准制修订，加强改进标准实施应用，建立完善标准监督评估体系，有序推进试点示范建设，组织举办专题培训，深入开展理论研究，加强组织领导，抓好统筹落实。该通知对机关事务系统贯彻落实党的十九大报告中对质量和标准化工作提出的新要求及新修订的《中华人民共和国标准化法》有关精神，统筹推进机关事务标准化工作，提高机关事务服务保障质量，具有重要作用。

《机关事务标准化发展规划（2018～2020年）》指出了机关事务标准化的重要意义、总体要求、重点任务及组织保障。其中，机关事务标准化的重要意义主要有以下三点：第一，建设现代机关事务，为机关事务标准化指明新方向。第二，全面深化改革，为机关事务标准化提供新动力。第三，提高保障质量效率，为机关事务标准化提出新要求。机关事务标准化的重点任务是完善机关事务标准体系；强化机关事务标准实施；构建机关事务标准监督评估体系；推进地方机关事务标准化工作；夯实机关事务标准化工作基础。该文件大力推进机关事务标准化，实现了标准和机关事务的深度融合，发挥了标准化在机关运行保障中的规范、调节、约束、控制功能，提升了机关事务保障质量和效益。

二、落实《国务院各部门后勤机构改革实施意见》

《关于中央国家机关后勤体制改革的意见》于1989年出台之后，改革开放后的机关事务改革正式进入全面推进阶段。随着机关事务改革的逐步推进和全面展开，《意见》中所提到的改革目标、改革措施、改革原则和改革方针等内容较为模糊，无法清晰地为机关事务改革提供后续指导，一份结构更加清晰、内容更加深入全面的针对机关事务改革的政策性文件有待产生。为了顺应改革趋势，《国务院各部门后勤机构改革实施意见》（以下简称《实施意见》）得以出台。

下文将从《实施意见》的提出背景、政策概况、政策详解等几个方面介绍该政策的全貌。

（一）提出背景

1993年，首先出台了《关于党政机关改革方案的实施意见》，意在指导机关事务改革路径。在《关于党政机关改革方案的实施意见》中，中共中央明确提出了党政机关后勤体制改革的基本构想，向全国机关后勤战线提出了加快改革进程、加深改革纵深、扩大改革面的任务。

为贯彻这一文件精神，跟随党政机关改革的基本趋势，1993年9月17日，国务院机关事务管理局与中央机构编制委员会办公室联合印发了《国务院各部门后勤机构改革实施意见》。该《实施意见》对机关后勤管理体制改革的目标、步骤、机关后勤机构的设置、后勤管理职能与服务职能的划分以及预算管理原则等问题作出了明确规定，针对机关后勤服务部门从行政序列划出后需要解决的相关问题，从方针、政策方面都提出了明确的建议。在《实施意见》中，机关事务管理科学化首次与机关后勤服务社会化并列，作为机关事务改革的共同方向。

【知识库2-6】机关事务管理科学化

在《国务院各部门后勤机构改革实施意见》中，机关事务管理科学化首次与机关后勤服务社会化并列，作为机关事务改革的共同方向。了解机关事务管理科学化的含义和具体措施，有利于理解全面推进阶段机关事务改革的发展目标。

机关事务管理科学化，是指按照科学发展观的要求，自觉掌握和运用科学管理的基本规律指导实践，进一步理顺机关事务管理体制，规范和强化机关事务管理职能，不断改进管理方法，努力实现管理科学化、规范化和制度化，其具体措施有以下几个方面：

第一，要建立健全科学和合理的机关事务管理体制，加快推进管理体制改革，科学规范智能，合理设置机构，优化组织机构。要进一步提高对机关事务工作的重要地位和作用的认识。健全机关事务管理体制是实现机关事务管理科学化的重要组织保障。机关事务管理部门应科学设置后勤机关的内部机构，对机关事务工作实行统一管理、统一规划，适应建立社会主义市场经济体的总体要求。

第二，要努力提高机关事务科学管理水平，优化管理方法。坚持"以人为本"，积极探索、努力掌握科学的管理方法，切实提高科学管理水平，不断增强管理绩效。着力提高机关事务管理人员的综合素质，增强机关事务部门的宏观管理能力。采取多种形式和方法，加强思想政治教育，抓好经济、法律、科技、金融、现代管理知识和本职业务的学习，努力提高领导能力、管理水平和办事效率。要全面推行岗位责任制，依靠制度进行严格管理，一级抓一级，层层抓落实，使机关事务管理人员各司其职。

第三，要明确和规范机关事务管理职能。进一步明确和完善、规范机关事务部门的管理职能，努力实现管理科学化、规范化和制度化；改革保障方式，加强政府集中统一管理，逐步实现后勤保障法制化；建立和完善服务费结算制度，办好服务实体，发展服务产业，促务联合，推进后勤务商品化、市场化、产业化、社会化。

（二）政策概况

《实施意见》主要由四个部分的内容组成：第一章只是"机关后勤机构改革的必要性和指导思想"，这部分内容为《实施意见》奠定了思想基础；第二部分是"机关后勤机构改革的步骤及主要内容"，这部分详细叙述了机关事务改革的发展路径和主要措施，是本政策性文件的主体部分；第三部分是"机关后勤机构改革需要解决的相关问题"，这部分内容预判了机关后勤机构改革路上的困难并预设了解决措施；第四部分是"加强机关后勤机构改革的组织领导"，这部分内容明确了各机关部门在机关事务改革路上的分工。

《实施意见》四个部分以思想基础为先，逐一说明机关事务改革的发展路径、需要解决的问题等，内容层层递进，展现出紧密的逻辑关系。下文将对《实施意见》中的政策进行详细梳理。

（三）政策详解

1. 机关后勤机构改革的必要性和指导思想

在开展更加深入全面的机关后勤机构改革前，需要对机关后勤机构改革的必要性和指导思想进行明确。为什么要进行机关后勤机构改革？机关后勤机构改革能带来什么？明确以上两个问题，有利于各部门坚定改革决心，明确改革方向。

（1）机关后勤机构改革的必要性

全面认识机关后勤机构改革的必要性，可以从内在和外在两个方面入手。

第一，从内在方面来看，机关事务工作是政府机关开展职能活动的重要保证，机关后勤机构改革是政府机构改革的必要组成部分。后勤工作古已有之，从革命战争时期到改革开放，机关事务管理部门长期担负着繁重而琐碎的行政管理和生活服务提供等任务，在激励职工队伍、管好生产、节省开支、保障机关工作、改善职工生活等各方面起到了重要作用。特别是改革开放以来，机关事务管理部门以服务工作社会化为最终目标和方向，努力提高管理水平和服务质量，积极探索机关事务改革路径，有力保障了政府机关职能活动的顺利进行。

第二，从外在方面来看，当时的机关后勤管理体制无法适应建立社会主义市场经济体制的要求。当时的机关后勤管理体制是在高度集中的计划经济体制环境中产生和发展起来的。其供给制、福利性、"小而全"封闭式的自我服务特征和运作方式，造成劳动生产率和服务质量不高、经济效益低、行政管理负担过重、人财物资源得不到充分利用等问题愈来愈突出，已经不适应建立社会主义市场经济体制的要求，也束缚了机关后勤事业自身的发展。因此，机关事务管理部门必须以机关后勤管理科学化和后勤服务社会化为方向，改革机关后勤管理体制和机构。

（2）机关后勤机构改革的指导思想

为了推动机关后勤机构转变职能、理顺关系，推动机关后勤机构改革顺利进行，《实施意见》提出了以下三点指导思想。

第一，坚持政事职责分开和精简、统一、效能的原则，实行管理职能和服务职能分开，精简行政机构和编制。

第二，坚持为机关服务的宗旨，正确处理内外两面服务的关系，不断提高管理水平和服务质量，保障机关职能活动的开展。

第三，适应社会主义市场经济发展的要求，以社会化为目标，转换后勤服务单位运行机制，减轻国家财政负担。

2. 机关后勤机构改革的步骤及主要内容

在确定机关后勤机构改革的必要性和指导思想后，《实施意见》列出了机关后勤机构改革的步骤及主要内容，对其发展路径和主要内容进行了详细介绍。

（1）机关后勤机构改革的步骤

机关后勤机构改革的步骤是《实施意见》的重要内容，该文件明确指出："机关后勤机构改革要以机关后勤服务社会化为目标，分三步推进"，具体如下：

第一步，实行管理职能与服务职能相分离。先将后勤服务部门从机关行政序列中划出，改为事业单位，使用事业编制，列支机关事业经费，与机关行政序列脱钩。后勤服务以本部门为主，与机关建立经济核算关系，实行多种形式的承包经营责任制，独立核算。

第二步，组织服务机构给机关提供有偿服务。在将后勤服务部门从机关行政序列中划出并实现稳定运行后，服务机构在保障机关服务的前提下，有条件的可实行定额补贴，对机关进行有偿服务。

第三步，打破部门分割，进行区域联合，逐步实现服务社会化和管理科学化。各部门的经营服务实体应打破部门与部门之间的壁垒，加强区域间沟通，形成机关后勤交流网络，逐步实现机关后勤服务的社会化。有条件的单位可以自收自支、实行企业化管理，提升服务水平和管理能力。

以上三个步骤尊重机关事务管理实际，既考虑了机关事务改革的近期任务和当下路径，也考虑了机关事务改革的长远目标。整体思路科学而渐进，简要明晰地为机关事务改革指明了发展方向。

【案例库 2-8】中国气象局机关服务中心的智慧后勤建设

近年来，互联网技术飞速发展，为各行各业提供了智慧办公的基础条件。作为机关事务管理工作中社会化程度最高的一环，为了适应政府机关事务管理发展需求、提升服务水平，部分机关服务中心的智慧后勤建设也提上日程，并且已经产出了部分优秀成果，可供其他部门考察借鉴。

在站位长远、把握全局的基础之上，中国气象局机关服务中心以智慧后勤建设为主要抓手，努力实现从经验治理向精准治理、智慧治理转变，推动了全国气象后勤部门协同发展。中国气象局机关服务中心的智慧后勤建设主要经历了以下四个步骤。

一是数字化。数字化指的是将服务事项通过数字表述出来，实现"用图表说话""用数据决策"，如全国气象后勤部门已实现合同审核的数字化管理。

二是网络化。网络化指的是通过网络将后勤工作连接起来，让各项服务事项之间能够"对话"，中国气象局机关服务中心于2019年研发了"气象后勤"App，该软件集成了水电暖保障、物业、餐饮、幼儿园、医院等多模块的线上服务功能，初步实现了智慧服务。

三是智能化。智能化指的是实现智能反应与远程调控。如气象园区的分时分温控制系统，通过感知室外温度，自动调节供暖参数；智能化水暖监控平台，通过监测用水流量变化，自动启停水泵运转，让服务事项与人能够"交流"。

四是智慧化，借助万物互联，使服务事项优化运行，利用大数据技术，让服务事项能够"思考和行动"，进而辅助科学决策。如气象局机关节能监管平台，采集园区用电、用水、用热等数据，帮助进行用能分析，科学制定节能计划。[1]

（2）机关后勤机构改革的主要内容

《实施意见》重点叙述了将机关后勤的行政管理职能与服务职能相分离的相关措施，了解职能分离的措施，首先需要对上述两大职能进行界定。

机关后勤的行政管理职能，主要是指机关财务管理、房产管理、基本建设管理、

---

[1] 邓北胜. 让服务事项会"说话"能"思考"——中国气象局机关服务中心稳步推进智慧后勤建设 [J]. 中国机关后勤，2020（1）:18-19.

环境秩序管理、后勤服务的规划、物资设备管理、协调与监督管理等职能。

而机关后勤的服务职能，主要是指为保障机关办公和职工生活提供各项劳动和技术服务的职能，包含机关食堂、车队、医务室、技工班、电话班、传达室、服务班、浴室、理发室、锅炉房、洗衣房、小卖部、生活福利科（处）、副食品基地（绿化基地）、幼儿园、疗养院（休养所）、宾馆招待所、房屋修缮队（修建队）、印刷厂、修理厂、礼堂等方面的服务工作。

《实施意见》指出，将机关后勤的行政管理职能与服务职能分离开来，是实现服务社会化的重要措施。总结其实施方法，主要是"各设机构，各入其编，各司其职"，具体实施包括以下几个方面：

第一，各设机构。机关事务管理部门要想实施职能分离，针对行政管理职能和服务职能各设机构是十分有必要的。各设机构能够更好地划分各机关事务管理部门的职能范围，针对不同的职能内容进行不同的机构设置和运行方式探索。

针对具有行政管理职能的机构，《实施意见》提出，各部门原则上不单独设置专门的后勤行政司（局），个别人员较多、后勤行政管理任务重，以及需要承担驻外机构后勤管理工作的部门除外，后勤行政管理职能并入办公厅（室）。此措施有效控制了机关后勤行政管理机构规模，有利于节省财政开支、提升工作效率。

针对服务职能机构，《实施意见》提出，机关后勤服务职能从机关行政序列划出后，可设立服务机构，承担各项服务职能，服务机构称为'×××机关服务中心'（对外开展工作可使用'×××机关服务局'的图章）。机关服务中心为机关直属事业单位，实行差额预算管理，具有事业单位法人资格，并按机关内设机构确立相应的级别，机关服务中心的主任（经理）、副主任（副经理），由机关任命（行政机关干部不得兼任）。机关服务中心所属部门的设置，由机关服务中心自定，不相应对照行政级别，干部实行聘任制，工人实行合同制。

第二，各入其编。在行政管理职能和服务职能分离前，行政管理人员和后勤服务人员均属于行政序列编制，导致机关后勤行政编制较为庞大冗杂。行政管理职能和服务职能分离后，机关后勤服务机构的编制管理也应当做出相应改革，实现两类职能人员的编制分离。因此，《实施意见》提出了如下解决方法。

针对行政管理人员，《实施意见》提出，后勤行政管理职能列入机关行政序列，使用机关行政编制，其编制数需保证机关后勤工作的正常进行。机关后勤行政机构的设置由各部门根据内设机构限额提出意见。

针对后勤服务人员，《实施意见》提出，机关服务中心的职工使用事业编制。原使用的机关行政附属和后勤事业编制统一改为事业编制，并从严控制在国务院机关精简后的行政编制的15%左右。同时，机关服务中心的干部实行聘任制，工人实行合同制。

第三，各司其职。《实施意见》指出，行政管理职能由机关机构承担，服务职能由机关相应的服务机构承担。这一举措能够在一定程度上改善机关后勤单位因同时背负后勤保障任务和行政管理任务从而陷入权责不清、人员冗杂的困境。

针对单独设立的后勤行政管理机构，《实施意见》提出，应顺应社会主义市场经济和党政机关需求，转变职能，摒弃冗杂的运行模式和机构形态，精兵简政，抓好后勤行政管理工作。

针对后勤服务机构，《实施意见》提出，应深化后勤改革，可以使用机关资产对外开展经营服务，按照有关规定向机关上交资产占用费，逐步向自收自支和企业化管理方向过渡，与社会接轨。

3. 机关后勤机构改革需要解决的相关问题

诚然，机关后勤机构改革的前路是光明的，但也需认识到，机关后勤机构改革是一项艰巨的任务，其顺利与否直接关系着政府机构改革的进行、机关工作的正常运转以及职工队伍的稳定。因此，在实施此项改革时，必须统筹规划，精心组织，积极稳妥，分步实施。

针对改革路上需要解决的相关问题，《实施意见》同样进行了预判并提出了解决方案，主要涉及下四个方面。

（1）提高现行的行政经费预算标准问题

行政经费是机关事务管理部门工作得以开展的基础。机关事务改革要朝着服务社会化方向发展，势必需要考虑和关注市场经济的发展和物价指数的增长等信息，适度提高现行的行政经费预算标准，以支持机关服务中心与机关服务有偿服务机制的逐步建立。

（2）鼓励和支持机关服务中心开展服务和兴办第三产业

机关服务中心作为附属于机关后勤单位的事业单位，其经营性较强。为了提升其服务质量和社会化程度，应鼓励和支持机关服务中心对外开展经营服务、兴办第三产业。

《实施意见》提出，机关服务中心办实体要与党政机关经商、办公司从性质上区别开来，在其起步阶段，对确有困难的单位由财政借款和部门自筹经费方式给予必要扶持，以促进机关服务中心向自收自支和企业化管理过度。此外，还提出在工商、税收、物价、金融、国有资产管理等方面给予一定的鼓励和扶持。

《实施意见》还提出，机关服务中心开展对外经营服务和兴办经济实体。应按照有关规定，将其收入的一部分按一定比例上交机关，纳入机关基金管理。

（3）改革机关服务中心的工资分配制度

从性质上说，机关服务中心属于事业单位，按照事业单位工资制度改革实施办法有关条款，机关服务中心的工资分配制度也应进行相应改革。具体改革措施为：第一，差额预算单位，执行国家制定的事业工资制度和工资标准，工资经费由国家财政和单位分别负担，单位在不突破国家核定的工资总额计划和包干基数前提下，扩大内部分配自主权。第二，自收自支和企业化管理的单位，可给予较大的自主权，其工资增长应参照企业的办法，随经济效益好坏浮动。上述改革措施有利于激发机关服务中心职工的工作积极性，提升其工作效率。

4.加强机关后勤机构改革的组织领导

《实施意见》对各机关单位在机关后期机构改革中的分工进行了明确的划分，提出："国务院机关事务管理局负责实施机关后勤机构改革方案，与工商、税务等部门协调解决机关后勤服务部门对外开展经营服务的有关问题，并会同财政部、人事部、劳动部等部门共同研究解决机关后勤改革中的有关政策性问题。"

三、发布《机关事务管理条例》

改革开放以来，机关事务改革的步伐从未停止。从1989年第一份机关事务改革文件《关于中央国家机关后勤体制改革的意见》确定机关事务改革的最终目标是实现服务社会化，鼓励各部门积极探索服务工作社会化的实践措施，到1993年出台更为详细、更成体系的、针对服务工作社会化路径的《国务院各部门后勤机构改革实施意见》，越来越多关于机关事务改革的政策性文件相继出台，彰显着机关事务管理改革的规范化、科学化进程。

进入二十一世纪以后，全球化趋势愈发明显，不同国家之间的经济、政治、文化往来愈发密切。在这样的时代背景下，我国经济增长迅速，社会文化愈发繁荣，政府治理能力的日益提高和治理体系现代化进程的不断加快，促使政府转变职能，建立服

第二章　光荣的探索：改革开放与锐意进取
Chapter Two：Reform, opening up and forging ahead

务型政府。机关事务管理工作作为政府的后勤保障，对政府机关的运行有着重要影响，起着重要作用。因此，为了适应社会发展的需要、响应社会对机关事务依法管理的呼声，《机关事务管理条例》（以下简称《条例》）得以颁布。这标志着我国机关事务管理工作进入了依法管理、规范管理的新阶段。

以下将从《条例》的政策提出背景、政策适用主体、政策内容、政策意义等四个方面进行介绍，展示这一机关事务改革政策性文件的"新生力量"，解读《条例》对机关事务管理法治建设的重要意义。

（一）政策提出背景

《条例》的提出标志着我国机关事务管理工作进入了依法管理、规范管理的新阶段，是机关事务法治建设的里程碑。要了解《条例》的提出背景，我们需要先理解推进机关事务法治建设的必要性和重要性。

1. 推进机关事务法治建设，是党政机关履行职能的重要保障

长期以来，从中央到地方的各级党委、政府都出台和实施了一系列关于机关事务管理的法规制度，保障了各级党政机关职能全面履行。但是，部分机关事务管理部门工作人员受传统观念、惯性思维的制约和束缚，未能全面了解机关事务管理部门的行

政管理职能与服务职能的本质区别，导致对机关事务管理机构的性质界定不准、职能划分不清，制约了机关事务管理职能的有效履行，制约和影响了党政机关职能的依法全面履行。有的地方和部门领导缺乏对机关事务管理工作作用的深刻认识，以及对机关事务建设内在规律的准确把握和理性认识，使机关事务法治建设滞后于改革发展实践，从而造成机关事务管理法规内容不统一、管理不规范、保障不均衡等问题。因此，要保障党政机关依法全面履行职能，必须坚定推进机关事务法治建设，建立健全民主法治、公平公正、公开透明的机关事务体制机制。

2. 推进机关事务法治建设，是党政机关加强自身建设的迫切需求

新中国成立以来，机关事务法治建设就一直是党政机关自身建设的重要组成部分。十八大以来，各级党政机关认真贯彻执行中央关于改进工作作风、密切联系群众的八项规定，以及《党政机关厉行节约反对浪费条例》《关于党政机关停止新建楼堂馆所和清理办公用房的通知》《党政机关国内公务接待管理规定》《中央和国家机关培训费管理办法》等规章制度。同时，积极回应人民群众反映强烈的法治建设和自身建设问题，对"三公"经费、超配公车、超标办公用房等问题进行了有力整治，打击了形式主义、官僚主义、享乐主义和奢靡之风，带动了党风政风社风的明显好转。

机关事务表层的不合规不合法现象虽然得到了整治，但机关事务管理深层次的体制和机制问题尚未得到解决。因此，必须推进机关事务法治建设，形成常态化、长效化的制度机制，持之以恒、毫不松懈地抓好机关事务管理法规制度的执行落实，才能为党政机关加强自身建设提供有力保障。

3. 推进机关事务法治建设，是加快建设法治政府的重要内容

近年来，党中央、国务院先后制定了《党政机关厉行节约反对浪费条例》《机关事务管理条例》《公共机构节能条例》等关于机关事务管理的法规制度，既推动了机关事务依法行政，又促进了法治政府建设。作为政府改革的重要组成部分，机关事务改革也应当顺应加快建设法治政府的改革趋势。

【知识库2-7】"三公"经费及其公开

"三公"经费是指中央行政单位、事业单位使用财政拨款开支的出国（境）费、

车辆购置及运行费、公务接待费。其中，出国（境）费主要包括单位工作人员公务出国（境）的住宿费、差旅费、伙食补助费、杂费、培训费等支出；车辆购置及运行费主要包括单位公务用车的购置费及租用费、燃料费、维修费、过路过桥费、保险费、安全奖励费用等支出；公务接待费主要包括单位按规定开支的各类公务接待（含外宾接待）支出。

2008年《政府信息公开条例》施行后，公众对于政府信息、尤其对"三公"经费格外关注，强烈呼吁政府公开"三公"经费。自此，"三公"经费的公开启动了。

自启动"三公"经费公开后，政府整体部署推动"三公"经费公开的力度有所加大、公开速度有所加快，公开内容总体呈细化倾向，初步起到了监督作用。以上成绩可以从历年的《政府工作报告》中看出：2009年的《政府工作报告》仅笼统地提出了"深化预算制度改革……积极推进预算公开"的工作任务。2010年的《政府工作报告》对"三公"改革作了初步部署，提出"加快公务接待、公车使用等制度改革，从严控制公费出国出境"；2011年的《政府工作报告》对该年度的"三公"经费规模提出了明确要求，即"出国（境）经费、车辆购置及运行费、公务接待费等支出原则上零增长，切实降低行政成本"，并要求"加快实行财政预算公开"；2012年的《政府工作报告》则第一次明确提出了"三公"经费的概念，并对其规模提出了"严格控制"的要求。

（二）政策适用主体

对《条例》进行学习时，需首先了解其适用主体。基于机关后勤发展情况和现实考量，《条例》将适用主体划分为以下三个层次。

第一，各级人民政府及其部门的机关事务管理活动。

第二，其他国家机关事务管理活动，主要包括各级人大和政协机关、各级法院和检察院等。

第三，有关人民团体，主要包括文联、作协、残联、科协、友协、贸促会、红十字会、民主党派等。

从以上三个层次可以看出，《条例》的适用主体较多，适用范围亦较为广泛，覆盖了与机关事务管理相关的各个机构，充分体现了依法治国的理念。

（三）政策内容

总体来看，《条例》主要以资产和服务的管理、保障机关正常运行所需经费作为主要内容，对办公用房、公务用车、机关用地、政府采购、机关运行经费等重要问题进行了原则性规定。整个《条例》分为总则、经费管理、资产管理、服务管理、法律责任、附则等六大部分，其中经费管理、资产管理、服务管理为《条例》的主体部分，也是政策实施过程中的执行部分。因此，下文将对以上三个部分进行重点介绍。

1. 经费管理

《条例》指出："各级人民政府及其部门应当加强机关运行经费管理，提高资金使用效益。"机关运行经费，是指保障机关用于购买货物和服务的各项资金。一段时间以来，关于部分党政机关人员公款吃喝的新闻屡见不鲜，在严重降低机关运行经费使用效率的同时，对党政机关的社会信誉度也造成了极为恶劣的影响，对机关运行经费进行依法管理迫在眉睫。针对机关运行经费的管理问题，《条例》从宏观到微观做出了详细的规定，是推动节约型机关建设的有力法律武器。现将其中关于机关运行经费管理的内容总结如下：

第一，县级以上政府机关事务主管部门应当根据机关运行的基本需求，结合机关事务管理实际，组织制定实物定额和服务标准。

县级以上人民政府财政部门应当根据实物定额和服务标准，参考有关货物和服务的市场价格，组织制定机关运行经费预算支出定额标准和有关开支标准。

第二，县级以上人民政府财政部门应当根据预算支出定额标准，结合本级政府各

部门的工作职责、性质和特点，按照总额控制、从严从紧的原则，采取定员定额方式编制机关运行经费预算。

第三，县级以上人民政府应当将公务接待费、公务用车购置费和运行费、因公出国（境）费纳入预算管理，严格控制公务接待费、公务用车购置和运行费、因公出国（境）费在机关运行经费预算总额中的规模和比例。

政府各部门应当根据工作需要和机关运行经费预算制定公务接待费、公务用车购置和运行费、因公出国（境）费支出计划，不得挪用其他预算资金用于公务接待、公务用车购置和运行或者因公出国（境）。

第四，县级以上人民政府机关事务主管部门按照规定，结合本级政府机关事务管理实际情况，统一组织实施本级政府机关的办公用房建设和维修、公务用车配备更新、后勤服务等事务，经费管理按照国家预算管理规定执行。

第五，政府各部门应当依照有关政府采购的法律、法规和规定采购机关运行所需货物和服务；需要招标投标的，应当遵守有关招标投标的法律、法规和规定。

政府各部门应当采购经济适用的货物，不得采购奢侈品、超标准的服务或者构建豪华办公用房。

第六，政府各部门采购纳入集中采购目录由政府集中采购机构采购的项目，不得违反规定自行采购或者以化零为整等方式规避政府集中采购。

政府集中采购机构应当建立健全管理制度，缩短采购周期，提高采购效率，降低采购成本，保证采购质量。政府集中采购货物和服务的价格应当低于相同货物和服务的市场平均价格。

第七，县级以上人民政府应当建立健全机关运行经费支出统计报告和绩效考评制度，组织开展机关运行成本统计、分析、评价等工作。

2. 资产管理

2006年颁布的《行政单位国有资产管理暂行办法》（财政部令第35号），对行政单位国有资产和行政单位国有资产管理做出以下界定。

行政单位国有资产包括行政单位用国家财政性资金形成的资产、国家调拨给行政单位的资产、行政单位按照国家规定组织收入形成的资产，以及接受捐赠和其他经法律确认为国家所有的资产，其表现形式为固定资产、流动资产和无形资产等。

而行政单位国有资产管理的内容包括：资产配置、资产使用、资产处置、资产评估、产权界定、产权纠纷调处、产权登记、资产清查、资产统计报告和监督检查等。

关于机关资产管理，《条例》主要对以下三个方面进行了规定：

第一，加强机关办公用房管理。政府各部门办公用房的建设和维修应当严格执行政府机关办公用房建设、维修标准。政府各部门不得出租、出借办公用房，未经批准不得租用办公用房。

第二，强化公务用车管理。政府各部门应当严格执行公务用车编制和配备标准，建立健全公务用车配备更新管理制度，不得超编制、超标准配备公务用车或者超标准租用车辆。

第三，建立健全机关资产管理制度和配置标准。县级以上政府应当结合机关事务管理实际，分类制定机关资产的管理制度和配置标准。

由以上三个方面的内容可以看出，《条例》既从现实层面对社会呼声较高的办公用房、公务用车问题进行了回应，也从机制层面提出推动机关资产管理制度建设的具体措施。

3.服务管理

将机关服务管理的相关写入《条例》，其主要目的是为了督促机关在保障公务的前提下，杜绝浪费、降低成本，提升经费利用效率。

针对机关服务管理，《条例》主要提出了以下三方面要求：

第一，加强会议和因公出国（境）管理。各级政府应当控制会议数量、规模和会期。政府各部门应当控制因公出国（境）团组和人员数量、在国境外停留时间。

第二，完善机关后勤服务管理制度，明确机关后勤服务项目和标准。县级以上政府机关事务主管部门应当制定统一的机关后勤服务管理制度，确定机关后勤服务的项目和标准，合理配置和节约使用后勤服务资源。

第三，严格规范公务接待工作。国务院机关事务主管部门负责拟订政府机关公务接待的相关制度和中央国家机关公务接待标准。县级以上地方政府应当结合本地实际，确定公务接待的范围和标准。

【知识库 2-8】《机关事务管理条例》开启政府物业 2.0 时代

政府物业的市场空间到底有多大？这可能是许多企业很关心的问题。为此我们不妨参考同为政府公共支出的公车消费。国家行政学院公共教研室主任竹立家曾根据其建立的模型测算出我国一年公车消费达 4000 亿，据他分析实际数字还要更多。那么与公车消费同属政府机关管理支出的机关后服务管理的市场之庞大，可见一斑。

很多物业服务企业对于政府机关项目并不陌生。但这一领域在政策层面上未放开，使得政府机关在物业管理社会化的过程并不主动，虽然有企业零星地接盘政府机关项目，但整体上这片市场的发展仍相对缓慢。《机关事务管理条例》的出台，给许多在这片市场拼搏的物业服务企业带来了新的希望。

《条例》除了让物业服务企业嗅到了商机，也应该给众多的政府机关很多启示。按照《条例》的规定，今后县级以上人民政府应当按照总额控制、从严从紧的原则，根据预算定额和开支标准编制机关运行经费预算。这对于目前高位运行的机关后勤管理来说是一个很大的冲击。为了保证在支出上符合中央"从严从紧"的精神，渐渐放弃原有后勤管理模式，引入相对"质优价廉"的社会化物业服务成了必然的趋势。尤其是很多企业都有管理政府机关项目的经验，能够完全胜任包括政府大楼及项目内设备设施管理。[1]

（四）政策意义

《条例》的出台标志着我国机关事务改革进入了规范化、法治化阶段，是机关事务管理法治建设的里程碑。其政策意义主要有以下两点。

1. 明确了后勤服务保障在机关工作中的法律地位

机关事务管理工作通过人力、物力、技术等方面来保证机关工作的正常运行，是机关事务管理工作的重要组成部分。履行机关事务管理工作离不开两个条件，一是必要的生活条件，二是进行工作的物质条件。无论是生活条件的创造，还是物质条件的提供，都需要机关事务管理部门的服务活动来完成。后勤服务保障是机关事务管理工作顺利进行的基础和前提，内容包罗万象，既有服务方面的工作，如会务工作、物业

---

[1] 王林博. 发现新蓝海：《机关事务管理条例》开启政府物业 2.0 时代 [J]. 城市开发（物业管理），2011（12）:74-75.

管理工作、接待工作等，又有保障方面的工作，如提供办公用房、设备和车辆等，还有管理方面的工作，如资产管理、经费管理等。国务院以《条例》形式将此项工作单独立法，足见机关事务管理工作在机关工作中的重要。

2. 标志着机关事务管理进入依法管理的轨道

过往的机关事务管理工作主要以本单位的工作规章制度为准则。不同单位的后勤部门有不同的管理方法、管理标准及制度，机关事务管理工作缺乏一个统一的规范。不同的标准导致了政出多门、权责不清、协调不当等诸多问题，也不利于打破部门和区域间的壁垒。《条例》规范了机关事务管理的工作内容、机关事务管理部门的职责及权利义务，统一了机关事务管理工作的要求和标准，是机关事务管理工作规范化、法制化的标准和保障，为有条不紊地进行机关事务管理工作奠定了坚实的政策基础。

第三章
Chapter Three

光荣的发展：
守正创新与砥砺前行

新的历史方位,新的使命担当。新时代体现了党的主张、人民心声、国家意志的高度统一,增进共识、振奋精神、鼓舞干劲,进一步把全党全国各族人民思想统一到党的十九大精神上来,把力量凝聚到实现党的十九大确定的各项任务上来,有力地推动党和国家事业的繁荣发展。

万山磅礴,必有主峰。习近平总书记提出的一系列新论述、新论断、新要求,进一步深刻阐述了党和国家发展的一系列重大问题,为做好各项工作指明了方向。实践充分证明,习近平总书记具有卓越的政治智慧、顽强的意志品质、深厚的人民情怀、强烈的责任担当,无愧为党的核心、人民领袖、军队统帅,赢得全党全军全国各族人民拥护爱戴,赢得国际社会广泛赞誉。以习近平同志为核心的党中央坚强领导和习近平新时代中国特色社会主义思想的科学指引让广大人民群众充满底气、充满信心、充满力量,敢于战胜一切困难和风险,奋力夺取新时代中国特色社会主义伟大胜利。

进入新时代以后,机关事务管理从新起点出发,开创了机关事务管理工作的新局面。在新时代背景下,机关事务管理部门坚持党对一切工作的领导,坚决维护以习近平同志为核心的党中央坚强领导,确保党的路线方针政策和党中央决策部署在各项工作中得到贯彻落实。在向未来迈进的路上,我们越来越深切地感受到:中国人民和中华民族前程伟大,新时代的历史使命光荣艰巨。让我们高举习近平新时代中国特色社会主义思想伟大旗帜,更加紧密地团结在以习近平同志为核心的党中央周围,开拓创新、奋发进取,牢牢把握大有可为的重要战略机遇期,共同谱写新时代的精彩篇章,为建设富强民主文明和谐美丽的社会主义现代化强国、实现中华民族伟大复兴的中国梦不懈奋斗,贡献机关事务管理的中国力量!

第三章 光荣的发展：守正创新与砥砺前行
Chapter Three：Keep innovation and forge ahead

第一节
走向新时代机关事务管理的新征程

"春风浩荡满目新，砥砺奋进正当时。"新时代的春天生机勃勃，新时代的中国充满希望。2017年10月18日至24日，中国共产党第十九次全国代表大会在北京召开。这次民主团结、求实奋进的盛会，在中华民族伟大复兴的壮阔征程中写下了浓墨重彩的新篇章。形势的变化对机关事务管理工作提出了新的要求。首先，机关事务管理工作的发展目标要根据新时代的要求作出调整；其次，要在持续推进国家治理现代化建设的过程中发挥机关事务管理工作的作用，认识其基本内涵以及发展趋势；最后，要坚持以新发展理念指导机关事务管理工作，把目前取得的成效作为宝贵经验，探究机关事务管理未来发展的新方向。

一、新时代与机关事务管理

"经过长期努力，中国特色社会主义进入了新时代，这是我国发展新的历史方位。"中国共产党第十九次全国代表大会上习近平代表十八届中央委员会作了题为《决胜全面建成小康社会 夺取新时代中国特色社会主义伟大胜利》的报告。根据相关学者的定义，新时代是从十八大之后开启的。这是从党和国家事业发展的全局视野、从改革开放近40年历程和十八大以来历年取得的历史性成就和历史性变革的方位上，所作出的科学判断。

这个新时代，是承前启后、继往开来、在新的历史条件下继续夺取中国特色社会主义伟大胜利的时代。机关事务管理部门必须全面贯彻党的十九大精神，以习近平新时代中国特色社会主义思想为指导，坚持新发展理念，落实高质量发展要求，深化体制机制改革，提升保障和管理效能，在推进国家治理体系和治理能力现代化的过程中发挥应有作用。

（一）进入新时代的主要依据

中国特色社会主义进入新时代不是凭空产生的，而是实践发展下矛盾运动的结果。新时代中国特色社会主义所追求的目标、所承担的任务、所作的战略安排与中国特色社会主义开创初期或推进过程中的各个时期相比都发生了明显的变化。中国特色社会主义进入新时代的主要依据如下。

1. 党和国家的事业发生了历史性变革

党的十九大报告明确指出："经过长期努力，中国特色社会主义进入了新时代，这是我国发展新的历史方位。"中国特色社会主义进入新时代，是改革开放以来我国经济社会发展的必然结果。这个"长期努力"，既包括党的十八大以前我国社会主义建设和改革的艰苦努力，也包括党的十八大以来以习近平同志为核心的党中央的砥砺奋进。这个新的发展阶段，既同党的十八大之前的改革开放一脉相承，又有新的特点即党的执政方式和基本方略有重大创新，发展理念和发展方式有重大转变，发展环境和发展条件发生深刻变化，发展质量和发展水平得到明显提高。从发展的角度来看，中国特色社会主义进入新时代这一论断有坚实的事实依据作支撑，是对中国发展阶段的科学判断。

2. 社会主要矛盾发生了转化

党的十九大报告提出了我国社会主要矛盾的新表述，即"我国社会主要矛盾已经转化为人民日益增长的美好生活需要和不平衡不充分的发展之间的矛盾"。之所以提出上述观点，其主要依据有三：一是经过新中国成立以来的发展，我国社会生产力水平总体上显著提高，"落后的社会生产"已经不合实际；二是人民生活水平显著提高，对美好生活的向往更加强烈，只讲"物质文化需要"已经不能真实全面反映人民群众

的愿望和要求;三是影响满足人民美好生活需要的因素很多,但主要是发展的不平衡不充分问题。这些新情况,推动我国社会主要矛盾发生转化,使中国特色社会主义进入了新时代。

3. 国际形势发生了新变化

进入二十一世纪以来,国际形势发生了深刻变化。和平与发展依然是时代主题,但影响和平与发展的因素却在不断变化。世界多极化在曲折中发展。经济全球化深入发展,但遭遇阻力。文化多样化、社会信息化持续推进,科学技术孕育新突破。总的来看,世界正处于大发展大变革大调整时期,我国正处于一个大有可为的历史机遇期,这是中国从大国走向强国的关键时期,也是中国日益走近世界舞台中央的关键阶段,前景十分光明,但挑战也十分严峻。伴随着中国经济社会发展外部环境的变化,中国特色社会主义进入到一个新阶段。

4. 党的理论创新取得了新成果

党的十八大以来,中国共产党紧密结合新的时代条件和实践要求,科学回答了新时代坚持和发展中国特色社会主义的总目标、总任务、总体布局、战略布局和发展方向、发展方式、发展动力、战略步骤、外部条件、政治保证等基本问题,取得重大理论创新成果,形成了习近平新时代中国特色社会主义思想。这一思想以全新的视野进一步回答了"什么是社会主义、怎样建设社会主义""建设什么样的党、怎样建设党""实现什么样的发展、怎样发展"的问题,创造性地回答了"坚持和发展什么样的中国特色社会主义、怎样坚持和发展中国特色社会主义"的问题,深化了对共产党执政规律、社会主义建设规律、人类社会发展规律的认识。党的十九大将这一思想写入党章,实现了指导思想的与时俱进,也标志着中国特色社会主义进入新时代。

5. 党和国家的奋斗目标有了新布局

实现现代化和中华民族伟大复兴,是中国共产党自成立之日起就承担的历史责任和历史使命。当前,我国已进入"两个一百年"奋斗目标的历史交汇期,我们既要全面建成小康社会,实现第一个百年奋斗目标,又要乘势而上开启全面建设社会主义现代化国家新征程,向第二个百年奋斗目标进军。党的十九大报告清晰描绘了全面建设社会主义现代化治国的时间表和路线图,将 2020 年到 21 世纪中叶分为两个阶段,即先用 15 年时间,到 2035 年基本实现社会主义现代化,再用 15 年时间,到 21 世纪中叶把我国建成富强民主文明和谐美丽的社会主义现代化强国。这种战略安排使党和国家的奋斗目标有了新布局，把基本实现社会主义现代化的时间提前了15年，而且把到新中国成立一百年左右的战略目标提升为建成富强民主文明和谐美丽的社会主义现代化强国。

【知识库3-1】中国共产党百年历史的四大时期

从1921年到2021年，中国共产党走过了整整一百年的历程。这是用鲜血、汗水、泪水、勇气、智慧、力量写就的百年；是筚路蓝缕、披荆斩棘、艰苦创业、砥砺前行、充满艰险、充满神奇的百年；是苦难中铸就辉煌、挫折后毅然奋起、探索中收获成功、失误后拨乱反正、转折中开创新局、奋斗后赢得未来的百年。

中国共产党百年历史，可以划分为四个历史时期：第一，新民主主义革命时期。这一时期是指从1921年7月中国共产党诞生至1949年10月中华人民共和国成立这段时间，中国共产党在该时期完成了救国大业。第二，社会主义革命和建设时期。这一时期是指从1949年10月至1978年12月党的十一届三中全会召开这段时间，中国共产党在该时期完成了兴国大业。第三，改革开放和社会主义现代化建设新时期。这一时期是指从1978年12月至2012年11月党的十八大召开这段时间，中国共产党在该时期推进了富国大业。第四，中国特色社会主义新时代。这一时期指的是从2012年11月至今，中国共产党在该时期将坚定不移地全面推进中华民族伟大复兴，并将在本世纪中叶实现强国大业。在这四个历史时期，中国共产党完成和推进了四件大事，铸就了中国共产党百年辉煌。

（二）进入新时代的重大意义

习近平总书记关于中国特色社会主义进入新时代的重大论断，更加坚定了全党全国人民对中国特色社会主义的道路自信、理论自信、制度自信、文化自信。中国特色社会主义进入新时代，在中华人民共和国发展史、中华民族发展史，甚至世界社会主义发展史、人类社会发展史上，都具有重大意义。我们要紧密团结在以习近平同志为核心的党中央周围，坚定信心、奋发有为，让中国特色社会主义展现出更加强大的生命力。

总的来说，中国特色社会主义进入新时代的重大意义有以下三点。

第一，从中华人民共和国发展史、中华民族发展史层面看，进入新时代意味着近代以来久经磨难的中华民族迎来了从站起来、富起来到强起来的伟大飞跃，迎来了实现中华民族伟大复兴的光明前景。中华民族有五千多年的文明历史，创造了灿烂的中华文明。鸦片战争后，中国逐步沦为半殖民地半封建社会，内忧外患不断。中国共产党诞生后，义无反顾肩负起实现中华民族伟大复兴的历史使命改变了中华民族和中国人民的命运。1949年中华人民共和国成立，实现了人民革命的伟大胜利，结束了帝国主义列强的压迫和奴役，中国人民从此站起来了，开始以崭新的姿态屹立于世界民族之林。在改革开放的历史新时期，我们党团结带领人民进行改革开放的伟大革命，打破了阻碍国家和民族发展的一切思想和体制障碍，成功开创和发展了中国特色社会主义，实现了从站起来、富起来到强起来的历史性飞跃。进入新时代后，我们离实现中华民族伟大复兴的目标越来越近了。

第二，从世界社会主义发展史层面看，进入新时代意味着社会主义在二十一世纪的中国焕发出强大生机活力，在世界上高高举起了中国特色社会主义伟大旗帜。社会主义从开始作为一种思想提出到今天，已经有500余年的历史，经过了从空想到科学、从理论到实践、从一国实践到多国发展的过程。中国共产党历经千辛万苦、付出了各种代价才开创和发展了中国特色社会主义。中国特色社会主义是符合中国实际的先进社会制度，是历史和人民的选择。中国特色社会主义进入新时代这一事实本身表明，社会主义道路是能走通的，这是对世界社会主义力量的巨大鼓舞，是对国际共产主义运动的重大贡献。中国特色社会主义焕发出的强大生机和活力，将在世界范围内高高扬起社会主义的旗帜。

第三，从人类社会发展史层面看，进入新时代意味着中国特色社会主义道路、理论、制度、文化的不断发展。中国特色社会主义的出现拓展了发展中国家走向现代化的思路，给世界上那些既希望加快发展又希望保持自身独立性的国家和民族提供了全新选择，为解决人类社会的发展问题贡献了中国智慧和中国方案。长期以来，西方主流舆论一直把资本主义视为走向现代化的最佳模式，把非西方模式视为异类加以否定和打压，并企图将发展中国家引向新自由主义的西方之路。部分采纳了西方模式的发展中国家，党争纷起，战祸不断，社会动荡，人民流离失所。西方民主价值遭遇的重重危机与中国道路的成功形成鲜明对比，引发了西方社会新一轮的制度反思和改革呼吁。中国的快速发展，促使国际社会从全新的视角来审视中国特色社会主义的世界意义。中国特色社会主义进入新时代，既印证了国际社会对中国特色社会主义世界意义的价值估量，也印证了人类走向现代化的道路绝不是唯一的，各国的发展道路应由各国人民根据自己的国情自由选择。

（三）新时代机关事务管理的新任务

面对新时代、新阶段，机关事务管理要有新任务、新目标。机关事务管理部门应当深入学习领会和贯彻中央经济工作会议精神以及党的十九大精神，以习近平新时代中国特色社会主义思想为指导，坚决贯彻落实党中央、国务院决策部署，坚持稳中求进的工作总基调，按照高质量发展的要求，着力提升机关事务保障能力和服务管理质量效能。总的说来，新时代机关事务管理的新任务主要有以下几点。

1. 大力强化机关事务管理系统工作人员的"四个意识"

机关事务管理部门为党和国家中心工作服务，是为党政机关有序运行和职能履行提供保障的部门，在作风、廉政等方面的要求更高、更细、更严。因此，机关事务管理部门应坚决在思想上、政治上、行动上同以习近平同志为核心的党中央保持高度一致。必须保持清醒的头脑，善于从政治上思考问题，时时处处对照"四个意识"这把尺子，进一步坚定理想信念、提高政治能力、增强政治觉悟，坚决维护习近平总书记的核心地位，坚持党中央权威和集中统一领导，坚定执行党的政治路线，严格遵守政治纪律和政治规矩，始终在政治立场、政治方向、政治原则、政治道路上同以习近平同志为核心的党中央保持高度一致。不仅要有政治态度、政治定力，更要有政治担当、政治能力，坚持以政治建设统领保障服务管理各项工作，善于从政治上谋划、部署、推动工作，实现政治建设对业务工作的引领、促进和提高。

2. 准确把握机关事务管理工作的新矛盾

党的十九大提出，新时代我国社会主要矛盾已经转化。根据各部门的实际情况，当前机关事务管理工作面临的新矛盾集中表现在以下三个方面。

一是服务供给数量和质量的不平衡。一方面，随着《机关事务管理条例》、中央八项规定、《党政机关厉行节约反对浪费条例》、《党政机关办公用房管理办法》、《党政机关公务用车管理办法》等一系列法规制度的先后出台，机关事务管理工作的政策性越来越强，服务内容日益规范。另一方面，机关保障需求的增长要求机关事务管理部门不断提高服务保障能力。服务对象的消费需求升级，对机关事务管理部门的服务质量、效率等提出了更高的要求，这就导致了机关事务管理部门服务供给数量和质量的不平衡。

二是服务成本和经营创收的不平衡。随着当前服务成本的不断上涨，机关事务管理部门的用工成本呈攀升之势，给经营创收带来了一定的压力。

三是机关事务管理队伍素质与现代服务业的发展需求之间的矛盾。当前的机关事务管理部门复合型管理人才、专业技术人才、企业经营人才较为缺乏；干部职工普遍缺乏市场历练，适应社会化、市场化改革的本领不够高；受工资待遇等影响，高素质的专业人才进不来、留不住。机关事务管理部门要结合本地区和本部门实际，围绕机关事务管理工作的新矛盾，深入开展调查研究，提高机关事务管理工作的质量和效率。

3. 深刻认识机关事务管理工作的新定位

将机关事务管理工作提升到国家治理体系和治理能力现代化的高度去认识、去定位推进,建设现代化机关事务,这就是新时代机关事务管理工作的新定位。

首先,机关事务管理工作的新定位要求机关事务管理部门立足大局,重新审视机关事务管理工作。长期以来,大家对机关事务管理工作的认识存在一定的偏差,把机关事务管理工作简单地等同于后勤服务。实际上,机关事务管理既具有内部保障性,又具有外部性。其外部性体现在,机关事务管理部门既是联系群众、服务社会的桥梁,也是履行社会责任、服务经济社会发展的平台。我国进入中国特色社会主义发展的新时代后,需要主动把机关事务管理融入国家治理体系建设的大格局中,从更高的站位出发来谋划工作、推动改革、规范治理、服务社会,推动机关事务实现从"管理"到"治理"的跨越式发展。

其次,机关事务管理工作的新定位要求建设现代化机关事务管理部门,这意味着机关事务管理从"传统"向"现代"的转型。机关事务管理部门要以改革创新为主线,把创新发展贯穿于机关事务管理的各领域和各环节,推动机关事务管理由"自给自足式"向全方位融入市场经济转变,由主要依靠人海战术、物质要素投入向主要依靠制度体系、技术创新和人员素质转变,由主要依靠拼数量拼资源向数量质量效益并重转变。这就对机关事务管理部门工作人员的研究谋划能力、改革创新能力、科学管理能力、专业素养能力等提出了更高的要求,广大工作人员需要强化专业思维、提升专业素养、掌握专业方法,才能不断提升机关事务的治理能力。

4. 认真落实机关事务改革的新要求

一方面,机关事务管理部门要认真贯彻落实习近平总书记就新华社《形式主义、官僚主义新表现值得警惕》一文作出的"纠正'四风'不能止步,作风建设永远在路上"重要批示精神,总结贯彻执行中央八项规定的经验,继续抓好停止新建楼堂馆所和清理办公用房、改革公务用车制度等中央交办的重点改革任务,把专项治理、完善制度、健全机制结合起来,制定一系列贯彻党的十九大精神、进一步加强自身建设的政策性文件,为巩固拓展并落实中央八项规定精神成果、深化党政机关自身建设作出新贡献。坚持质量第一、效益优先的原则,围绕保障党政机关高效运行的基本职责,研究出提升保障质量效率、实现机关事务保障力生成提高的机关事务改革新思路和新举措。

另一方面，机关事务管理部门在推动全面从严治党向纵深发展中承担着重要职责，要做到全面从严治党与业务工作"两手抓、两手都要硬"，扎实推进重点风险防范，贯彻实施好中央印发的《党政机关办公用房管理办法》和《党政机关公务用车管理办法》，健全长效管理机制，强化制度规定执行，持之以恒正风肃纪，确保将全面从严治党落到实处。

5.培育提高机关事务管理工作的新能力

党的十九大报告提出要全面增强八个方面的执政本领，强调"我们党既要政治过硬，也要本领高强"。机关事务管理部门要认真对照中央要求，查找自身存在的差距和不足，切实抓重点、补短板、强弱项，全面增强机关事务保障能力。

一是强化统筹能力。由于机关事务管理工作任务重，机关事务管理人员必须强化统筹能力，谋划整体成效，精心制定总体规划和专项规划，对工作作出统一部署、统一安排；必须集中整合党政机关运行保障需求，形成规模供给，发挥整体效应，实现机关事务保障朝着更高层次、更高水平、更高效率的方向发展。

二是锤炼专业能力。机关事务管理工作不仅需要专业的保障机制、管理方式、运营模式的支持，也需要建立一支懂管理、懂业务、懂技术的人才队伍。因此，机关事务管理部门要着重增强干部队伍适应新时代中国特色社会主义发展要求的能力；加强教育培训，按照岗位特点和业务需要，开展精准化培训，提高广大工作人员谋划发展、推动发展的能力。

三是提高"抓落实"的能力。机关事务管理部门要将中央政策精神和本地区本部门发展实际结合起来，广泛听取各方意见，全面掌握实际情况，认真分析潜在矛盾，提出科学合理的措施和办法。同时，还应注重发挥督察问效作用，求实求准，确保政策真正落地。

四是增强理论研究能力。机关事务管理部门要在理论上跟上新时代，不断认识机关事务发展规律，善于利用各种研究资源，充分发挥智库和高校院所作用，搭建研究平台，集聚研究力量，围绕影响、制约机关事务改革的深层次矛盾和前瞻性问题进行深入研究，推动机关事务理论研究的跨越式发展。

6.积极谋划机关事务管理工作创新发展的新路径

第一，以品牌建设为抓手，深化服务供给侧结构性改革。机关事务管理部门应从深化服务供给侧结构改革入手，立足不断增长的机关保障需求，优化服务产品质量和结构，促进服务供给由满足"量"的需求向更加注重"质"的需求转变，满足服务单位不断升级的消费需求。

第二，以技术创新为抓手，提升管理服务效能。在"互联网+"与实体经济全方位融合的新时代，机关事务管理部门应以打造"智慧机关"为导向，着力推进业务信息化建设，推动形成统一的业务协同管理、信息资源共享的大数据平台，全面提升管理服务保障效能。

第三，以制度建设为抓手，推进机关事务法治化。机关事务管理部门应进一步强化法治思维，以法治思维思考问题、以法治方式深化治理。要认真贯彻落实中央八项规定实施细则以及国家的政策规定，积极推动科学完备的制度体系和标准体系的构建，实现服务规范化、保障标准化、管理精细化。

第四，以创新资产经营管理为抓手，壮大经济实力。机关事务管理部门应以老旧小区综合整治等项目为契机，提升机关事务服务的硬件支撑条件。要深入推进下属企业改革，以"大物业企业"建设为导向，着力提升资产经营水平，从而壮大机关事务管理部门的整体实力。

第五，以培育"工匠精神"为抓手，提升队伍素质。机关事务管理部门要立足人才短板和发展需要，提出分层次、分类型的人才培养计划。以培育"工匠精神"为抓手，加强人才队伍的专业化培训，提升人才队伍的专业素养和专业技能。

二、国家治理现代化与机关事务管理

2013年11月12日,党的十八届三中全会通过了《中共中央关于全面深化改革若干重大问题的决定》,明确提出要"推进国家治理体系和治理能力现代化",即国家治理现代化。国家治理体系和治理能力是一个国家的制度完备程度和执行能力的集中体现。改革开放以来,中国共产党以全新的视角思考并探索了国家治理的相关问题,取得了重要成果。党的十八届三中全会提出,全面深化改革的总目标是完善和发展中国特色社会主义制度,推进国家治理体系和治理能力现代化。不断提升国家治理现代化水平,使中国特色社会主义制度更加成熟,是摆在我们面前的一项重大历史任务。我们要坚持党的领导、人民当家作主、依法治国有机统一,全面深化改革,不断增强和发挥中国特色社会主义制度优势,形成推进国家治理体系和治理能力现代化的中国经验和中国智慧。

为了推进国家治理现代化,机关事务管理部门一方面要以国家治理体系和治理能力现代化为出发点,增强机关事务工作中多种主体的参与度,满足政府部门的公共需求以及广大人民群众的基本需求;另一方面要以推进国家治理体系和治理能力现代化为机关事务管理工作的主要目标,通过提供坚强、恰当和符合成本效能指标的保障,全方位提升机关事务管理工作水平、提升政府效能,充分发挥机关事务管理工作在国家治理中的职能作用。

(一)国家治理现代化的内涵

国家治理是指一国范围内的所有治理,它既包含经济、政治、文化、社会、生态文明、国防军队和党的建设等各个领域的治理,也包含政府治理、政党治理、市场治理、社会治理、小区治理、第三方治理、源头治理等各个方面的治理。党的十八届三中全会审议通过的《中共中央关于全面深化改革若干重大问题的决定》第一次把国家治理体系和治理能力与现代化联系起来,着眼于现代化,并以现代化为落脚点,揭示了现代化与国家治理密切的内在联系。国家治理离不开现代化,现代化构成国家治理的题中应有之义。国家治理现代化的形成和提出,是中国共产党高度重视现代化、不断求解现代化的结果,也是中国共产党认识现代化的最新成果,堪称继"四个现代化"(工业现代化、农业现代化、国防现代化、科学技术现代化)之后的"第五化"。"四个现代化"主要从生产力和物质基础的层面探索现代化,这是硬实力;"第五化"强调国家治理体系和治理能力问题,主要从上层建筑和思想文化意识形态的层面探索现代化,这是软实力。

习近平总书记指出,推进国家治理体系和治理能力现代化,必须完整理解和把握全面深化改革的总目标,这是两句话组成的一个整体。总书记还指出,全面深化改革,是为了适应国家现代化总进程,提高党科学执政、民主执政、依法执政水平,提高国家机构履职能力,提高人民群众依法管理国家事务、经济社会文化事务、自身事务的能力,实现党、国家、社会各项事务治理制度化、规范化、程序化,不断提高运用中国特色社会主义制度有效治理国家的能力。一个国家选择什么样的治理体系,是由这个国家的历史传承、文化传统、经济社会发展水平决定的,是由这个国家的人民决定的。我国今天的国家治理体系,是在我国历史传承、文化传统、经济社会发展的基础上长期发展、渐进改进、内生性演化的结果。党的十九届四中全会强调,必须在坚持和完善中国特色社会主义制度、推进国家治理体系和治理能力现代化上下更大功夫,并提出"把提高治理能力作为新时代干部队伍建设的重大任务"。习近平总书记在庆祝中国共产党成立95周年大会上的讲话中提到"我们要把完善和发展中国特色社会主义制度、推进国家治理体系和治理能力现代化作为全面深化改革的总目标,勇于推进理论创新、实践创新、制度创新以及其他各方面创新,让制度更加成熟定型,让发展更有质量,让治理更有水平,让人民更有获得感。"

【知识库3-2】"四个现代化"战略目标

现代化是人类社会不可抗拒的历史大趋势,中国共产党对于现代化的认识横跨了半个多世纪。在二十世纪中期前后,中国共产党逐步形成了"工业、农业、国防和科学技术的现代化"即"四个现代化"的认识。毛泽东1945年在《论联合政府》开始提出工业、农业现代化的问题,到1959年末至1960年初在读苏联《政治经济学教科书》笔记中,又提出了"工业现代化,农业现代化,科学文化现代化,国防现代化"的"四化"。

1964年,周恩来在第三届全国人民代表大会第一次会议上作《政府工作报告》,正式地把"四化"表述为"全面实现农业、工业、国防和科学技术的现代化"。1978

年进入改革开放新时期后,邓小平更加重视"四化"建设问题,"四化"也更为深入人心,成为奋斗目标。自1949年新中国成立后,中国共产党执掌政权、统领国事,经历了国家统治、国家管理和国家治理现代化的三个发展阶段。从国家统治到国家管理,是一个重大的历史转折;再从国家管理到国家治理现代化,更是一个质的飞跃。

(二)国家治理现代化背景下机关事务管理的新发展

党的十八届三中全会通过的《中共中央关于全面深化改革若干重大问题的决定》提出:"全面深化改革的总目标是完善和发展中国特色社会主义制度,推进国家治理体系和治理能力现代化。"机关事务管理工作是党和国家治理能力现代化过程中的重要内容。在国家治理体系和治理能力现代化大背景下深化机关事务管理体制改革,需要找准机关事务管理工作的主要领域,通过立法进行顶层设计,推动机关事务管理工作实现质量变革、效率变革、动力变革,从而更好地服务于国家治理体系和治理能力现代化。

1. 国家治理现代化背景下的机关事务管理顶层设计

国家治理体系和治理能力现代化对机关事务管理体制和工作模式提出了新的目标和要求,机关事务管理部门应当顺应职能转变的要求,实现从传统后勤服务向精细管理、

品质服务、依法保障的机关事务管理工作职能转变，改变机关事务管理部门与服务保障对象的个性特征、互动结构与行为选择，从服务保障和制度变革两个层面对其进行重塑和创新，实现服务保障资源与机关运行需求的优化配置。

在国家治理体系和治理能力现代化下推进机关事务管理工作，是一个全新的课题，做好顶层设计尤为关键。作为机关事务管理工作主管部门，国家机关事务管理局积极在理论支撑、制度供给和重点业务工作上统筹谋划：一是积极组织力量，研究了机关事务治理的概念、主体、客体、手段和原则，分析了治理能力现代化的要求面临的主要问题和解决措施；二是加大了与高校、科研院所和高端智库的合作力度，委托中国社会科学院就国家治理体系和治理能力现代化下的机关事务管理体制改革开展研究；三是创办《机关事务研究》（季刊），委托其承担机关事务标准化等研究课题；积极向有关部门寻求支持，如委托外交部了解美国、俄罗斯等18个国家机关事务管理工作情况，协调教育部在机关事务管理理论研究方面提供帮助等。

2. 国家治理现代化背景下的机关事务改革重点

（1）以法治化为抓手

《机关事务管理条例》出台后，各地区机关事务管理部门积极起草本地区配套办法，目前已经有吉林等18个地区出台了本地区机关事务管理办法或实施意见，辽宁、山西、甘肃、江西、贵州、广西、河南等7个省份正在抓紧制定。一些地区还积极推动地市出台配套制度，如天津市机关事务管理局近几年来，相继推动出台了《天津市机关事务管理办法》以及关于公务接待、公务用车配备使用、政府采购等重要业务的制度办法，初步形成了"四梁八柱"式的机关事务管理体系。山东省机关事务管理局联合省政府法制办公室开展《山东省机关事务管理办法》立法后评估，组织相关人员赴17个地市实地督导，及时上报评估情况，取得了良好的效果。

（2）以机构职能化为基础

机构不健全、职能不统一、界限不明晰、人员不到位依然是制约机关事务管理工作集中统一的瓶颈。加强职能化建设，就是要努力实现机构统一运转，制度统一执行，管理统一界限，服务统一标准。近几年，各地区机关事务管理部门抓住"三个条例"出台的有利契机，扎实推进中央交办的重点改革专项任务，不仅更了名、升了格，还调整了机构，巩固和拓展了职能。

（3）以规范化、标准化为要求

规范化、标准化是机关事务管理部门正规发展的内在要求，也是新形势下机关运行保障工作的发展趋势。新形势下，机关事务管理工作应改变"不同管理者实行不同的管理方式、不同服务者实行不同的服务标准"的问题，以标准化建设引领机关事务管理工作的制度化、科学化、规范化，强化统一管理。

如南京市机关事务管理局以"先内后外、先上后下、先急后缓、先易后难、先专后全"的建设思路，按照可复制、可推广的总体要求，确立了机关事务管理标准化建设总体设计方案和体系框架。同时，从绿色建筑、绿色数据、绿色办公、绿色食堂、绿色出行、绿色文化等方面，探索建立绿色机关标准体系，推进节约型机关建设，在全社会节能减排降耗中发挥了引领示范作用。

（4）以绩效化、精细化求效益

机关事务管理工作讲成本、讲效益、讲投入产出比，各地区机关事务管理部门努力将精细化、绩效化管理理念贯穿到保障工作的各个环节。随着社会的进步和发展，自我服务保障已难以满足政府日益提高的运行需求，推进社会化建设，强化了机关事务管理人员的专业思维、专业素养、专业方法、专业技能，实现了机关服务保障由"粗放型、经验型"向"精细型、标准型"的转变。

如福建省机关事务管理局推行国有资产管理绩效考评，印发有关制度办法，将考评结果作为省直机关绩效考评、资产配置预算安排和审计监督的参考依据；开展财政专项支出绩效评价，明确了评价指标体系、评价标准和方法，出台了房屋修缮等专项资金绩效考评方案，每年确定若干个项目进行整体考评。

（5）以信息化为支撑

信息化是提升工作质量和效率的关键因素，各地区积极利用信息化建设带动机关事务管理工作的整体发展。资源共享、数据联动、功能集成是机关事务管理工作的发展趋势。机关事务管理部门需通过加强信息化建设，运用大数据、云平台，实现服务保障的信息化和数字化，改变理念陈旧、管理落后、手段不足、资源分散的现状，强化集中管理。大力推进房产、公车、节能、财务等业务系统的升级改造，推进业务信息化的全流程、全覆盖，利用数据融合和数据联动，使决策管理更科学、服务保障更智能。

如河北省机关事务管理局以公共机构节能网络建设为切入点和突破口，推动全省机关事务网络平台联网；依托政务云建立"云计算、云存储"中心，推进机关事务系统的信息共享与交换；建设业务协同平台，形成基于业务协同的上下指导关系。

（三）国家治理现代化背景下机关事务管理的新任务

国家治理体系和治理能力现代化作为我国治国理政的一项系统性工程，指引着当前和今后机关事务管理的发展方向。"推进国家治理体系和治理能力现代化下的机关事务工作"这一主题，是机关事务管理部门深入学习习近平总书记系列重要讲话精神和党中央治国理政新理念新战略的理论成果，是对多年来特别是党的十八届三中全会以来机关事务管理工作发展经验和规律的归纳总结，是对新的历史起点下机关事务管理工作改革创新发展方向的判断把握，是机关事务管理部门当前和今后一段时期内的工作重心。因此，各级机关事务管理部门必须持续用力、久久为功。适应国家治理体系和治理能力现代化的需要，在政府过紧日子的前提下确保机关事务保障维度、力度、质量得到提升，是新时代机关事务管理工作的首要目标。简而言之，就是花更少的钱，办更多、更有效率的事。为了实现这个目标，机关事务管理部门要从通过体制机制改革寻找发展动能，通过立法明确导向，引导机关事务管理部门向效能型、公共型、集约型、共享型机关转变。

1. 提升工作目标，建设效能型机关

传统的机关事务管理工作目标，关其注点主要在于工作完成度，工作人员的成本意识和效率意识较为欠缺，难以符合治理能力现代化的要求。新形势下，提升政府效能是实现治理能力现代化的核心要义，机关事务管理工作必须服务于大局，在保证达到工作目标的前提下，关注成本和效率，从而发挥提升政府效能的作用。

2. 拓展职能定位，建设公共型机关

机关事务管理本质上是一项间接公共服务。机关事务管理部门存在的价值是满足政府内部的公共需求以及社会的公共需求。从国家治理体系和治理能力现代化的需求层面来讲，目前政府内部的公共服务内容较为欠缺，对政府工作效率和能力的提升形成了明显制约。建设公共型机关，要树立需求导向，发挥兜底功能，形成统一主管、分工负责的格局，充分发挥市场机制作用，厘清机关事务管理部门和市场主体之间的边界，降低服务成本、提高服务质量。

3. 强化集中统一，建设集约型机关

《机关事务管理条例》颁布后,各地大力推进机关事务集中统一管理,取得了一定成效,但在纵向统筹、规划、整合以及横向统一管理的规范程度等方面,还存在不少薄弱环节。在纵向统筹、规划、整合方面,应着重构建统一的后勤服务市场,在资产(尤其是软件资产)信息获取、归集、调剂、利用等方面发力;在横向统一管理方面,应当进一步确立机关事务主管本级运行保障所需资产、服务等事项,按照财—物(财务—服务)分离的科学管理原则,进一步扩大机关事务管理保障范围,提升管理效率。

4. 推进资源共享,建设共享型机关

从国内外机关事务管理的实践经验来看,由于缺乏激励措施和市场竞争压力,政府使用资源的效率往往十分低下。因此,要实现国家治理体系和治理能力现代化,各级机关事务管理部门要提高资源使用效率,推进资源共享,建设共享型机关。第一,要加强资源内部流动,广泛开展资产调剂,盘活低效、闲置资产,激活无形资产;第二,要开展内外资源的流动、共享,提升机关存量资产效益,减少机关资产形成;第三,要坚持服务优先,在满足需求的前提下,若成本相当,在购买服务和资产的选择时,同等条件下优先购买服务,综合利用社会资源,提高社会资产的总体利用效率,避免增加政府低效资产,促进社会就业;第四,要降低资源存量,加快资产处置进度,对尚有利用价值但调剂成本过高、贬值速度较快的资产应优先处置。

三、新发展理念与机关事务管理

发展理念是一个国家发展行动的先导,是管全局、管根本、管方向、管长远的东西,是发展思路、发展方向、发展着力点的集中体现,具有战略性、纲领性、引领性。2015年10月29日,习近平总书记在党的十八届五中全会第二次全体会议上发表讲话,鲜明提出了创新、协调、绿色、开放、共享的新发展理念。新发展理念符合我国国情,也顺应时代要求。这一理念对破解发展难题、增强发展动力、厚植发展优势具有重大指导意义。2016年1月29日,习近平总书记在主持中共中央政治局第三十次集体学习时强调,新发展理念就是"指挥棒""红绿灯"。2017年10月18日,在党的十九大上,习近平总书记进一步强调,要贯彻新发展理念,建设现代化经济体系。2018年3月11日,第十三届全国人民代表大会第一次会议通过中华人民共和国宪法修正案,"贯彻新发展理念"被写进宪法。

坚持新发展理念是习近平新时代中国特色社会主义思想"十四个坚持"的重要内涵，是习近平新时代中国特色社会主义经济思想的主要内容，在党的理论创新和实践创新中占有重要地位。因此，机关事务管理工作一定要从新时代、新阶段党和国家事业发展全局的新高度上深化对新发展理念的认识，将理念贯彻到实践中去，用行动来落实党对新时代机关事务管理工作所提出的新要求。

（一）新发展理念的内涵

习近平总书记在中共中央政治局第二十七次集体学习时指出："新发展理念是一个系统的理论体系……阐明了我们党关于发展的政治立场、价值导向、发展模式、发展道路等重大政治问题。"党的十八届五中全会通过的《中共中央关于制定国民经济和社会发展第十三个五年规划的建议》提出，必须牢固树立创新、协调、绿色、开放、共享的发展理念，指出坚持创新发展、协调发展、绿色发展、开放发展、共享发展，是关系我国发展全局的一场深刻变革。全党全国要统一思想、协调行动、开拓前进。新发展理念，指明了我国的发展思路、发展方向和发展着力点。深刻理解"新发展理念是一个整体"的理论内涵和实践要求，有利于我们完整、准确、全面贯彻新发展理念，准确把握其科学内涵和实践要求。

从内在结构看，五大发展理念相对独立。创新是发展的第一动力，在国际竞争日益激烈的背景和我国发展定力转换的形势下，必须把发展基点放在创新上，形成促进创新的新体制，培育支撑经济持续健康发展的新动力，打造依靠创新驱动的引领型发

第三章 光荣的发展：守正创新与砥砺前行
Chapter Three : Keep innovation and forge ahead

展新模式。协调是持续健康发展的内在要求，要坚持区域协同、城乡一体、物质文明精神文明并重、经济建设国防建设融合，在协调发展中拓宽发展空间，在加强薄弱领域中增强发展后劲。绿色是永续发展的必要条件和人民对美好生活追求的重要体现，应坚持绿色富国、绿色惠民，为人民提供更多优质生态产品，推动形成绿色发展方式和生活方式，协同推进人民富裕、国家富强、中国美丽。开放是国家繁荣发展的必由之路，开创对外开放新局面，必须丰富对外开放内涵，提高对外开放水平，协同推进战略互信、经贸合作、人文交流，努力形成深度融合的互利合作格局。共享是中国特色社会主义的本质要求，要按照人人参与、人人尽力、人人享有的要求，坚守底线、突出重点、完善制度、引导预期，注重机会公平，保障基本民生，实现全体人民共同迈入全面小康社会。

从内在关系看，五大发展理念各有侧重，但相互呼应、协调一致，既服务和服从于全面建成小康社会的宏伟目标，又彼此配合解决发展中的棘手矛盾和问题。从经济发展的基本结构看，生产要素和市场空间是支持经济增长的核心因素，而五大发展理念则作用于生产要素和市场空间的提供，从而为我国的发展提供坚实的支撑。新发展理念是一个整体，要求我们必须努力提高统筹贯彻新发展理念的能力和水平。习近平总书记指出，要"统筹兼顾、综合平衡，突出重点、带动全局，有的时候要抓大放小、以大兼小，有的时候又要以小带大、小中见大，形象地说，就是要十个指头弹钢琴。"

【知识库3-3】新发展理念的五个方面

创新发展注重的是解决发展动力问题。我国创新能力不强，科技发展水平总体不高，科技对经济社会发展的支撑能力不足，科技对经济增长的贡献率远低于发达国家水平，这是我国这个经济大个头的"阿喀琉斯之踵"。

坚持协调发展，就是实现辩证发展、系统发展、整体发展，解决发展不平衡问题。在我国，发展不协调是一个长期存在的问题，突出表现在区域、城乡、经济和社会、物质文明和精神文明、经济建设和国防建设等关系上。在经济发展水平落后的情况下，我国在一段时间内的主要发展任务是要跑得快，但跑过一定路程后，就要注意调整关系，注重发展的整体效能，否则"木桶"效应就会愈加显现，一系列社会矛盾会不断加深。

绿色发展注重的是解决人与自然和谐问题。我国资源约束趋紧，环境污染严重，生态系统退化，发展与人口资源环境之间的矛盾日益突出，已经成为经济社会可持续发展的重大瓶颈，人民群众对清新空气、干净饮水、安全食品、优美环境的要求也越来越强烈。必须坚持节约资源和保护环境的基本国策，加快建设资源节约型、环境友好型社会，形成人与自然和谐发展的现代化建设新格局。

开放发展注重的是解决发展的内外联动问题。现在的问题不是要不要对外开放，而是如何提高对外开放的质量和发展的内外联动性。我国对外开放水平总体上还不够高，用好国际国内两个市场、两种资源的能力还不够强，应对国际经贸摩擦、争取国际经济话语权的能力还比较弱，运用国际经贸规则的本领也不够强，需要加快弥补。对外开放是我国必须长期坚持的一项基本国策，需要提高对外开放水平，更好地推进"一带一路"建设。

共享发展注重的是解决社会公平正义问题。我国经济发展的"蛋糕"不断做大，但分配不公问题比较突出，收入差距、城乡区域公共服务水平差距较大。在共享改革发展成果上，无论是实际情况还是制度设计，都还有不完善的地方。

（二）新发展理念下机关事务管理的新成效

针对新常态下政府自身改革和建设的新形势、新任务、新要求，机关事务管理部门应当学习贯彻新发展理念，以"智能化、绿色化、服务化、高端化"等方向为引领，审时度势，推进传统后勤向现代后勤转型。党的十八大以来，各级机关事务管理部门深入贯彻习近平总书记系列重要讲话精神，认真落实党中央、国务院关于生态文明建设的决策部署，牢固树立新发展理念，以推进节约型公共机构建设为主线，推动公共机构节约能源资源工作并取得了一些成效。

1. 实施节能改造与推广应用新能源产品

党的十八大以来，各地区累计投入财政资金超过100亿元，中央国家机关累计投入财政资金约5亿元，实施了绿色照明、绿色数据中心、既有建筑供热计量和节能改造、燃气灶具改造等节能改造，促进了绿色发展。据不完全统计，2017年各地区公共机构共投入财政资金20余亿元，实施既有建筑围护结构改造2200余万平方米、北方采暖地区公共机构供热系统计量节能改造947万平方米、空调通风系统节能改造1000余万平方米、数据中心机房节能改造22.5万余平方米，3000余栋建筑达到绿色建筑标准，淘汰、改造燃煤锅炉9万蒸吨，推广应用太阳能光伏光热及地源热泵等项目9000余个。各地区、各部门积极推行合同能源管理等市场化模式，通过推行合同能源管理，规范合同能源管理的实施程序、节能量认定方法、财政资金支付途径等，为公共机构节能

市场化提供政策支持。部分地区还联合质监部门制定公共机构节能基础信息填报指南，促进节能信息、能耗数据填报规范化、标准化。落实分类管理、定额管理、能源审计，让节能改造更有方向性、更有针对性，显著降低能源消耗。

除了节能改造，推广应用新产品、新技术、新能源与可再生能源，也是当前提高能源利用效率和实现节能降耗的重要举措。各地区、各部门带动社会资本投资公共机构节能领域，在培育节能市场、促进节能环保产业发展方面发挥了积极作用。各地区、各部门认真贯彻落实国务院常务会议精神和国务院办公厅《关于加快新能源汽车推广应用的指导意见》要求，不断加大新能源汽车推广应用力度。首先，结合公务用车制度改革，逐年扩大政府机关及公共机构购买新能源汽车规模，保留的机要通信、相对固定线路执法执勤、通勤等用车符合更新条件时，全部更换为自主品牌新能源汽车。其次，中央国家机关及所属在京公共机构积极带头，推进新能源汽车自助共享租赁试点，共建成268个租赁网点，1800套充电设施。北京、上海、安徽、广西等地区开展新能源汽车自助共享租赁服务试点工作。据不完全统计，全国公共机构采取分时租赁、单位及个人购买等方式应用新能源汽车9.1万多辆，建设充电设施5.1万多套。最后，要充分利用单位内部停车场资源，加快规划建设充电基础设施。

2. 带头开展生活垃圾强制分类

各地区、各部门按照国家机关事务管理局、国家发展和改革委员会、住房城乡建设部、中央宣传部、中共中央直属机关事务管理局等部门部署，积极推进党政机关等公共机构生活垃圾分类工作。明确2017年底前，中央和国家机关及省（区、市）直机关率先实现生活垃圾强制分类；2020年底前，直辖市、省会城市、计划单列市和住房城乡建设部等部门确定的生活垃圾分类示范城市的城区范围内公共机构实现生活垃圾强制分类工作。2018年1月8日至29日，国家机关事务管理局会同国家发展和改革委员会、财政部、住房城乡建设部等部门，对全国31个地区直属机关及中央国家机关生活垃圾强制分类工作进行了评价考核，29个地区完成了直属机关生活垃圾强制分类目标，中央国家机关实现了本级办公区生活垃圾强制分类目标。各地区、各部门积极带头，充分发挥了党政机关等公共机构实行生活垃圾分类的示范引领作用。

【案例库3-1】贯彻新发展理念 大力推进党政机关垃圾分类工作

山西省长治市直属机关事务管理局按照"推进示范单位创建、建立机关分类标准"的思路,大力推动全市公共机构垃圾分类工作,充分发挥了党政机关的表率作用。

一、强化组织领导,抓好责任分工

2018年3月,长治市启动城乡生活垃圾分类处理与循环利用工作以来,市委、市政府高度重视、高位推动,多次动员号召、安排部署、现场推进。

长治市直属机关事务管理局积极落实市委、市政府决策部署,高度重视市委机关大院垃圾分类的示范创建工作。迅速召开专题会议,成立机关垃圾分类工作领导小组,明确管理职责、细化任务分工、配备专门人员,加强组织领导、强化责任落实,确保形成内外联动、齐抓共管、各尽其责的工作局面。及时召开动员会、部署会、推进会和各层次培训会,组织相关科室深入机关、县区实地观摩亮点、借鉴经验、交流举措,进一步总结成绩、寻找差距、补足短板。同时,根据市委、市政府要求,结合机关办公区实际情况,制定了《机关大院垃圾分类工作实施方案》,进一步明确工作任务、目标、措施和完成时限。截至目前,全市100多家党政机关单位已全部完成垃圾分类试点工作,为全市垃圾分类工作由点代面、梯次推进、不断深入夯实了基础。

二、强化宣传引导,营造舆论氛围

按照"宣传送上门,责任负到底"的原则,对生活垃圾分类宣传做到横向到边、纵向到底,全覆盖无死角。一是将公共场所作为宣传阵地。在各党政机关单位室内外等公共场所,悬挂条幅、灯箱、放置宣传版面、张贴宣传画、播放电子屏滚动宣传标语等,确保垃圾分类知识、要求随处可见。二是将科室作为源头教育基地。市管理局深入各党政机关单位科室、领导办公室,发放宣传资料、宣传垃圾分类知识、明确垃圾分类方法、现场指导教育,以提高机关干部群众垃圾分类的自觉性和主动性。三是将垃圾分类体验馆作为集中培训教育基地。长治市委机关大院建立了垃圾分类体验馆,各单位可以组织机关党员干部参观学习,通过现场观看漫画、模拟投放、管理员评价解说、指导训练等,提高垃圾分类的准确性和趣味性。四是将垃圾分类宣传进学校、进机关、进网络作为全方位宣传阵地。通过采用观看垃圾分类宣传片、邀请相关专家讲座、现场书面测试、工作人员分类讲解、现场问答互动、微信联络群宣传、互相监督批评等方式,形成户内户外、线上线下互动的良好局面。

三、强化基础建设,抓好设施配备

按照资源利用最大化、规划布局科学化、处理效果最优化的原则,全力推进生活垃圾分类设施设备建设工作。一是宣传阶段。长治市委机关大院建设了垃圾分类体验馆,主要包括宣传区、体验区和奖励区。即先通过电视屏幕滚动宣传片宣传垃圾分类方法,然后由各党政机关单位组织干部群众进行现场体验投放,并由解说员解说、指导,最后根据各单位平时垃圾分类正确投放的次数进行积分,并兑换相应的奖品,从而提高垃圾分类的正确性、积极性和主动性。二是投放阶段。长治市党政机关按照机关生活垃圾两分类的要求,结合各单位实际情况,对室内外的两分类垃圾箱、垃圾桶以及公共场所的三分类垃圾桶等进行改造、配置,既节约资源、循环利用,又有效满足了垃圾分类的需求。三是转运阶段。长治市委机关大院建设了生活垃圾分类转运站,以便生活垃圾的绿色收集、统一转运。转运站包括三大区:回收区、操作区和装箱区。其中装箱区采用的是全国最先进的垃圾转运设施设备。整个转运、收集过程垃圾不外漏、不落地、不产生二次污染,给各党政机关单位提供了有效借鉴。

四、强化机制先行,抓好制度落实

落实监督检查机制。根据省、市委要求及机关大院实际情况,制定了《市委市政府办公区垃圾投放管理办法》《办公区垃圾分类检查考核标准》等,明确了垃圾分类的标准、要求、评价和考核等内容。通过对市委办公区垃圾分类情况进行不定期检查,对不重视、不按正确方法分类的单位进行教育,对屡教不改的单位进行通报。

落实考核评价机制。根据省委、市委要求及机关大院实际情况,制定了《垃圾分类引导员职责》《垃圾分类保洁员责任制度》,对参与机关大院垃圾分类工作的宣传员、管理员、保洁员、分拣员定期考核,考核结果与评优评先、工资挂钩,确保各项标准和规定落到实处。

落实定期通报机制。2018年7月,市管理局成立公共机构垃圾分类督导检查小组,制定了垃圾分类检查评分标准,并印发了《长治市公共机构节能工作领导组关于对垃圾分类工作进行督导检查的通知》,依照督查要求、评分标准、考核标准,积极指导市县200家党政机关按照要求开展垃圾分类工作,对各单位分类情况进行检查,检查情况定期通报。目前,已完成了三次督导检查与通报批评。

落实垃圾减量化机制。根据省、市委要求及机关大院实际情况,制定了《办公区垃圾减量化工作方案》。根据办公区垃圾产生的数量、类别、特点,制定减量化标准,并通过强制措施加以约束,强化垃圾分类责任与意识,增强垃圾源头处置能力,加大各部门协同管理力度。从源头减少垃圾产生量和处置量,实现资源的循环再利用和可持续管理。[1]

3. 创建节约型公共机构示范单位

各地区、各部门按照国家机关事务管理局、国家发展和改革委员会、财政部等部门部署,在"十二五"期间完成2050家节约型公共机构示范单位创建,并开展了省级、地市级节约型公共机构示范单位创建工作。在"十二五"的基础上,各地区、各部门按照"同类可比、选中优选"的思路,在已获得"节约型公共机构示范单位"称号的公共机构中,遴选公共机构能效领跑者,并积极开展2017—2018年节约型公共机构示范单位创建工作,全国共确定1796家示范单位创建单位和197家能效领跑者推荐单位。

---

[1] 山西省直属机关事务管理局.贯彻新发展理念大力推进党政机关垃圾分类工作[J].中国机关后勤,2019(4):37-38.

各地区、各部门积极推动公共机构落实最严格水资源管理制度，开展节水型单位创建活动，实施用水设施设备节水改造。中央国家机关本级全部建成节水型单位，并逐渐向所属单位延伸。据不完全统计，截至2017年底，全国省（区、市）直机关建成节水型单位1546家，省（区、市）属事业单位建成节水型单位2486家。同时，组织各级各类媒体，宣传报道示范单位的工作成效，发挥示范单位的示范带动作用。特别是，在2017年联合国气候变化大会中国角边会上，国家机关事务管理局以"中国公共机构引领社会绿色低碳发展"为主题开展了对话交流活动，向国际社会宣传了中国公共机构节能成效。[1]

江苏省无锡市机关事务管理局抓住市级机关搬迁至集中办公区的契机，大力推进机关事务集中统一管理。一是实行市级机关集中办公，严格按标准配置办公用房和家具，有效解决了需求过度膨胀、超标准建设、资源闲置浪费等突出问题，使资源使用高度集约、闲置资产合理处置，为精减后勤人员、整合后勤资源创造了条件。二是统一调配后勤服务资源。将"市民中心"餐饮、物业、办公用房调配、办公家具配备、一般公务用车管理、公共机构节能、会议中心管理等职能，全部纳入市机关事务管理

---

[1] 国家机关事务管理局.贯彻落实新发展理念 助力生态文明建设——公共机构节约能源资源工作成效明显[EB/OL].（2019-07-31）[2022-08-11].http://www.ggj.gov.cn/gzdt/ggjgzdt/hqzzs/zgjgjq/2019/201904/201907/t20190731_28735.htm.

局统一管理，迅速形成"市民中心"物业统一管理、标准统一制定、服务统一提供的机关事务管理新格局，实现了管办分离、统一规范、节约集约、服务外包的新跨越。三是强化机关事务管理职能。无锡市机关事务管理局借市局机关更名和机构改革东风，进一步统筹协调本地区机关事务管理部门的机构职能建设，加强对所辖市（县）、区机关事务管理工作的业务指导和交流，编制统一的机关事务工作发展规划，积极构建大后勤服务网络，努力形成全市机关事务工作高点规划、合力推进的格局。[1]

（三）新发展理念下机关事务管理的新方向

新发展理念作为习近平新时代中国特色社会主义思想的重要组成部分，集中体现了党对经济社会发展规律的认识，是解决我国发展中突出矛盾和问题的"钥匙"。因此，牢固树立并落实新发展理念，对于推动机关事务管理工作的改革和发展具有战略性的指导意义。

1. 以创新为动力源泉，形成科学的发展路线

在过去，机关事务管理工作主要依靠行政命令或领导指示开展工作，这种工作模式比较传统和落后。为了落实新发展理念，机关事务管理部门必须坚持以创新为动力源泉，通过理念创新、实践创新、制度创新，形成科学的机关事务管理发展路线。首先，要创新管理理念，对工作流程进行梳理和再造，做到有效供给；提升服务质量、保障

[1] 许立新. 学习贯彻新发展理念　全力打造现代机关后勤[J]. 中国机关后勤, 2016（12）:27-29.

水平和工作效能，为机关事务工作注入新动能和新活力。其次，要创新监督机制，尝试多种手段保障政策实施效果，推动建立统一的实施运行监测和效果评价体系，以激励促主动、以监管促实施，确保政策落地见效。再次，要创新体系结构，坚持需求导向，运用逆向思维，以实际需求决定纳入体系的供给；坚持问题导向，根据工作需要、政策变化、标准制定和实施效果动态调整体系内容，优化完善体系结构和布局。

2. 以协调为内在要求，提升改革的整体效应

机关事务管理工作是一项复杂的系统工程。协调发展，主要解决的是发展不平衡、职能配置不统一的问题，唯有协调才能力促全面发展。因此，推进机关事务管理改革工作，需要统筹协调好主体、利益相关方、重点业务、区域发展、层级沟通之间的关系。第一，要加强沟通协调，注重系统内部指导和协作，争取有关职能部门的配合和支持，积极参与重要标准的研制，建立良性合作机制。第二，要遵循先易后难原则，从职责清晰的领域开始，从简单易行的改革入手，成熟一项出台一项，与业务工作同步开展，推动重点业务领域改革方案出台，最大限度缩小由职能不统一带来的工作差距。第三，统筹安排各类标准布局与优先次序，做好国家标准、行业标准和地方标准的衔接，做好机关事务管理标准与相关法律法规的衔接，确保机关事务管理标准和其他行业、部门间标准协调一致。

3. 以绿色为有效途径，支持建设节约型机关

机关事务管理部门为党政机关提供服务保障，承担着机关运转所需经费、资产、服务管理等职责，如何使这些资源得到充分有效配置、可持续使用是迫切需要解决的问题。绿色发展，主要解决的是铺张浪费、破坏环境的问题，唯有绿色才能实现可持续发展。建设节约型机关，是目前最为有效的途径。其一，通过制定相关标准让经费、资产、公务接待、能源资源管理更加规范节约，让绿色发展、精细管理的理念深入人心，进一步提升机关事务管理工作的产出效率。其二，研究制定节约型机关创建的评价标准，探索建立政府机关能源费用定额或限额管理制度，切实提高政府机关参与创建行动的自觉性和主动性。其三，推进绿色出行和绿色办公，推动能源管理体系建设，加大办公用房、公务用车、资产管理、后勤服务等重要业务领域管理力度，增强管理标准的可持续性、可适用性。

4. 以开放为必要条件，形成多元的工作格局

尽管经过长期发展，当前的机关事务管理工作仍然存在许多不足。开放发展，解决的是内外联动不活跃、上下沟通不紧密的问题，唯有开放才能打开新局面。因此，在推进机关事务管理改革的过程中，各级机关事务管理部门需要以开放的心态、开放的思维引智借力。第一，依靠国家行政主管部门指导，引入专业机构提供政策咨询和理论支撑，形成联系紧密、配合密切、互动互鉴的工作机制和工作合力。第二，从机关事务管理部门共同体的站位出发，通过专项课题、合作研究等形式，委托地方机关

事务管理部门或中央国家机关承担、开展机关事务改革的研究。第三，注重外部效应，不能只在机关事务管理部门内部推动改革实施，要将改革实施到所服务保障地区的各级党政机关，确保改革成果在机关事务及相关领域立得住、有权威、有信誉。

5. 以共享为必然选择，扩大改革的实施效果

机关事务管理改革归根结底是为了给服务保障对象提供更好的体验，让机关事务干部职工拥有更多的存在感、获得感和价值感，从而激发参与机关事务工作的内生动力。共享发展，解决的是参与度不够、满意度不高的问题，唯有共享才能激发内生动力。第一，要建立成果共享平台，编写机关事务管理工作理论和实务教材，利用会议培训、交流研讨等方式，网站邮箱、微博微信、自办刊物等媒介，及时发布新成果、新进展。第二，要鼓励基础好、能力强的地区先行先试，通过试点建设等方式"先富带动后富"，特别是一些较为成熟的改革方案，要鼓励互相分享、共同使用。第三，必须坚持全员参与、共商共建，既发挥领导干部组织协调作用，又要激励一线职工主动参与、亲身实践，推动形成自下而上的工作模式。

第三章 光荣的发展：守正创新与砥砺前行
Chapter Three : Keep innovation and forge ahead

第二节

走出新时代机关事务管理的创新路

"沉舟侧畔千帆过，病树千头万木春。"管理、保障、服务是机关事务管理工作的核心内容，机关事务管理部门要想围绕机关事务管理工作重心，与时俱进地履行工作职能，推动机关事务管理工作逐步走上科学发展轨道，坚持改革创新是唯一的有效途径。近年来，我国机关事务管理部门在许多方面进行了有益的探索，本节选取了其中最为有成效、最具代表性的四个领域——信息化、法治化、社会化、标准化领域，进行详细、深入的介绍，论述在上述四个领域进行探索的重大意义、实施现状及存在问题，并辅以生动的案例，最后对机关事务管理在这些领域未来路径和发展方向加以梳理和总结。了解上述内容一方面有助于让我们认识新时代以来，机关事务管理工作在创新探索之路上获得的一些成果；另一方面有助于机关事务管理部门激发灵感，在以后的改革路上乘风破浪，在理论与实践层面上获得更多收获。

一、机关事务管理的社会化探索

早在 1956 年，国务院机关事务管理局向时任国务院秘书长习仲勋同志上报了《关于国家机关事务工作改革方向问题的报告》，首次提出推动机关事务管理社会化改革问题。[1] 六十多年来，特别是 1983 年中共中央十二届中央委员会书记处召开的第 70 次会议提出机关事务管理"服务工作社会化问题，要逐步解决"的原则要求和分三步走的基本思路以来，中央国家机关贯彻落实政府机构改革和行政体制改革的决策部署，解放思想，转变职能，调整机构，推进改革，机关事务管理的社会化水平明显提升。

2012 年 10 月开始实施的《机关事务管理条例》明确规定："各级人民政府应当推进机关后勤服务、公务用车和公务接待服务等工作的社会化改革，建立健全相关管理制度。"这是首次以国务院法规形式对机关事务管理工作的社会化改革提出要求，充分说明机关事务管理工作的社会化改革在当前不仅非常有必要，而且势在必行。自进入新时代以来，机关事务管理部门通过推进社会化改革，有效地提高了服务保障的质量和效率，取得了一定的成效，积累了一些经验。

---

[1] 祁峰.1956，国家机关事务改革的先声[J].中国机关后勤，2020（9）：49-51.

（一）机关事务管理社会化探索的重大意义

当前，我国处于全面建成小康社会的关键时期和深化改革的攻坚时期，这是各项工作开展的基本条件。因此，深化改革是各项工作的主旋律。机关事务管理工作要想适应发展的要求，就必须进行深入的社会化改革。总的来说，机关事务管理社会化探索的重大意义主要在于以下三个方面。

1.机关事务管理社会化探索有利于推进社会主义市场经济体制的进一步完善和改革的全面深化

党的十八届三中全会指出，经济体制改革的核心问题是处理好政府和市场的关系，使市场在资源配置中起决定性作用的同时，更好地发挥政府的作用。对机关事务管理工作而言，把属于企业、市场、社会的权力交还给企业、市场和社会，变直接管理为间接管理势在必行。机关事务管理工作在社会主义市场经济条件下的商品属性将得以体现并凸显。因此，用市场取代统配，用有偿服务取代无偿服务，用服务大众取代服务内部，用"社会办"取代"自办""官办"，是遵循市场经济规律办事的必然体现。

2.机关事务管理社会化探索有利于推进政府职能的转变和行政管理体制改革

行政管理体制改革贯穿我国改革开放和社会主义现代化建设全过程，是上层建筑适应经济基础客观规律的必然要求。而通过改革建立权责一致、分工合理、决策科学、执行顺畅、监督有力的行政管理体制，则是机关事务管理体制改革必然要面临的时代

要求。党中央、国务院《关于分类推进事业单位改革的指导意见》和十八届三中全会通过的《中共中央关于全面深化改革若干重大问题的决定》，都从不同角度提出了要加快事业单位分类改革，创新公益服务提供方式，完善政府购买服务机制，推动公办事业单位与主管部门理顺关系和去行政化。机关事务管理的社会化探索，是落实事业单位分类改革、政府购买服务等政策的现实需要。

3.机关事务管理社会化探索有利于推进机关事务管理部门的自身建设和管理职能的不断完善

长期以来，机关事务管理工作没能引起社会公众的关注。在计划经济时代，机关事务管理工作的主要内容是提供后勤服务保障，与人民群众、经济发展、社会进步的直接联系较少。近年来，随着《党政机关厉行节约反对浪费条例》的不断强化及公共财政体制的逐步建立，政府信息公开化程度的提高和公民权利意识的觉醒，政府的各种行为都自觉或不自觉地被纳入媒体乃至社会公众的监督范围。以资产管理为核心、以提供物质保障为手段、以保证机关高效有序运转为目的的机关事务管理工作，一步步从幕后走到台前。机关事务管理的社会化探索，是促进机关事务工作向前发展的必然选择。

【知识库3-4】机关事务管理社会化是什么？

所谓"社会化"，最初是指自然人转化为社会人、适应社会生活的过程，从而使外在的社会行为规范、准则内化为自己的行为标准和价值观。从这一意义上来说，机关事务管理社会化，是指由"小而全"、"大而全"、封闭式和行政化的自我服务为主转变为积极对外开放，引进社会力量提供后勤服务，或者引进市场机制，按照市场机制运行和管理后勤服务，积极发挥市场决定资源配置的作用，实现后勤服务资源的最优化配置。简而言之，对于机关事务管理工作来说，社会化就是按照市场经济原则去运作，实行有偿服务，根据发展趋势及服务对象要求，决定服务方式及内容。

从根本上看，机关事务管理社会化不是改革的方向，而是提高机关事务管理部门保障质量以及效益效率的手段和途径。机关事务的特殊性决定了机关事务管理工作具

有公益性，因此，机关事务管理部门在遵循经济规律的同时要遵循公益性规律。机关事务管理部门是公益性组织，国家应予其相应的法律权利，在税收方面实行特殊扶持政策。除了个别保密性、政治性要求较高的项目，如文印、通信、文件传送、专车服务等外，其他项目常态时可以通过社会服务机构提供保障，非常态时则要通过机关内部服务机构完成。同时，机关事务管理社会化，会削弱机关事务服务保障的公益性，降低人们对机关事务管理部门的价值认同，造成政府责任模糊和合法性风险。因此，为了避免上述问题，政务保障服务并不能完全实现市场化、社会化，机关仍需要有自办的内部服务机构为其提供保障。机关内部服务机构保留的服务项目要突出政务类保障重点，要精简效能，要用市场手段配置资源，用人机制要采取聘任制、合同制等灵活方式，实现与社会化服务的有机衔接。

（二）当前机关事务管理社会化探索的主要模式及存在的问题

当前，机关事务管理工作所处的外部环境和拥有的内在职能，都发生了巨大的变化。机关事务管理部门被赋予了更多的职能，机关事务管理体制逐步理顺，机制亦进一步健全，机关事务管理部门的服务保障水平不断提高，有效保证了机关事务管理工作的高效有序运转。

1. 当前机关事务管理社会化探索的主要模式

目前，机关事务管理社会化探索的实现形式，可以是"请进来"，也可以是"走出去"，但实际工作中以"请进来"为主。各部门在推进机关事务管理社会化探索的过程中，按照精兵简政、"小管理、大服务"、建设节约型廉洁型政府和政事分开、事企分开、管办分离等要求，通常选择"请进来"的形式，并精简内部相关的组织机构和工作人员。不过，"请进来"的重要前提是，社会服务机构在技术、实践和管理上确实优于机关内部服务机构。目前，机关事务管理社会化探索的主要模式如下三种。

（1）服务外包模式

服务外包模式是指服务机构的主要管理人员由机关人员担任，通过劳务派遣、临时聘用等方式雇佣服务人员。这种模式的优点是实现了管理与服务职能相分离，且服务相对专业，能有效掌握后勤资源，容易被接受，改革阻力小；缺点是社会化、市场化程度不高。

（2）服务托管模式

服务托管模式是指委托专业的物管公司负责机关事务管理工作，机关事务管理部门只执行监督职能。这种模式的优点是能够更好地精简人员编制、缩减财政支出和提升服务质量；缺点是存在对后勤资源把控力度低、服务与经营易发生矛盾和监管难度大等问题。

（3）服务公司模式

服务公司模式是指单独成立后勤服务公司，聘请专业管理团队，整合后勤资源，运用企业化管理方式，实现国有资产的保值增值。这种模式的优点是社会化程度较高，市场竞争力强；缺点是改革难度较大，对管理团队要求较高。

【案例库 3-2】广州市推进机关事务管理社会化改革的实践

广州市政府机关后勤服务社会化改革的目标，是充分利用广州第三产业发达的市场环境优势，打破机关后勤服务自给自足的模式，通过私营部门参与政府后勤服务的供给，引入竞争机制，发挥市场对资源配置的决定性作用，提高后勤服务保障效率，推动机关后勤服务朝着专业化、效能化、品质化的方向发展，从而实现为政府政务工作保驾护航和降低机关运行成本的目的。

近年来，广州市机关事务管理局加快推进机关后勤服务社会化改革，加大政府购买服务力度，加强与社会组织的合作，提高后勤保障专业化程度，创新后勤服务保障

  方式。通过加大政府购买服务力度，以积极的姿态加快各项后勤服务业务的社会化改革进程：一方面加大了设施设备维保和工程基建的外包力度，通过与专业公司签订合同，采取托管的模式，由专业公司具体实施，基本实现了专业服务应买尽买；另一方面，在水电、安保、会务、保洁等劳务服务当中，变劳务派遣为项目整体外包，通过公开招投标与社会机构签订劳务服务合同，引进社会上的专业团队实施服务，逐步实现由自管向协同管理和托管的转变，机关事务管理局工作的重点逐步转向采购需求编制、后勤经费保障、社会机构的监管、绩效考核机制及奖惩机制的建立等控制管理方面。

  通过改革，广州市政府机关后勤服务的社会化程度明显提高，后勤服务的专业化和精细化水平明显提升。在后勤服务中引入了社会力量，机关后勤服务的供给形式发生了很大的变化，大部分后勤服务项目已经由社会机构提供，相比完全由机关自办后勤服务，后勤服务工作的积极主动性、专业性、服务态度和保障效能都有了明显提高。通过与社会机构的合作，引进了先进的技术和管理理念，开展了一部分精品项目和创新服务，如市政府大院美食节、5G智慧路灯、智慧充电桩、门禁人脸识别系统、母婴室、阅览室等，大院面貌焕然一新，打造了机关后勤服务的品牌和亮点，服务对象的满意度也在逐步提升。

2. 当前机关事务管理社会化探索中存在的问题

从整体来看，随着改革工作的不断深入，各级机关事务管理部门基本上实现了政事分开、管办分离，服务保障能力大幅提升，为各级党政机关的高效有序运行提供了有力保障。但由于种种因素制约，各级机关事务管理部门在实践机关事务管理改革的过程中也遇到了诸多问题，改革的主要目标和制度设计并没有完全实现，这在一定程度上影响了机关事务管理工作的科学发展。总的来说，当前机关事务管理社会化探索中存在的问题主要表现在以下三个方面。

（1）机构重叠，自我封闭

各级、各部门都设置了机关事务管理部门，负责各自的机关事务管理工作，这些部门相互之间在工作上没有合作，独立性较强，形成了机关事务管理系统"小而全"的局面，出现了机构重叠、队伍庞大、服务设施繁多、服务标准不统一等问题，导致了保障效果有限和行政成本的增加。特别是在管理工作中，管理主体和责任主体一定程度上的缺位和机关服务的有限性、后勤管理服务的封闭性，导致了许多服务设施和设备闲置，公共资源无法合理有效利用，社会效益和经济效益不能充分发挥，造成资源的浪费。同时，机关事务管理部门也无法及时迅速向市场传达服务需求。从社会化服务领域看，现有的机关事务管理社会化探索模式，无论是服务外包模式还是服务托管模式，都处于起步阶段，机关事务管理部门外包的服务，主要集中在环卫、绿化、维修、安保等相对基层的领域；从社会化服务比例看，机关事务管理部门所用的岗位人员主要还是以自聘为主，社会化服务比例和覆盖率相对较低；从社会化服务模式看，机关事务管理部门的服务模式主要还是以劳务派遣和钟点服务为主，市场化程度不高，离"自主经营、自负盈亏、自我积累、自我发展"的企业化运作相距甚远。

（2）管理粗放，效率低下

以服务公司模式和服务外包模式为例，这两种模式中都存在着购买服务方与提供服务方的利益博弈。机关事务管理部门追求的是通过后勤服务社会化改革提升服务品质，但提供服务的单位追求的却是如何合理降低服务成本，获得最大的经济效益。在这种情况下，购买服务方一旦存在制度缺陷或监管缺失，提供服务方就会过分追求经济效益而忽视服务保障质量。部分机关事务管理部门定位不够准确，职能不完善，重服务，重保障，轻管理，其工作的开展、职能的配置多由领导决策，主观性较强，缺乏科学指导，机关事务管理部门在政府行政管理中应有的作用没有得到完全发挥。此外，机关事务管理部门的服务对象是机关干部职工，一切事务由政府包揽，一切支出由财政负担，既没有竞争，也没有经营风险和经济压力。机关事务管理人员的工作表现、工作成绩不与经济利益挂钩，这导致他们在工作中得过且过，缺乏创新，在服务中常处于被动地位，缺乏主动服务意识，服务水平和保障能力较低。部分机关事务管理人员甚至会主动回避问题，将一些管不了、管不好、不想管的事情推向市场，做"甩手掌柜"。有时，他们将服务推向市场后，管理部门的经费和人员并没有随之减少。

（3）职责混乱，关系不顺

一方面，机关事务管理系统中从事管理岗位的干部队伍专业化程度不高，现代化管理水平较差，且存在人员专业与岗位不对口，外行管内行的现象。管理水平跟不上，服务质量自然上不去。另一方面，机关事务管理部门对提供服务单位的服务标准、评估措施、监管机制等缺乏系统性规范化的建构，难以实现准确评估和有效监督，因监管不清、管理无序而发生矛盾纠纷时常出现，制约了服务质量的提升。在机关事务管理改革的过程中，一些矛盾和问题不断显现。首先是管理与服务的矛盾。由于部门机关事务管理部门行政职能划分不到位，管理职责不明确，导致存在管理部门提供服务、服务部门从事管理等职责混乱的现象。其次是管理与经营的矛盾。行政单位的经营性资产改革涉及法人财产权问题，转企改制后，大多经营性资产仍在主体机关下，转制企业只有使用权，无法成为真正的经营主体。此外，还有服务与经营的矛盾。在市场竞争环境下，服务质量如何保证、收费标准如何确立、服务成本如何核算，这些问题都影响着经营资本的积累和扩大再生产。

（三）未来机关事务管理社会化的探索路径

按照政府公共部门绩效管理理论，引进社会力量承接机关事务管理，以及让从事生产经营活动的后勤服务事业单位通过自身改造后参与竞争，即民营化或让公共组织参与竞争，都可以达到提高效率和降低成本的目的。因此，机关事务管理社会化实现形式，是外包还是自办都不会有太大区别，真正关键的在于是封闭、垄断还是开放、竞争，即是否能实现后勤服务提供主体的多元化和提供方式的多样化。机关事务管理社会化是机关事务管理体制改革的方向，要坚持分步实施的原则，通过科学合理的方法，根据实际情况，分阶段分步骤实施改革，坚持先易后难、循序渐进的原则，逐步实现服务社会化的改革目标。

1. 解放思想，转变观念

在全面深化改革的大环境中，机关事务管理部门要根据事业单位分类改革和加大政府向社会力量购买服务力度的部署要求，结合单纯供给型服务阶段和以经营型服务为主阶段存在的体制机制没有完全理顺、效率不高、事企不分、管办不分以及经费不足等问题和当前机关事务管理工作实际，解放思想、转变观念。建议将加快后勤服务社会化改革的基本思路确定为：以加快后勤服务社会化为主线，推进后勤保障由内部自我服务为主向由社会力量提供服务为主转变，实现管办分离；推动经营类后勤事业单位转企改制并有序脱钩，实现事企分开；切实调整机关服务中心功能定位，建立健全符合经济社会发展水平和机关运行实际需要的机关事务管理体制和服务保障运行机制。

只要是改革，都会涉及利益的重新配置。在改革之前，我们一定要消除机关干部职工的思想顾虑，提高其思想认识，为改革清扫障碍。要通过政策宣传引导，让机关干部职工了解到，改革并不是简单地压编制、减机构、甩包袱，随着经济的发展和社会的进步，拒绝改革、拒绝市场并不利于机关事务工作的长远发展。因此，要站在党和国家工作全局和有利于机关事务管理工作科学发展的高度，正确处理好改革和利益的关系。

2. 明确职责，实现分流

实现机关事务管理社会化，就要加快对各级机关事务管理部门的体制机制改革进程，逐步实现管理、服务、经营的分流，形成管理监督、市场服务、产业经营三大功能体系，建立"小管理，大服务"的体制格局。机关事务管理部门一定要明确职责，并逐步实现分流。需要强化的职责，如财产物资管理、房地产管理、公务用车管理等，应给予有效的加强；需要市场化的职责，如食堂、保洁、环卫、绿化等，可以通过服务外包、购买等方式，借助专业团队，引入市场竞争，让社会服务机构提供优质服务；需要产业化的职责，如饭店、招待所、印刷厂、车辆服务中心等部门的职责，可以通过资产改革、优化配置的方式，按照事业单位改革的要求和事企分开、机构剥离的原则，促进相关单位完成转企改制，或组建国有独资集团，或改为股份制企业，或进行拍卖，使其真正成为市场竞争的主体和独立核算、自主经营、自负盈亏的经济实体。经营类后勤事业单位要完成转企改制，核销事业编制，注销事业法人，依法办理企业工商注册登记，建立现代企业制度，并与原直接主管单位建立以国有资产为纽带的产权关系。

其中，要妥善安置转制单位现有事业编制人员，依法处置转制单位占用的国有资产，防止国有资产流失，也对转制单位"扶上马，送一程"。

3. 建立制度，完善标准

机关事务管理部门要将机关事务管理工作规范化、制度化，使其在法制化轨道上有序开展工作。其具体措施如下。一是制定监督管理制度、投资决策监控制度、财务监管制度等，形成机关事务行政管理部门与服务单位、改制企业之间的合理关系。二是建立健全严格规范的服务规章制度，如考核考评标准、服务规范、奖惩办法等各项制度，使服务单位或人员在工作中有法可循、有章可依，严格按照标准提供服务，避免服务随意化，确保服务质量不降低。三是完善人力资源管理制度，引入市场机制，公开选拔高素质的企业管理人才，机关事务管理部门必须明确分清公务员与企业家的界限，有效避免公务员权力"寻租"行为，企业经营者要对企业效益和发展负责，而非对上级负责。按照十八届四中全会关于做到重大改革于法有据和推进机构、职能、权限、程序、责任法定化等要求，机关事务管理部门要切实调整机关服务中心功能定位，主要是机构性质、职能、编制和经费四个方面。

（1）机构性质

按照事业单位分类改革精神，机关事务管理职能理应由行政机构承担。但为贯彻落实国务院"约法三章"要求，以及从机关事务性管理职能与政府面向社会的行政管理职能有所区别的认识出发，机关服务中心不再自办后勤服务和经营业务逐步剥离后，可定性为机关直属的公益一类事业单位。

（2）职能配置

按照《机关事务管理条例》规定，应当对机关事务工作实行统一集中管理。但鉴于财政部门认为机关运行经费和国有资产管理的直接主体不能是事业单位等意见，以及目前各部门各地机关事务管理职能分散的实际，建议机关服务中心主要承担后勤服务管理工作和受机关委托承担其他的机关事务管理工作。

（3）人员编制

加快机关事务管理社会化，推进由养人举办服务转变为直接购买服务，将涉及人员队伍规模压缩和机构编制精简。但因目前机关服务中心人员队伍规模较为庞大，而且接收了历次政府机构改革中的分流划转人员和安置军转干部等实际，建议按照"肉部消化为主,多渠道妥善安置"和"实名管理,确保稳定"等原则,通过过渡期退休等自然消化方式减员,直至合理的事业人员队伍规模。

(4)经费保障

按照事业单位分类改革文件规定,公益一类事业单位"不得从事经营活动",并"根据正常业务需要,财政给予经费保障";同时,按照财政部《关于中央事业单位分类后财政补助政策的通知》,公益一类事业单位的事业收入、经营收入、其他收入等按规定纳入部门预算管理,可在核定的支出标准内用于人员经费等基本支出或项目支出,但不得超标准安排人员经费支出。此外,要建立全过程预算绩效管理机制,不断提高资金使用效益。[1]

二、机关事务管理的法治化探索

党的十一届三中全会既开启了改革开放的伟大征程,也开启了社会主义法治建设的崭新征程。1979年,国务院机关事务管理局党组先后召开了8次会议,强调把工作重点转移到业务建设上来,在年度工作要点中将"建立和健全规章制度,提高管理水平和工作效率"列为重点工作,陆续制定出台了关于机关行政经费、差旅费、会议费、固定资产管理等的一些办法,使机关事务管理部门的业务工作基本实现了有章可循,并且代中央起草了《关于高级干部生活待遇的若干规定》《关于党政机关汽车配备和使用管理的规定》等重要文件。2005年,

国务院发布了《国务院机关事务管理局关于积极推进依法行政的意见》,对提升机关事务管理部门依法行政水平作出顶层设计。[2]

2012年《机关事务管理条例》公布后,全国大部分省(区、市)相继出台机关事务管理办法,明确职责,规范工作,取得积极成效。以习近平同志为核心的党中央在全面总结以往经验基础上,提出了全面推进依法治国、加快建设社会主义法治国家的

---

[1] 黄新宝. 中央国家机关后勤服务社会化改革的历史嬗变与未来走向[J]. 中国机关后勤, 2016 (6):5.
[2] 徐强. 改革开放40年机关事务法治建设回顾[J]. 中国机关后勤, 2018 (12):4

战略任务。各级机关事务管理部门要根据中央全面深化改革、推进依法治国的战略部署，积极深化机关事务管理体制改革，加快推进机关事务管理的法治建设，切实提高运用法治思维和法治方式推进机关事务建设的能力和水平。

（一）机关事务工作法治化探索的重大意义

党的十八届四中全会，是中国共产党首次以全会的形式专题研究部署全面推进依法治国这一基本治国方略的会议，会议通过的《中共中央关于全面推进依法治国若干重大问题的决定》，从全面建成小康社会、实现中华民族伟大复兴的中国梦，全面深化改革、完善和发展中国特色社会主义制度，提高党的执政能力和执政水平的高度，提出了推进依法治国的指导思想、总体目标、基本原则、重要任务和重大举措。只有深刻领会《中共中央关于全面推进依法治国若干重大问题的决定》的主要内容、思想内涵和精神实质，准确理解和把握依法治国、依法执政、依法行政和依法治党、依法管党的要求，才能充分认识开展机关事务管理工作法治化探索的重要意义。

1. 推进机关事务管理工作法治化，是加强法治政府建设的重要内容

近年来，党中央、国务院先后制定了《党政机关厉行节约反对浪费条例》《机关事务管理条例》《公共机构节能条例》等与机关事务管理相关的法规制度，既推动了机关事务管理部门依法行政，又促进了法治政府建设。但是，当前机关事务管理部门的法治建设还不适应建设法治政府的需要。有的机关事务管理法规制度滞后于形势任务发展，反映内在规律不够、结合客观实际不紧、针对性适用性操作性不强；有的机关事务管理法规制度、规范性文件与法治政府建设相关的其他法律制度之间缺乏衔接性、匹配性和协调性，导致机关事务管理部门的权利得不到法律法规的保护和制约。这些问题既制约了机关事务管理的法治化进程，又阻碍了机关政务法治化的步伐，从而制约和影响了法治政府建设。因此，推进机关事务管理的法治化，既是加快建设法治政府的重要内容，又是推动法治政府建设的重要保障。机关事务管理工作是政府工作的重要组成部分，作为加强政府自身建设的职能部门，机关事务管理部门在推进法治政府建设中肩负着重要任务。随着行政体制改革的深化、政府职能转变的加快、经济社会发展的提速，各方面对机关事务管理工作的关注度越来越高，各级党委、政府对机关事务管理工作的要求也越来越高，机关事务管理工作的政治性、政策性、专业性日益凸显。形势和任务决定了必须进一步推进机关事务管理工作职责、权限、程序、

标准的法治化，做到依法决策、依法办事、依法服务。我们要充分认识全面推进依法治国的重要意义，自觉把机关事务管理工作放在建设法治国家、法治政府和法治机关的高度去审视、去定位、去谋划，增强依法行政能力，提高机关事务工作法治化水平，为更好地履职尽责营造良好的法治环境和氛围。

2. 推进机关事务管理工作法治化，是加强自身建设的重要途径

建设法治政府是全面推进依法治国的重中之重，政府机关必须按照合法行政、合理行政、程序正当、高效便民、权责统一的原则，行使权力、履行职责、承担责任，提升依法行政的能力和水平。机关事务建设是党政机关自身建设的重要组成部分。党中央、国务院历来高度重视机关事务建设。机关事务管理部门作为为政府机关高效有序运转提供服务保障的机构，必须按照建设法治政府的要求，不断提高各项工作的法治化水平，加强和改进自身建设。随着加强政府自身建设和深入转变作风的不断推进，机关事务工作将逐步从幕后走到台前，受到舆论的广泛关注。提高机关事务管理工作的法治化水平，有助于机关事务管理部门进一步加强自身建设，切实增强依法管理、依法保障、依法服务的能力。

3. 推进机关事务管理工作法治化，是党政机关全面履行职能的重要保障

党政机关只有依靠"机关事务管理"和"机关政务管理"两个"车轮"协调运转，依靠机关事务管理部门提供管理、保障、服务作支撑，才能全面履行职能、有效治国理政。长期以来，各级党委、政府切实加强机关事务法治建设，从中央到地方都出台和实施了一系列机关事务法规制度，保障了各级党政机关全面履行职能。但是，有的地方和部门领导缺乏对机关事务管理工作地位作用的深刻认识，缺乏对机关事务建设内在规律的准确把握和理性思维，重视机关政务建设而轻视机关事务建设，重视经济社会管理而轻视机关事务管理，致使机关事务法治建设滞后于改革发展实践，造成机关事务法规不统一、管理不规范、保障不均衡、服务不均等；有的地方和部门领导由于受传统观念、惯性思维的制约和束缚，混淆了行政管理职能与后勤服务职能的本质区别，对机关事务管理机构的性质界定不准、职能划分不清，既制约了正确履行机关事务管理职能，又影响了正常履行机关政务管理职能，从而制约和影响了党政机关依法全面履行职能。因此，只有通过推进机关事务管理工作的法治探索，建立健全民主法治、公平公正、公开透明的机关事务体制机制，才能保障党政机关依法全面履行职能。

【知识库3-5】机关事务管理法治化的实施基础

为了全面落实依法治国要求，机关事务管理工作应当不断提高法治化水平，坚持从严治党方针，落实党风廉政建设主体责任。近年来我国对全面深化改革作出了明确部署，为政府机关事务管理工作法治化建设奠定了基石，主要有以下几个方面。

机关事务管理的法律法规日趋完善。自2003年施行《中华人民共和国政府采购法》以后，《行政单位国有资产管理暂行办法》《事业单位国有资产管理暂行办法》《公共机构节能条例》以及《机关事务管理条例》《党政机关厉行节约反对浪费条例》等相继出台，各省、区、市也相继出台有关政府机关事务管理政策意见，涉及机关事务管理的法律法规日趋完善，各级机关事务部门依法管理能力得到加强，规范办事水平明显提高。

现代机关事务管理的理念逐步树立。一方面随着社会主义市场经济改革的不断深化，尤其是政府机关、事业单位干部职工收入分配实行"阳光工资"，住房、医疗、幼教、福利等推行货币化分配政策，促使政府机关事务管理服务的观念发生转变；另一方面从改革的层面看，在纵向推进政府自身改革的过程中，倒逼政府机关事务工作必须转变理念、创新思维。

行政管理方式和科技创新为机关事务管理法制化提供了现实基础。一方面行政管理方式的转变，使政府机关内部的各项分配更趋于公开、公平、公正，为政府机关事务管理服务趋于科学化、规范化、法治化提供了良好的思想基础。另一方面改革开放30多年来，我国经济社会快速发展，不但为政府机关事务管理服务提供了强大的物质基础，而且为政府机关事务工作法治化奠定了现实基础。[1]

（二）当前机关事务管理法治化的主要成就及存在的问题

"十三五"以来，国家机关事务管理局牢固树立依法行政意识，不断强化法治思维和法治建设，先后出台、建立、完善各类制度、规定和标准、规范等350余项。十八大以来，机关事务管理法治化建设取得了显著成效。各级党政机关认真贯彻执行中央关于改进工作作风、密切联系群众的八项规定，以及《党政机关厉行节约反对浪

---

[1] 孙跃进，王仲淼.推进机关事务管理法治化建设的对策研究 [J].中国机关后勤，2014（9）：32-34.

费条例》《关于党政机关停止新建楼堂馆所和清理办公用房的通知》《党政机关国内公务接待管理规定》《中央和国家机关培训费管理办法》等规章制度；认真开展党的群众路线教育实践活动，着力解决人民群众反映强烈的自身建设问题，打击了不正之风，形式主义、官僚主义、享乐主义和奢靡之风得到有力整治，推动了党政机关的自身建设，带动了党风政风社风的明显好转。

【案例库3-3】湖北省出台《湖北省机关事务管理办法》，推进机关事务管理法治化

《湖北省机关事务管理办法》（以下简称《办法》）于2014年8月11日经省人民政府常务会议审议通过，自2014年11月1日起正式施行。《办法》对于加强湖北省各级党委政府自身建设，降低运行成本，创建节约型机关，强化改革创新意识，破解机制体制障碍，不断推进机关事务管理工作制度化、规范化和法治化，都具有十分深远的意义。

《办法》进一步明确了全省机关事务管理体制机制的改革方向，要求把握立法宗旨，加强学习宣传培训。指出全省各地要认真组织专题学习，把握《办法》的主旨内容，领会精神实质，明确责任要求，充分认识贯彻实施《办法》的重要性，把学习《办法》纳入机关普法的重要内容；要采取专家访谈、法规解读、专题讲座、知识竞赛等多种形式，广泛宣传，营造良好舆论氛围，增强依法从事机关事务活动的自觉性。

《办法》要求各级机关事务管理部门明确工作职责，加快推进集中统一管理。《办法》系统阐明了机关事务管理的基本原则、总体要求、主要职能、工作程序和法律责任等内容，对推进全省机关事务管理工作的规范与发展，具有较强的指导性、实效性和操作性。《办法》规定，各地要依法赋予相应工作职责，统筹协调推进本地区机关事务管理工作。各级机关事务主管部门将依法加强对下级政府机关事务工作的指导，加快推进本级机关事务工作的集中统一管理，进一步规范机关事务管理职责，加强机关事务管理队伍建设，做到人员力量与所承担的任务相适应。

《办法》要求加强制度建设，规范机关事务工作运行。各级机关事务管理部门要依据职责分工，结合《办法》有关规定和本地区实际，遵循"总体规划、分步实施、先易后难、逐步完善"的要求，加强全省机关事务领域法治建设，建立科学规范、系

统完善的保障制度,做到制度和标准的统一、标准和制度的协调。要重点制定和完善"三公"经费管理、机关资产管理、办公用房管理、公务用车管理、公务接待管理、政府采购管理、后勤服务管理等方面的配套制度,细化有关实物定额标准,努力构建结构完整、内容全面、形式规范、层次分明的机关事务管理制度标准体系,促进本地区机关事务工作的协调发展,使同级机关各部门之间在后勤管理制度、资源配置标准、实物定额标准、服务标准等方面实现基本一致,从源头上保证"厉行节约、务实高效、公开透明、公平配置",推进机关事务管理工作规范运行。

《办法》要求坚持依法行政,推动机关事务管理法治化。全省各地、各部门机关事务工作人员要严格依照《办法》和有关法律法规,认真履行法定职责,坚持依法办事、依法管理和依法保障。上级机关事务主管部门加强对下级机关事务主管部门的监督、检查和指导,切实规范各项机关事务活动,努力推进全省机关事务工作规范化、法治化;按照政府信息公开有关规定,适时公开有关事项,自觉接受行政监督、法制监督、舆论监督和社会监督,确保《办法》各项规定落到实处。相关职能部门依据职责分工和有关法律法规规定,建立健全监督检查、举报受理工作机制和责任追究制度,及时纠正和查处单位和个人违反机关事务管理制度标准的行为,确保制度标准得到严格执行。全省各级机关事务主管部门要对照《办法》的要求,强化改革创新意识,加快研究制定机关服务工作社会化改革方案和具体配套制度,扎实推进机关后勤服务、公务用车和公务接待等工作的社会化改革,提高服务管理水平,降低机关运行成本,为湖北建设提供坚实后勤保障。

十八大以来,机关事务管理法治化建设虽然取得了明显成效,但是还存在法规制度不够完善、体制机制不够健全、行政行为不够规范等问题,党政机关事务管理各自为政、体制不顺、机构重叠、资源分散的问题未得到有效解决,保障机关运行的经费物资供给不足与闲置浪费同时并存的矛盾还未从根本上化解。当前机关事务管理法治化中探索过程中存在的问题主要如下。

职能交叉现象严重。机关事务管理部门的部分业务,如机关资产管理、政府采购、公务车辆管理、对外接待、幼儿园管理等,在许多地方分别由后勤、财政、政府办等多个部门管理,机关事务管理部门无法独立行使职权。

机构设置不统一。从中央国家机关到地方各级政府，没有统一规定机关后勤单位机构设置的办法，也没有形成统一有效的监督控制手段，各地各级机关事务管理部门的机构设置五花八门，其职能、人员设置等也不统一。

业务管理关系不顺。从中央到地方的机关事务管理部门仅仅依靠工作协会的形式加以联系沟通，缺乏监管和约束，也没有执行统一的规章制度，造成各部门业务管理关系不顺，发展失衡。

（三）未来机关事务管理法治化的探索路径

根据全面深化改革、推进依法治国的战略部署，各级党委、政府应积极深化机关事务体制改革，加快推进机关事务管理法治化建设，切实提高运用法治思维和法治方式推进机关事务建设的能力和水平。

1. 构建机关事务法治体系

一是完善机关事务法治实施体系。按照依法、民主、科学的原则，健全决策机制，完善决策程序，细化决策的流程、标准和责任；明确法规制度的适用范围、责任主体、执行程序和执行环节，完善法规制度的监督责任和追责措施，提高法规制度的约束力、执行力、强制力；完善依法指导机制，明确机关事务主管部门职能权限，建立健全组织实施法规制度，抓好法规制度的贯彻执行，把依法指导作为基本工作方式，保证各地区、各部门按照法定权限和程序开展机关事务工作；完善依法行政机制。建立健全机关事务法律保障机制，完善依法行政、依法办事工作程序，依据法规制度规范机关事务行政行为。

二是完善机关事务法治监督体系。强化党内监督，坚持从严治党方针，完善党内监督制度，强化党内监督职能，严格党内生活，充分发挥决策监督、民主生活会、述职述廉等制度的作用，加强对党员干部特别是领导干部的监督；强化层级监督，完善机关事务管理部门的监督职责、内容和程序，完善情况报告、检查督导、明察暗访、通报讲评等制度，坚持一级监督一级，确保层层有监督；强化专门监督，发挥专门监督部门的职能作用，完善司法、纪检、监察、巡视、审计等专门机构对机关事务的监督制度，规范纪检巡视、行政监察、经济责任审计等监督行为；强化群众监督，健全群众监督制度，拓宽群众监督渠道，规范公众知情的范围和方式；建立健全舆论监督制度，健全有关信息公开、意见反映机制，积极发挥舆论监督作用。

三是完善机关事务法治保障体系。创新机关事务法治理论,加强机关事务法治理论研究,积极探索机关事务建设理论和实践创新。借鉴发达国家机关事务法理经验,推动机关事务法治理论发展;造就机关事务法律人才队伍,完善法律人才教育培养机制,科学设定法律人才队伍建设的目标要求、人才规模、素质标准、类型结构,造就一支既精通机关管理事务又精通法律法规的专门人才队伍;培育机关事务法治文化,发挥法治文化的作用和功效,培育干部职工高度自觉的法治理念,让法治意识融入干部职工的灵魂血脉,让法治文化融于干部职工的工作生活,使法治文化成为干部职工的一种思维方式、生活方式、工作方式。

2. 推进机关事务依法行政

一是依法履行机关事务管理职能。根据党和国家有关法规制度,完善机关事务行政组织、行政程序法规制度,推进机关事务管理机构、职能、权限、程序、责任法定化。机关事务管理部门要坚持法定职责必须为、法无授权不可为的原则,勇于负责、敢于担当,坚决纠正不作为、乱作为,坚决克服懒政、怠政,坚决惩处失职、渎职。强化宏观管理、制度设定职能,不得法外设定权力,不得作出没有法律法规依据,减损公民、法人和其他组织合法权益的决定。机关事务管理部门还要规范机关事务权力运行,建立权力清单制度,梳理职权目录,厘清权力边界,依法公开权力运行流程,消除权力设租寻租空间。

二是依法决策机关事务重大事项。机关事务管理部门要坚持依法、民主、科学决策,确保决策科学、程序正当、过程公开、责任明确。首先,要坚持依法决策,建立健全机关事务决策审查机制,凡是涉及机关事务建设的行政决策,都应于法有据,未经合法性审查或经审查不合法的,不得提交讨论、作出决策。要推行法律顾问制度,建立相应的法制机构,配备必要的法律人员,发挥专家和法律顾问的积极作用。其次,要坚持民主决策,扩大机关事务决策的公众参与度,把公众参与、专家论证、风险评估、合法性审查、集体讨论决定有机结合起来,凡是与人民群众切身利益关系密切、社会舆论比较关注的重大事项,都应公开征求意见,实行听证制度,完善听证程序,提高听证质量,重视听证结果,反映民意,集中民智,使之体现公平正义,符合人民群众的意愿和利益。再次,要坚持科学决策,遵循客观规律,系统地分析主客观条件,运用科学理论、科学思维和科学技术、方法、手段进行决策。建立重大决策终身责任追究制度及责任倒查机制,对决策严重失误或者依法未及时作出决策造成重大损失的,要严格追究行政领导和相关责任人员的法律责任。

三是依法规范机关事务行政行为。首先,机关事务管理部门要依法规范行政职权和管理职权,明确权利、责任和义务。对于法律法规明确规定的职权,应严格执行,不能随意变通;对于法律法规给予了一定自由裁量权的职权,应酌情处理,不背离立法目的;对于依法不能行使的职权,应逐步划出,由有关部门或服务经营单位承担和行使;对于法律法规无明确规定的职权,则应符合国家有关政策;其次,要依法推进政务公开,坚持以公开为常态、不公开为例外原则,依据权力清单,凡是涉及公民、法人或其他组织权利和义务的法规制度,都应依照法规和程序,公开行政职能、法律依据、实施主体、职责权限、管理流程、监督方式等事项,公开政策法规、岗位职责、工作流程、收费标准、服务时限、工作纪律、投诉举报方式等事项。

3. 加强机关运行经费依法管理

一是探索实物定额和服务标准。机关事务管理部门要在《机关事务管理条例》的框架下,结合深入调研,综合考虑本地经济发展水平、物价水平等因素,科学制定机关事务管理实物定额和服务标准体系,并配合财政部门制定机关运行经费预算支出定额标准和有关开支标准。

二是严格财务预算管理。机关事务管理部门要完善预算绩效评价指标体系,建立项目预算绩效评价年度报告制度。按照国务院关于从严控制"三公经费"支出的要求,努力压减公务用车购置及运行、公务接待经费支出,加强各类会议经费的管理。

三是强化内部监督和审计。机关事务管理部门要健全单位内部控制和监督制度,研究建立资金监管长效机制,按照机关事务管理服务经费总额控制、从严从紧的原则,严格规范机关事务管理服务经费在每个环节中的使用,强化政府机关运行经费管理。

三、机关事务管理的标准化探索

我国机关事务管理工作的标准化探索,最早可以追溯到 20 世纪 80 年代的《中华人民共和国标准化法》。它是由中华人民共和国第七届全国人民代表大会常务委员会第五次会议于 1988 年 12 月 29 日通过的,自 1989 年 4 月 1 日起施行。该法的最新版本由中华人民共和国第十二届全国人民代表大会常务委员会第三十次会议于 2017 年 11

月 4 日修订通过，自 2018 年 1 月 1 日起施行。2015 年 3 月 11 日，国务院发布了《深化标准化工作改革方案》，旨在部署改革标准体系和标准化管理体制，改进标准制定工作机制，强化标准的实施与监督，更好发挥标准化在推进国家治理体系和治理能力现代化中的基础性、战略性作用，促进经济持续健康发展和社会进步。

上述文件指出，标准化工作改革要坚持简政放权、放管结合、国际接轨、统筹推进的原则，建立高效权威的标准化统筹协调机制，整合精简整合强制性标准，优化完善推荐性标准，培育发展团体标准，放开搞活企业标准，提高标准的国际化水平，健全统一协调、运行高效、政府与市场共治的标准化管理体制。机关事务管理部门要着力改善机关运行服务保障供给，有效引导机关运行需求，逐步建立与经济社会发展相适应的运行保障机制，进一步明确标准定位，充分发挥标准对改革的支撑和引领作用。

（一）机关事务管理标准化探索的重大意义

机关事务管理工作涉及国家机关运行的经费、资产、服务和能源资源等的统筹配置、合理使用和有效监管。机关事务管理部门在服务党和国家中心工作、保障机关高效规范运行、加强厉行节约反对浪费、促进从严治党等方面发挥着重要作用。推进机关事务管理的标准化探索，可以提高机关事务管理部门的管理水平。特别是在一些需要定量化、程序性和可操作性强的领域，通过实施标准化能够更好地完成新形势下的机关事务管理工作。《机关事务标准化工作"十四五"规划》指出，"十四五"时期是开启全面建设社会主义现代化国家新征程的第一个五年，也是机关事务管理工作高质量发展的重要五年，机关事务管理部门要健全机关事务标准体系，加快重点领域标准供给，着力推进标准实施，实现标准化与业务工作深度融合，打造机关事务标准化升级版，助推机关事务工作高质量发展。总的来说，推进机关事务管理标准化探索的意义有以下几点。

1. 有助于提高机关运行效率，控制机关运行成本

通过在机关服务职能、内容、流程和评价中应用标准，可以提高机关运行效率，有效控制党政机关运行成本。首先，标准能够统一党政机关设施设备配置，避免铺张浪费。其次，标准能对管理和服务流程进行优化，明确过程环节，规定每个环节的时限，确保管理和服务全过程顺畅、高效。例如，机关事务管理部门通过推行机关服务标准化建设，建立公开透明的机关服务规范，把相关办事程序、办事依据及办事权限公之

于众，接受全社会的监督；通过制定工作评价标准，定量评议工作人员职业道德、管理素质和工作效率，改进服务质量；通过在机关服务职能、内容、流程和评价中应用标准，有效保证权力运行的公开、公平和公正，提高机关工作效率和效能。最后，在推进机关事务管理标准化探索的过程中，建立采购标准体系，能够规范政府采购流程，降低采购成本，提升机关事务管理工作的效率。例如，机关事务管理部门通过制定和实施物业服务标准，明确物业服务提供、客户服务、房屋及共用设施设备维护养护、秩序维护、保洁服务、绿化服务、服务质量等内容和要求，将管理内容具体化，规范物业服务的优质优价，避免了与物业服务单位在合作过程中矛盾的产生，使财政资金的支出使用有了明确的标准和依据。

2.有利于推进能源资源节约，建设绿色环保型公共机构

机关事务管理部门承担着保障党政机关正常运行所需的经费、资产和服务管理等重要职责，是推进机关能源资源节约的重要职能部门。为贯彻落实中央财经领导小组第六次会议、《国务院办公厅关于加强节能标准化工作的意见》和《中共中央国务院关于加快推进生态文明建设的意见》的有关精神，2015年6月，国家标准化管理委员会联合国家机关事务管理局、国家发展和改革委员会等部门建立了节能标准化联合推进机制，成立了工作组。7月15日，2015年节能标准化联合推进工作组会议在北京召开，审议通过了2015年节能标准化工作要点，并原则同意节能标准化示范工作方案和节能标准化体系研究工作方案。目前在公共机构节能领域已发布7项国家标准：《公共机构能源审计技术导则》（GB/T31342-2014）、《公共机构能源管理体系实施指南》（GB/T32019-2015）、《公共机构能源资源计量器具配备和管理要求》（GB/

T29149-2012)、《公共机构能源资源管理绩效评价导则》（GB/T30260-2013)、《公共机构节能优化控制通信接口技术要求》（GB/T32036-2015)、《节约型学校评价导则》（GB/T29117-2012)、《节约型机关评价导则》（GB/T29118-2012)。通过强化标准实施，严格按照标准要求推进节约型公共机构示范单位评价工作，以点带面，有效促进了公共机构开展节能改造，有力支撑了我国公共节能监管体系建设。

3.有利于完善机关服务功能，提高机关服务质量

标准是提高服务质量有力保障，建立机关事务服务标准体系，按照标准化要求开展工作，能够推动从粗放型管理方式转变成精细化管理方式，从向硬件投入要效益转变成向软件建设要效益，进而改善服务功能，提高服务质量，达到"为党政机关高效运转服好务，为社会经济发展服好务，为人民群众服好务"的目的。如全国物业服务标准化技术委员会积极构建物业服务标准体系，2012年来在工程建设、物业环境、物业安全、物业餐饮等方面，制定实施300余项标准，有效提升了服务质量，顾客满意度近年来保持在90%以上，取得了良好的经济社会效益。[1]

4.有利于建设服务型政府，提高机关办事效率

服务是机关事务管理部门的立身之本，也是机关事务管理工作的职责所系、价值所在。无论是为党政机关服务，还是为广大干部职工服务，都首先要构建完整适用的机关事务服务标准体系，这是总结工作实践经验、优化工作流程的必然结果。只有合理优化工作流程，规范决策，才能提供高效、高质量的服务。只有通过开展机关事务管理标准化建设，制定和实施服务标准，转变服务方式，再造工作流程，规范服务行为，加强工作监督，优化工作环境，从而提高服务质量和效率，达到"为党政机关高效运转服好务，为社会经济发展服好务，为人民群众服好务"的目的。

---

[1] 崔钢.以标准化手段促进机关事务管理水平提升[J].中国机关后勤，2017（3）:7-10.

第三章 光荣的发展：守正创新与砥砺前行
Chapter Three : Keep innovation and forge ahead

【知识库3-6】机关事务管理标准化是什么？

标准是经济活动和社会发展的技术支撑，在国家治理体系和治理能力现代化中发挥着基础性、战略性作用。标准化活动通过制定和实施标准，规范人们在管理、生产、服务、贸易、消费和创造等活动中的行为。标准和标准化通过ISO9000质量管理体系和ISO14000环境管理体系等系列管理标准在市场经济中真正发挥巨大作用，将科学管理思想贯彻到生产生活实践中并为社会广泛接受。将标准化与机关事务管理相结合，制定科学合理的管理标准，提供必要的技术手段和工具，必将极大提升机关事务管理部门的服务质量。所谓机关事务管理标准化，就是指运用标准化的理念、原理、原则和方法，对机关事务管理工作各领域、各环节进行系统梳理，通过制定和实施标准来固化和优化工作流程和实践经验，推动机关事务管理工作的系统化、规范化、科学化，促进工作效率的全面提升。

我国标准化的起源可以追溯到早期的生产劳动和社会活动。古代统一的文字、货币以及计量器具标准，如秦始皇推行的"车同轨、书同文"等，在促进国家统一以及生产社会分工中，显现出巨大的作用。新中国成立以来，我国机关事务管理工作经历了政务事务分开、管理和服务分开、管办分开三个阶段，每个阶段都伴随着行政体制改革而深化。随着新时代建设节约型、效能型政府成为政府改革的重要目标，机关事务科学管理对党政机关高效运行、节约运行发挥着越来越重要的支撑作用，这对机关事务工作自身的科学化和规范化运行提出了严格要求，而标准和标准化工作无疑是机关事务科学、规范的重要技术支撑。当前，我国积极实施标准化战略，进一步深化标准化改革，广泛推进"标准化+"行动。特别是在政府管理和公共服务方面，围绕国家创新发展和政府职能转变需求，不断拓展"标准化+"应用领域，加快制定实施社会管理和公共服务标准化工作行动纲要，完善"互联网+政务服务"标准，开展政务公开标准化试点，将标准化深度融入新型城镇化、社会治理、政府管理等各领域。

值得注意的是，在机关事务管理的标准化实践中，规范化与标准化是两个常见又比较容易混淆的概念。从概念上看，它们的内涵是相似的。规范化是指在经济、技术、科学及管理等领域，对重复性事物和概念通过制定、发布和实施规范、规程、制度等达到统一，以获得最佳秩序和社会效益。标准化则指为了在既定范围内获得最佳秩序，促进共同效益，对现实问题或潜在问题确立共同使用和重复使用的条款以及编制、发布、应用文件的活动。标准化与规范化虽相互联系、相互作用、相互影响，却不能等同。规范化通常是以某个组织目标为对象，制定包括政策法规、管理办法、规章制度等一系列宏观性文件，体现为一种结果；标准化则是以某个事物或程序为对象，是利益相关方共同意志的体现，是一个包括制定、发布及实施标准的活动过程。规范化是实现标准化的基础，没有规范化就无法实现标准化；标准的有效贯彻需要通过规范化文件落实，标准化是规范化的细化和优化，只有标准化建设达到一定水平才能提升规范化的效率。

（二）当前机关事务管理标准化探索的成效及存在的问题

为贯彻落实习近平新时代中国特色社会主义思想和党的十九大精神，完善机关事务服务标准体系，提升机关事务管理的标准化水平，推动机关事务管理工作高质量发展，根据《党政机关厉行节约反对浪费条例》《机关事务管理条例》《公共机构节能条例》和《机关事务工作"十三五"规划》，国家机关事务管理局制定了《机关事务标准化发展规划（2018—2020年）》推进了一系列机关事务管理标准化改革尝试。

1. 当前机关事务管理标准化探索的成效

2020年上半年，各级机关事务管理部门积极推进机关事务标准化各项工作，取得了明显成效。统筹规划方面，国家机关事务管理局印发了《机关事务标准化2019年工作总结和2020年工作要点》，召开局内工作会部署全年任务。各地区机关事务管理部门通过制定年度方案、标准计划、工作清单等方式，布局全年工作。江苏局将标准化工作作为"一把手工程"重点督办，安徽局将标准化工作纳入年度综合考核，山东局将标准化工作纳入"2020年全省重点任务公开承诺事项"。组织建设方面，国家机关事务管理局印发全国机关事务管理标准化工作组2020年重点任务，山西省成立机关运行保障管理标准化技术委员会，天津局成为市标准化委员会成员单位（此前，山西、上海、江苏、山东、河南、湖北、重庆、四川等8个地方局已成为省级标准化工作联席会议或领导小组成员单位），切实融入国家标准化工作大局，提升机关事务标准化工作格局和层次。试点引领方面，20家第二批机关事务标准化试点单位已经完成前半程工作，顺利通过中期评估；湖北洪山礼堂管理中心以95.5分顺利通过全国第五批社

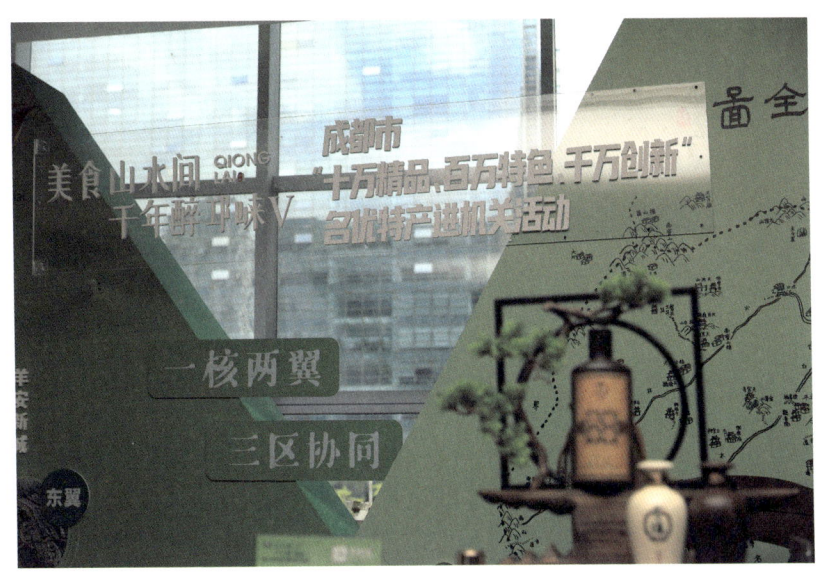

会管理和公共服务综合标准化试点评估验收。标准制定方面,国家机关事务管理局推动《机关事务管理 术语》《机关办公区域物业服务评价规范》等两项国家标准立项,并顺利通过专家答辩,完成公示环节。2020年上半年,各地区共出台实施地方标准35项,申请立项98项,标准供给格局不断优化。此外,山西局、山东局、甘肃局等还申请到标准化工作专项经费,有力保障工作开展。[1] 国家机关事务管理局、国家标准化管理委员会先后于2018年、2019年联合确定两批共22个机关事务标准化试点单位。其中,四川省机关事务管理局、湖北省十堰市机关事务服务中心两家第一批试点单位,已于2019年底试点期满,顺利通过验收。

四川省机关事务管理局、湖北省十堰市机关事务服务中心作为第一批试点单位,在两年试点期内,探索创新实践模式,注重经验总结推广,推动地方标准出台,顺利完成试点各项任务。截至2019年底,四川省发布17项省级地方标准、7项市级地方标准,十堰市发布9项市级地方标准,有效发挥了试点示范作用,贡献了地方智慧和样本。第一批试点单位的经验可总结为以下四点。

①组织有序,建立有力有效的保障机制。试点地区高度重视,统筹谋划,完善机制,组建专班,为试点工作提供有力组织保障。四川省建立省市县"三级联动"工作机制,形成"1+21+N"的标准化工作模式,实现了标准化工作统一归口管理和统筹推进,"绵

---

[1] 国家机关事务管理局.关于2020年上半年机关事务标准化工作推进情况的通报[EB/OL].(2020-08-25)[2021-11-20].http://www.ggj.gov.cn/tzgg/202008/t20200825_30935.htm.

阳机关事务管理标准化试点项目"于 2020 年 1 月获批第六批国家级社会管理与公共服务综合标准化试点。十堰市建立市级领导小组抓总体、中心领导抓统筹、工作专班抓落实的"1+1+1"工作机制，以及部门联席会议、定期会商、专题磋商等多项制度。

②立足实际，搭建地方特色的标准体系。试点单位聘请标准化技术支撑单位，加强基础研究，按照标准化原理与方法，构建符合实际、具有特色的标准体系。四川省形成了"6+N"标准体系，涵盖节约型机关建设、机关运行经费管理、资产管理等 6 个方面 20 余项内容。十堰市明确了"一梁""四柱""多极"的机关事务标准体系架构，形成了一套涵盖基础标准、事务管理标准、服务保障标准、内部支撑标准等 4 个部分，16 个子体系和 82 项明细标准的机关事务标准体系。

③多措并举，强化标准实施的行动自觉。试点单位把标准理念的宣传引导作为重点，统一思想、凝聚共识，使标准理念逐步深入人心，内化为日常工作的普遍准则。四川省打造办公环境 5S 管理标准，使广大干部职工在日常工作中"沉浸式""全景式"感受到标准化的力量，真正养成主动学标准、用标准的习惯；向省直部门和市州公开重点标准，开展标准解读。十堰市综合运用"集中宣讲、分类培训、专家辅导、广泛宣传"等方式，借助大讲堂、大家谈、大比武、大评比等载体，从基本概念入手，聚焦重点问题，提高培训针对性。

④整合资源，实现标准化与信息化深度融合。试点单位以标准化为基础、信息化为支撑，推动标准化与信息化两化融合，取得了良好效果，也为试点工作持续推进注入新的动力。四川省建设全省"互联网+机关事务"智慧管理（1+X）大数据信息化平台，实现各业务信息平台操作流程与已制定标准体系中的规范流程匹配一致、全省机关事务各项信息数据匹配一致。同时，将各标准体系和单项标准中可操作可量化的内容条款，嵌入到平台各项模块设置和程序选项，实现使用平台的同时，自动强制执行标准。十堰市推进包含"一个中心、三个平台、六个系统"的机关事务智慧管理平台建设，着力打造"标准化+"与"互联网+"融合发展的现代智慧机关事务。[1]

---

[1] 国家机关事务管理局.关于 2020 年上半年机关事务标准化工作推进情况的通报 [EB/OL].（2020-08-25）[2021-11-20].http://www.ggj.gov.cn/tzgg/202008/t20200825_30935.htm.

【案例库 3-4】四川省创新推进机关事务标准化建设

四川省机关事务管理局自2018年被国务院机关事务管理局、国家标准委确定为首批机关事务标准化试点单位以来，坚持问题导向，聚焦创新探索，着力统筹协调各方资源，将标准化理念和方法融入机关事务工作，有效提升了管理保障效能和"三个服务"水平。

（一）坚持"思想"引领，进一步促进认识提升、行动自觉

围绕解决标准化建设思想不统一、认识有偏差、标准化意识不强等问题，以统一思想为首要任务，多措并举，多方发力，深化标准认识、强化标准意识、树牢标准理念，逐步形成了凝神聚力全员联动的局面和氛围。省、市两级机关事务主管部门把标准化建设作为全省系统推进现代治理的重点举措，成立标准化建设工作领导小组，主要领导带头推进工作，层层传导压力。汇编印发《中华人民共和国标准化法》、《机关事务标准化发展规划（2018—2020年）》、全国试点工作方案、"质量提升年"活动标准化建设方案等文件和学习资料，邀请专家学者辅导培训，调研指导市州，撰写理论文章，引导干部职工从标准化建设的重大意义、方法路径、职责任务、预期效果4个方面提升了认识，统一了思想，促进了行动自觉。

（二）探索"两化"融合，进一步推动标准落地、流程优化

围绕解决标准贯彻难、执行不到位、全省机关事务信息数据不统一等问题，对机关事务标准体系和专项特色标准进行信息化管理，将标准化成果进行二次固化，以信息数据形式将其融入机关事务各项重点工作，强力助推标准贯彻实施落地。

一是建设平台打通数据。按照"标准化＋信息化"的理念和方法，实施标准化、信息化互动融合，建设全省"互联网＋机关事务"智慧管理（1+X）大数据信息化平台，实现各业务信息平台操作流程与标准体系中的规范流程匹配一致、与各项工作信息数据匹配一致。二是融合标准推动实施。将各标准体系和单项标准中可操作可量化的内容条款，嵌入到平台各项模块设置和程序选项，实现使用平台的同时，自动强制执行标准。三是丰富载体扩展应用。利用OA办公系统、移动终端App等信息化手段扩展标准成果应用，提高机关干部职工使用标准范围和频率，切实将标准融入日常业务工作实践中。

（三）兼顾"点面"发力，进一步确保体系完整、重点突出

围绕解决并兼顾平衡标准"有没有"和"好不好"问题，在重点标准引领示范基础上，逐步将标准化建设涵盖"机关事务全系统和机关事务工作全领域"。

一方面，着力打造重点特色专项标准。按照"固化做得好的和填补尚未有的"和"全省适用、工作基础扎实、制度完备或制度缺失"的原则，聚焦解决制约机关事务工作发展不平衡、不充分的突出问题，研究制定了涵盖公务用车、办公用房、公共机构节能、国有资产等核心业务工作的10余项重点专项标准，发挥单向优势，以"好"的标准助推发展。另一方面，深化拓展"6+N"标准体系。搭建涵盖节约型机关建设、机关运行经费管理、资产管理、公共机构节能管理、服务管理、局内部管理6个方面20余项内容的全域体系，并制定体系框架图和明细表。

（四）着力"地标"优先，进一步助推行业建设、影响扩大

围绕解决标准适用范围有限、多为内部性标准、行业实用性低、标准化工作影响面较窄等问题，优先打造省级、市级地方标准，进一步提升标准化在机关事务工作高质量发展中的重要支撑作用，扩大行业影响力。

一是推动重点标准提档升级。着力把机关事务重点领域、全省（市）适用的重点标准优先升级打造为地方标准。试点期间，发布了全国首个机关办公区物业管理省级地方标准——《机关办公区物业管理服务规范》，对市（州）和省直部门在购买服务、监督服务质量、规范服务市场等方面起到了积极指导作用。二是加强市级地标联动。绵阳市作为省市场监管部门确定的全省试点单位，发布了《公共机构合同能源管理与服务规范》等5个市级地方标准，有效规范了全市相关工作。三是加大地标申报力度。在现有地方标准取得良好效果的基础上，加大工作力度，梳理筛选出包括办公用房维修管理、机关食堂会议管理服务、能耗定额等15项标准，作为2019年度省级地方标准申请立项。

（五）整合"三级"力量，进一步助力统筹推进、系统发展

围绕解决机关事务标准重复建设、资源浪费、标准质量不高、标准不统一和标准"泛化建设"等问题，整合省市县三级资源力量，实行统一归口管理和统筹推进。

一是严把立项关口。按照"统一管理、分工负责"原则，会同省标准化主管部门印发《四川省机关事务标准化工作指南》，统一立项管理，明确责任分工，要求所有地方标准制定须向省管理局报送立项计划。二是统筹整合资源。暂停市、县自行制定机关事务标准体系和专项标准，聚力整合有限的人力财力智力资源。以市、县机关事务工作面临的重点问题、特色亮点工作、核心职能和亟待制定标准促进工作4个方面为破题点，将相关重点标准制定权限下放，指定当地开展地方标准和专项标准制定工作。三是分步分批试点。以"质量提升年"活动为契机，按照试点方案"分批打造、逐步推进、全面覆盖"的工作思路，分3个梯次部署市（州）试点，逐步全面推进，统筹全省机关事务系统标准化建设"一盘棋"格局。[1]

2. 当前机关事务管理标准化探索中存在的问题

纵观当前的机关事务管理标准化探索，其问题主要可以总结如下。

（1）标准总量偏低，标准供给侧改革有待加强

当前机关事务治理的基础领域，缺乏一个根本性的支撑标准和全国范围内的统筹规划，政府自觉制定、中央和地方一体适用的全国性标准不能及时供给，企业自主制定、快速反映机关需求的标准更不能有效供给，现代政府管理和服务业转型升级、提质增效的要求得不到满足。总体上讲，机关事务保障标准供给不足，缺口较大。

（2）标准体系还不完善，结构优化问题比较明显

现有的机关事务管理标准中，工程建设类标准相对较多，管理及服务类标准较少；面向自身管理的标准与要求相对较多，面向部门和干部职工的标准和要求相对较少；政府主导的标准较多，企业自主制定的标准较少；解决常规问题的标准较多，解决前瞻性问题的标准较少。全系统标准化建设碎片化、零散化的现象比较明显。

（3）标准宣传和贯彻的力度不够，标准的推广实施需要加强

标准化工作存在"重建设、轻实施"的现象，标准宣贯力度不足、措施不够。已有的标准中，有的科学化和合理性不够。一些标准的制定带有主观性和应急性，一些标准的制定缺乏科学的程序，还有一些标准的制定带有明显的团体和部门利益烙印。由于标准推广实施缺少行业监督评价机制和专业指导，有些标准没有得到严格认真执行，影响了标准的权威性。

---

[1] 四川省机关事务管理局. 从破解五大难题入手创新推进机关事务标准化建设[J]. 中国机关后勤, 2019（4）:19-20.

(4) 标准化工作机构和人才储备匮乏,难以支撑可持续发展

全行业标准化意识不强,福利性、供给制和领导意志比较浓厚,大多数情况下,人们习惯依行政命令办事,不习惯依标准制度办事。行业和系统内从事标准化工作的人员少,保障标准化工作机构、岗位及专业人才匮乏,难以支撑事业的可持续发展。

(5) 标准化工作机制有待完善,管理效能有待提升

改革开放以来,保障标准化工作主要在机关财务、经费管理、办公用房、职工住房、公务用车、公共机构节能、公务接待等方面展开,但具有明显的零打碎敲和应景救急性质,暴露出系统思考和顶层设计不够、标准类别总量不够以及标准作用发挥不够等问题,与保障标准化持续健康发展的要求不相适应。

(四) 未来机关事务管理标准化的探索路径

当前,机关事务管理部门正在积极实施标准化,并取得了一些成功经验,为全面开展标准化建设打下了基础。机关事务是国家治理体系的有机组成部分,坚持机关事务治理体系和治理能力的与时俱进、更加完善、不断发展是一个永恒的命题,也是摆在机关事务管理工作者面前的一份不会过时的"考卷"。

1. 机关事务管理部门要做好标准化的理论探索与顶层设计

机关事务管理标准化是一项系统工程,在起步阶段就要做好顶层设计。机关事务管理部门不断进行着改革创新,其理论研究工作亦日益得到重视、蓬勃开展,在国家层面快速推动。然而,机关事务管理的标准化却是一个新生事物,国家除了在"十二五"时期开展过公共机构的能源资源节约标准化探索和试点外,并未采取更进一步的措施推进其发展,既没有研究制定专门针对机关管理事务的国家和行业标准,相关理论基础也亟待充实。因此,要完成"十三五"规划确定的目标,为构建基本现代化的机关事务管理工作体系提供坚实的标准化支撑,就需要做好顶层设计,结合机关事务管理工作进行相关标准化理论的研究创新,为标准的制订和修订奠定坚实的理论基础。

让标准化在实践中发挥巨大作用的一个重要前提是将相关工作进行系统化和体系化的整合,形成科学合理的标准体系。首先,机关事务管理部门要尽快形成与"十三五"规划相适应的标准体系,做好相关标准化工作的顶层设计。制订的标准体系要做到各层级清晰、子体系全面涵盖规划重点、各级各类标准统一协调;也要考虑中央和地方在机关事务管理中的不同职责、权限及地域特色,将国家标准、地方标准和行业标准

进行统筹；还要合理界定机关内使用的标准和对社会购买服务发生联系所需要的标准之间的界限和联系。其次，机关事务管理部门要组织制订机关事务标准化管理办法，把一些标准化工作管理要求细化、明确化，划清各单位各部门职责，建立标准实施的责任制度。再次，要加强标准化队伍建设，强化技术能力支持，条件具备时，可组建"全国机关事务标准化工作组"，构建专家队伍，为机关事务管理标准化工作提供专业指导。最后，要建立一个标准化工作的信息平台，将标准化工作通过信息平台运行，把工作成效展示在平台上，为科学决策积累数据。

2. 机关事务管理部门要加强标准的实施与应用

标准的实施与应用是标准化工作的重要环节。首先，机关事务管理部门要大力推进重要标准的实施。标准发布后，既要在机关事务相关法规中直接参考引用，增强标准的使用效率，又要推进标准的公开工作，通过向社会公开标准，使其被纳入政府公共资源采购、公共服务资源交易平台、公务服务社会化的准入要求中，推进标准的应用，不断提高机关事务管理的规范化水平。其次，要开展机关事务管理标准化试点。可参照《社会管理和公共服务综合标准化试点细则（试行）》要求，推进机关事务管理标准化试点示范建设。在全国选取一批有基础、积极性高的市、区、县等试点单位

和试点机构,开展标准化建设试点,为全面推进机关事务标准化建设提供经验借鉴与示范引领。再次,要组织机关事务管理标准领跑者活动。研究建立并推行"机关事务管理标准领跑者"制度,鼓励各级机关事务管理部门追求更高标准,争做"风向标",以先进适用标准引领机关事务管理降本增效、服务质量升级。

机关事务管理工作涉及的对象广泛、流程复杂、层级盘错,这决定了机关事务管理标准化将是一个庞杂的系统工程,需要在较长的时间跨度内不断采用"计划(Plan)—实施(Do)—检查(Check)—行动(Act)"的方法(PCDA循环管理法)来推动体系的建设和完善。但由于时间和人财物力的限制,机关事务管理部门不能全面撒网、平均用力,而是要结合规划认真分析实践条件,重点开展急需标准的制定和修订工作。"十三五"期间的机关事务管理标准化工作应聚焦于基础性标准制定,如重要编码、术语和符号等标准的完善统一;还要与规划重点任务配合,完成资产配置、办公用房和公务接待等方面标准的研制;也要支撑重点改革,加快研究制订管理流程、公务用车、后勤服务等方面的标准。

【知识库 3-7】PDCA 循环管理法

PDCA 循环管理法是由美国质量管理专家休哈特博士首先提出的,这一方法由美国人戴明采纳、宣传,获得普及,所以又称"戴明环"。全面质量管理的思想基础和方法依据就是PDCA循环管理法。PDCA循环管理法将质量管理分为四个阶段，即计划（Plan）、执行（Do）、检查（Check）和处理（Act）。第一阶段包括方针、目标、活动计划等；第二阶段是对计划的实施；第三阶段是对实施结果的检查，以期把握效果、找出问题；第四阶段是处理，即对成功的经验与失败的教训进行总结，并使之"标准化""制度化"，使后一工作循环能发扬成功的经验，吸取失败的教训。在全面质量管理条件下，企业要实现质量管理"四个阶段"，必须是各个职能组织及职工个人的工作阶段和循环纳入企业的总体工作阶段和循环之中，根据质量管理"四个阶段"的螺旋上升循环工作法的构思，可以画出各式螺旋上升循环工作法的构思图。

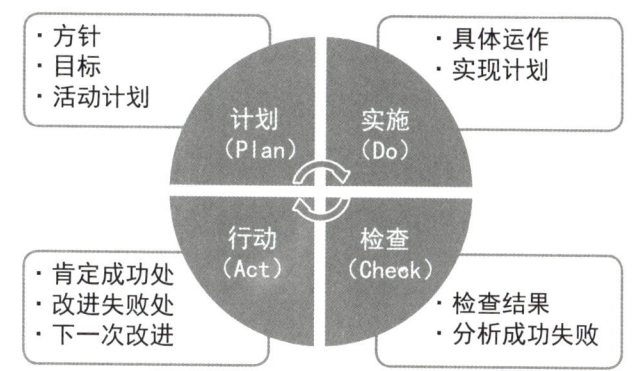

3. 机关事务管理部门要加强自我创新能力

机关事务管理标准化是政府工作的一项创新探索，机关事务管理部门要加强自我创新能力。"打铁还需自身硬"，机关事务管理部门需要注重理论研究和自身建设，开展机关事务管理标准化研究，培养机关事务管理标准化人才，加强标准化建设，保证机关事务管理标准化必要的投入。"标准化＋机关事务"是改革过程中的新事物、新举措，没有现成的路径可以走。因此，机关事务管理部门要加强自我创新能力，在机关事务管理的实践中摸索前行。现阶段应该开展如下工作。

（1）搭建专业技术平台

标准化工作需要有技术载体来推进，在推进机关事务管理标准化的过程中，可以适当吸收和采纳部分其他领域的标准化工作成果，但是大多数具有机关事务管理特色的标准还需要机关事务管理部门来参与研究和制订。为保证专业性和实用性，可以成立专门的机关事务标准化技术机构推动机关事务管理的标准化。可以先行依托新成立的全国机关事务管理研究会，下设标准化研究分会或工作组，吸纳管理部门、实践单位、研究机构和院校，形成相对固定研究团体，推动理论研究和体系构建。等到条件成熟以后，还可以与专业标准化技术机构合作，通过全国标准化主管机构，成立全国机关事务标准化技术委员会，推动机关事务管理的标准化。

（2）做好人财物力保障

机关事务管理工作的任务是为机关运行提供必要人、财、物保障。然而，作为机关内部运行的一部分，机关事务管理标准化工作自身也需要相应的人、财、物保障。为高效完成机关事务管理标准化工作，机关事务管理部门要倾注力量、集中资源，快速推动标准的研究和制订。机关事务管理部门要配合规划科学地设置合理的研究项目和标准制修订项目，也可以委托专业技术机构为承担主体工作，为其提供稳定的研究经费，调动各方力量共同完成项目的研究和标准的制订。

（3）推动实施试点示范

机关事务管理工作标准化的关键在于实践实施，即是否在具体工作中发挥作用。机关事务管理部门要注重标准制定发布后的实施应用。可以采取培训会等常规方式推动标准在机关事务系统中的实施，对相关机构和人员定期开展培训和考核，提升其标准化意识，规范标准化行为；对于重要标准和重点事项，应积极开展试点，用综合标准化思想将机关事务的重点工作支撑好、服务好，树立标准应用实施的标杆和典型，提高地方、部门对机关事务管理标准化工作实践的积极性；可以将试点成熟单位树立为机关事务标准化示范单位，在全国推广复制其科学合理的高效节约标准化管理模式。

4. 机关事务管理部门要加强标准化的舆论宣传推广

一方面，机关事务管理部门要加大重要标准宣传力度。在宣传时要注重广泛性、普及性，以通俗易懂、喜闻乐见的形式，宣传标准化知识，宣讲机关事务管理的重要标准。可以利用世界标准日、重要会议等活动，利用多种媒体手段，广泛宣传和深入解读机关事务管理领域的重要标准，如政府采购标准、社会化服务标准、节约型机关能效标准、服务保障标准等，形成认识标准、关注标准、使用标准的良好氛围。

另一方面，机关事务管理部门开展标准实施监督评价。按照标准化持续改进的内在要求，采用多种手段开展标准实施监督，并充分发挥内部监督和外部监督作用。其中内部监督主要指的是自我评价和改进，外部监督则主要指的是舆论、社会监督和第三方评价。条件具备时，还可引入第三方标准化专业技术机构进行评估，深入查找和分析标准在实施过程中存在的问题和不足，总结实施效果和实践经验，明确标准优化改进的重点和方向，不断提升机关事务管理标准化建设水平。

四、机关事务管理的信息化探索

2015年，国务院发布《关于积极推进"互联网+"行动的指导意见》，提出"互联网+"行动计划，将推动互联网发展纳入国家经济的顶层设计。一时间，"互联网+"概念骤然升温。为顺应"互联网+机关事务"发展战略，机关事务管理部门应努力实现机关事务管理的信息化，将机关管理事务同"互联网+"融合，提升机关事务管理部门的管理能力和服务保障水平，构建统一高效、弹性扩展、安全可靠、按需服务的机关事务管理体系。机关事务管理部门还应以互联网新思维、新技术、新应用为牵引，推进机关事务管理体系和管理能力的现代化进程，积极促进机关事务管理创新和服务创新。2016年，国家机关事务管理局发布《机关事务工作"十三五"规划》，明确了"十三五"时期机关事务管理工作的九大重点任务并提出："加快推进信息化建设。推进'互联网+机关事务'建设，利用信息技术及互联网平台，促进互联网与机关事务工作深度融合，建设电子政务专有云。统筹规划机关事务管理信息系统建设，有计划、分步骤推进机关财务、资产、房地产、公务用车、公共机构节能等业务信息系统建设，推动形成统一的业务协同管理、信息资源共享平台。推进大数据在机关事务工作中的应用，建设统一的机关事务数据中心，建立数据资源目录体系，形成数据资源共享清单和开放清单，推进机关事务数据共享开放。加强信息安全管理，强化信息系统分级保护和等级保护的保密安全防护措施，提升信息安全管控和运维管理水平，确保网络、应用系统和数据安全。"

信息化代表新的生产力和新的发展方向，已经成为引领创新和驱动转型的先导力量。加快信息化发展，拓展国家治理新领域，让互联网更好造福国家和人民，是我国践行新发展理念、破解发展难题、增强发展动力、厚植发展优势的战略举措和必然选择。党的十八大报告中，明确把"信息化水平大幅提升"作为全面建成小康社会的目标之一，并提出了坚持走中国特色新型工业化、信息化、城镇化、农业现代化道路，推动信息化和工业化深度融合、工业化和城镇化良性互动、城镇化和农业现代化相互协调，促进工业化、信息化、城镇化、农业现代化同步发展。综上所述，当前发展形势的变化，对机关事务管理的信息化探索提出了新的挑战。

（一）机关事务管理信息化探索的重大意义

《国家信息化发展战略纲要》明确提出了提高政府信息化水平的要求。机关事务管理部门要提升机关事务管理能力水平，需要顺应信息化发展大趋势，充分利用信息化手段，大力推动信息化建设。总体来说，机关事务管理信息化探索的重大意义主要如下。

1. 机关事务管理的信息化是经济社会和科技发展的必然趋势

信息化自二十世纪六十年代出现以来，随着经济社会和科技的飞速发展日新月异。随着互联网技术和人工智能技术的发展，特别是移动互联网技术和移动终端的普及，一大批先进的信息技术开始成熟，比如移动支付技术、智能硬件技术、物联网技术、大数据分析技术等。这些技术悄然改变着人们的生活，同时也日益深入地融入人们的工作，成为人们工作生活的重要工具和组成部分。为了适应机关工作模式创新发展的需要，机关事务管理部门必须坚持机关事务管理的信息化探索。信息化代表着新的生产力和新的发展方向，已成为引领创新和驱动转型的先导力量。在上述这种新形势的影响下，机关事务管理工作自然也面临着信息化的新任务和新机遇。机关事务管理部门所涉及的经费、资产、房地产、采购等工作，涉及面广、情况复杂、数量多，如果不进行信息化探索，根本无法满足现实的要求。因此，机关事务管理部门要充分认识"互联网+"、大数据的重要性，着力提升经费资产、公务用车、办公用房等方面的信息化水平，推进系统互联互通，发挥网络技术的乘数效应，推动管理手段创新。

2. 机关事务管理的信息化是改善管理保障服务效能的内在要求

机关事务管理工作面广、点多、线长，而且任务多、责任大、标准高、要求严，有的部门和单位工作粗放、不够精细，工作效率低。信息化能够实现动态化、即时化、便捷化，保证供需双方的及时联系、快速响应和无障碍沟通。机关事务管理的信息化能够深刻改进机关事务管理部门的工作方式，实现管理保障服务的有效供给和管控；同时，信息化以线下工作为基础，再造线上工作空间，具有全程留痕、刚性执行、动

态监管等优势,并可以通过实现过程管理、末端管理,提高工作人员积极性,减少甚至杜绝自由裁量,更好地履职尽责。机关事务管理部门可以通过加强手段信息化,推动机关事务管理的信息化建设,利用互联网扁平化、交互式、快捷性等优势,把工作人员从大量实物、海量信息中解放出来,实现管理精细化、保障标准化、服务规范化;通过将大后勤的工作生活模式转移到信息化平台上来,加快信息传播速度,扩大信息传播范围,保证信息传达精准及时;通过分级管理、分级响应,是信息的传播公开透明、井然有序,从而实现从分散管理到集中统一管理,充分发挥各处室和每个服务者的职能职责,促进管理转型、提高机关办事效率。

3.机关事务管理的信息化是科学决策和加强绩效评价的有力辅助

科学决策和有效的绩效评价离不开相关数据信息的支持和实证。推动机关事务管理信息化建设,有助于实现机关事务工作产品化、服务管理订单化、沟通反馈常态化和意见建议数据化,实现全时空、全要素的管理保障服务大数据积累,为管理层的科学决策提供依据,对执行层实施绩效评价提供支持、予以证实,从而实现"用数据决策""用数据说话"。建设机关事务信息化管理系统,可以记录并积累大量的机关事务管理保障数据,利用大数据分析技术来分析、总结、挖掘数据背后的规律,为机关管理的科学决策提供有效支持。此外,通过分析研究相关数据信息,能够更为清晰地掌握服务对象的需求特征,精准贴合需求,创新产品、整合资源、优化体验,提供更多更好的便利化、个性化服务保障,实现"用数据管理""用数据创新"。

4. 机关事务管理的信息化是提高机关事务管理人员素质能力的现实需要

当前，科学技术迅猛发展，技术更新换代速度加快，然而，机关事务管理部门工作人员的素质能力却明显滞后于科学技术的发展。很多机关事务管理部门虽然更新了办公设备，但是一些职工，特别是年龄较大的职工却不会使用，这造成了资源的浪费和工作效率低下。机关事务管理的信息化将倒逼机关事务管理部门的干部职工学习先进的技术和理念，树立创新意识和变革意识，快速地"懂技术""懂信息化"，从而提高机关事务管理干部职工队伍的整体素质。

【知识库 3-8】智慧后勤建设

智慧后勤建设，本质是以机关事务工作为基础，以信息为核心，运用互联网、大数据等信息化手段，打通线上线下空间，深化业务应用，构建面向服务对象的一体化在线服务保障管理体系。其目的是为了解决传统事业单位面临的办公区域分散、资源分布广、业务场景复杂、资产种类多、各部门独立建设、周期跨度大、技术平台不一致、独立部署、数据无法集中管理、集成交互难度大、缺乏统一管理，手工处理人员、资产、车辆、会议、设备、物业、水电缴费、食堂就餐、门禁安防等工作效率低下的问题。

推动智慧后勤建设，对建设信息化的机关事务管理系统，实现组织管理和日常办公从传统的手工模式向数字化、网络化、科学化方向转变，提高机关工作效率，实现政务公开透明，减轻劳动强度，节约办公经费，规范工作流程，增强监管力度，带动经济、社会领域的信息化建设都具有积极的意义。机关事务管理部门要充分利用物联网、云计算、大数据分析、移动互联网等新一代信息技术，以用户创新、大众创新、开放创新、共同创新为特征，以基础数据共享、各系统之间同步更新、相互联动为核心，再通过统一的数据库平台、统一的身份识别载体，来将分散的、孤立的各个部门的系统和数据集成起来，突破业务隔阂（部门壁垒），建设服务型电子政府，实现整个组织的协同办公。智慧机关建设方案主要包含人员信息管理、住宿管理、消费管理、访客管理、应急警报系统五大方面，具体说来，包括身份识别、来访登记、考勤、门禁、就餐、消费、补助发放、会议签到、电梯控制、车辆进出管理、电子巡更、住宿管理、自助洗衣、智能充电、班车收费系统、大数据平台、行为轨迹分析、营养膳食分析、人力资源管理、OA 管理系统等。

机关事务管理部门可以采用数据仓库、数据挖掘、知识库系统等技术手段建立智能决策系统。该系统能够根据需要自动生成统计报表；开发用于辅助政府决策的"仪表盘"系统，把经济运行情况、社会管理情况等形象地呈现在相关部门面前，帮助它们更精准地履行部门职责。

（二）当前机关事务管理信息化的成效及存在的问题

各级机关事务管理部门经过不断探索和实践，取得了一些成效，积累了不少经验，有效提高了机关事务保障和服务管理的工作效率和工作质量，有力促进了机关事务管理部门的党风廉政建设。但是，目前机关事务管理信息化的进程还不能完全满足新形势下机关事务工作发展的要求，仍存在一些问题。以下进行具体介绍。

1. 机关事务管理信息化的成效

近年来，机关事务管理的信息化探索在一些省市取得了显著的成效。

首先，实现了从增到减的节省，在控制成本的过程中最大化地实现了效能。如成都市机关事务管理局利用互联网技术，将资产管理和服务保障有机融合，从供给端发力，创建"虚拟公物仓"保障新模式，实现了传统实物仓储保障向互联网平台整合社会资源保障的模式转变。成都市机关事务管理局通过开发使用"虚拟公物仓"，实现了管理成本从增到减的节省，将"智慧后勤"的效能呈现得淋漓尽致。

其次，实现了从人工到智能的转化。机关事务管理信息化一大特征就是实现智能化、自动化、高效化。如天津市机关事务管理局2018年4月启动公务用车管理信息化系统，实现了车辆维修网上申请、车辆更新购置网上审批、车辆编制数据化及使用情况动态化管理等多种功能。此外，天津市机关事务管理局还自主研发搭建了天津市公共机构能源资源消费统计管理信息平台，实现了公共机构节能管理数据化，不断提升工作效能。

再次，实现了从单一到综合的提升。机关事务管理信息化追求的是在多个系统的相互作用中提高工作效能。如吉林省省直机关事务管理局经过10多年的信息化建设，实现了局内办公、业务管理信息化。借助省政府专网，将局内网与64个省直厅局、5个市（州）管理局进行联网，实现了房产、资产、房改等相关处室业务网上办理，提高了办公效能和管理水平。[1]

---

[1] 吴培兄. 大数据背景下机关"智慧后勤"建设探究[J]. 中国机关后勤，2019（4）：22-23.

【案例库3-5】无锡市运用物联网技术推进机关事务管理信息化

江苏省无锡市作为国务院批准建设的国家传感网创新示范区，率先运用信息化技术加快经济社会发展。无锡市机关事务管理局作为属地单位，积极利用优势，依托物联网技术，探索与机关事务工作的融合，着力建设智慧后勤，推进机关事务工作创新发展。目前，已完成办公用房、公务用车、公共机构节能智慧管理平台建设。智慧后勤"驾驶舱""微服务"等建设工作正稳步推进。智慧平台有效解决了事务繁杂、人少事多、点多面广及服务保障不及时等困难。2018年4月和6月，江苏省公务用车信息化平台建设工作现场会和中央国家机关资产信息化管理工作座谈会在无锡召开，无锡市机关事务管理局的经验做法得到肯定。

针对机关事务管理工作人员少、任务重、管理保障服务范围面广量大的状况，用信息化手段建立人机交互平台，如资产管理信息化系统、办公用房智能图形管理系统、智慧公车管理系统和市民中心感知能源监管平台，机关事务管理驾驶舱、变电所无人值守系统、电梯管理系统、明厨亮灶系统、智慧安防系统等，大大提高了工作效率。

一是RFID固定资产管理应用系统。无锡市市民中心建有13栋办公大楼和若干周边附属建筑，建筑面积达36万平方米，同时拥有6大类别、52000余件资产，分布在5000余个存放地点。面对资产数量众多、品种繁多、分布范围广的现实情况，无锡市机关事务管理局积极引进物联网信息化技术。在一般固定资产管理中引进使用RFID电子标签技术，在房产管理中开发党政机关办公用房智能图形管理系统，通过对信息化技术的应用，使传统资产管理工作跃上信息化发展快车道，不断探索机关事务管理新方法。RFID固定资产管理系统采用网页浏览服务器，可以随时随地通过电脑、手机等设备登录进行软件资产查询。同时，可按照存放地点打印资产清单与电子标签定位进行盘点。支持PDA手持设备离线、在线、RFID扫描盘点等多元化方式。根据录入的实际日期设置使用年限，在年限达到30天前将自动提示进行报废或续用操作。

二是房产智能图形管理系统。针对办公用房管理，研发了党政机关办公用房智能图形管理系统。系统拥有四大特点：通过记录房屋产权产籍信息，全方位统一监管办公用房；通过内置百度地图、航拍图、智能楼层平面图，实现"以图管房"；通过统计图形数据，直观掌握整体情况；通过自动核算管理人员用房是否超标，完成办公用房超标管理并作对比分析。办公用房智能图形管理系统的上线使用，使办公用房真正实现了智能化管理。

三是智慧公务用车应用系统。全面贯彻中央和省市公务用车改革工作精神，从配套政策、理顺机制、优化举措、创新方法四个方面入手，对公车的使用和管理进行深度探索。从2017年4月起，历时一年多，打造了特色化、经济化、智慧化的"互联网+"公车运行平台，初步建成智慧公车管理系统。系统共设有用车申请、资源管理、车务管理、运营管理、定位监控、电子围栏六大模块，优化实现了"分类保障、分级响应、多点申请、电话预约、平台零审批、自动化调度、智能监管、大数据管理"六大功能，实现了公车资源的协同、开放、共享和公车使用的简约便捷，全面提升了公车管理效能。

四是感知能源监管系统。2010年起，无锡市投资600余万元，建成市民中心感知能耗监管平台，通过能源综合管理、电能计量管理、给水计量管理、燃气计量管理和VRV空调计量管理五个子系统，对机关各单位用水、用电、用气等参数进行采集、传输、汇总、分析，实现实时监控、节能诊断、管理诊断，降低人力物力成本，让机关自觉养成节约风气。未来数字化感知能源监管平台还将为全市公共机构实行能耗定额管理探路，实现用能与节能、控制与管理的最佳结合；同时整合全市公共机构监管体系建设成果，逐步建立起无锡公共机构节能监管体系。

五是财务核算应用系统。这是集OA、网上报销、财务核算、内控信息化于一体的综合性平台，此平台主要体现以下三个方面特点：第一个是业务数据化。平台推行一站式服务、一张网办理的网上财务服务，扫描电子附件，简化报账流程，内控信息化贯穿全流程。立足节能环保，打造"档案瘦身馆"，通过将原始凭证扫描成电子附件，让财务档案也能瘦出"A4腰"。全流程的网上报账审核系统，将纸质审批单及流程迁移到网上进行审批，最大限度地节省了资源、时间和行政成本。第二个是数据共享化。采用数据共享、平台互通等智能化手段，提升数据的高效利用。通过网上报销流程，自动提取报销平台数据，生成相关财务凭证；通过接口资产管理系统，调取新增、减少、调拨固定资产卡片，自动生成资产凭证；通过装入决算报表模板，生成决算基础数据，与财政局决算报表相对接，自动完成数据填报。第三个是管理智能化。通过智能内控和实时预警，自动完成业务审核、报表分析、数据存储等工作，并及时反馈相应结果，供工作人员确认办理。

六是做好"指尖上"的后勤服务。与时俱进、因势利导地利用信息化技术手段实现后勤服务高效化、管理扁平化、沟通常态化，努力把服务做到极致、完美，着力打造"指尖上"的后勤微服务。餐饮微服务主要分为点心外卖、误餐预订、病号餐预订微服务等。公务接待微服务通过资源整合，方法创新，有效解决了接待经费不足、服务质量不好等突出问题。会务微服务将会议预订、会场布置、会中保障、会后反馈等环节构建模块化链接，根据各部门需求提供更加便捷的会务保障及个性化服务，实现资源共享，发挥资源的最大效能。设备报修微服务实现全过程监督、一站式服务、即时评价。花卉微服务可以通过微信平台订购鲜花、绿植或租摆绿植，还能利用公众号学习园艺方面的知识。管理微服务在平台上连接OA、设置微学习、办公车辆、生活健康、文化旅游、超市物业、金融财务、通信快递等6大类30多项微服务，为干部职工提供便捷服务。[1]

2. 当前机关事务管理信息化探索中存在的问题

为了解决难以形成规模效应的问题，全国各地的机关事务管理部门在机关事务管理信息化建设上都投入了不少的人力、物力、财力，从各自的实际出发，开发建设了机关事务管理信息化平台和各种应用软件，但是这些平台和软件大都"各自为政"，存在互联互通难、信息共享难、业务协同难、推广复制难等诸多问题，制约了当前机关事务管理的信息化建设。除此之外，还存在以下两个问题。

首先是动力不足的问题。在机关事务管理信息化建设过程中，机关事务管理部门

---

[1] 冯晓明. 运用物联网技术扎实推进机关后勤智慧化[J]. 中国机关后勤，2019（2）:14-16.

的干部职工存在动力不足的问题,产生这个问题的原因主要有三:一是怕麻烦。有些干部职工存在多一事不如少一事的思想,有些习惯于人工操作的职工对机关事务管理信息化建设抱着无所谓的态度。二是怕做不好。机关事务管理信息化建设毕竟是一项技术性很强的工作,大部分干部职工对计算机、互联网、云计算、大数据等这些技术缺乏基本的了解,在机关事务管理信息化建设上感觉无从下手,担心自己无法胜任。三是怕后续工作跟不上。在机关事务管理信息化建设中,建平台、上软件固然重要,但上线运行以后,还涉及后台的持续维护、持续升级,涉及网络的安全与管理,涉及资金的持续投入等。机关事务管理信息化建设是一项系统而复杂工程,需要单位上下的共同努力,也需要各相关方面的共同配合。如果广大干部职工动力不足,难免会产生畏难情绪,导致其参与机关事务管理。

其次是经费难以持续保证的问题。在推进机关事务管理信息化建设的过程中,机房的建设、平台的搭建、网络的铺设、软件的开发、持续的维护等各个方面,都需要有大量的资金投入。从实际情况看,机关事务管理部门在机关事务管理信息化建设上,并没有专门的财政经费,相应的其他配套资金也十分有限。这导致他们只能零零星星地开发一些简单的小系统,难以形成独立运行的综合平台。

(三)未来机关事务管理信息化的探索路径

党的十九大报告提出:"增强改革创新本领,保持锐意进取的精神风貌,善于结合实际创造性推动工作,善于运用互联网技术和信息化手段开展工作。"为了深入贯彻落实党的十九大精神和国务院文件精神,进一步推动机关事务管理信息化建设,充分利用互联网技术创新机关事务管理模式。各级机关事务管理部门在建设机关事务管理信息化的过程中,要统筹做好以下几方面的工作:

1. 重视机关事务管理信息化研究与顶层设计

机关事务管理信息化建设是机关政务信息化建设的重要组成部分,需纳入机关信息化建设的整体规划,加强顶层设计。建设机关事务管理信息化不仅要理清、捋顺机关事务部门的业务流程,还要充分调研机关核心业务部门的需求。首先,要认真总结梳理机关事务管理部门内部的服务流程,并将其标准化;其次,要充分调研机关事务管理部门的服务对象,全面了解其对后勤服务保障的需求;再次,要以科学严谨的调查结果为基础,结合本单位实际情况,明确机关事务管理信息化建设的目标,划分建设阶段,明晰建设项目,成熟一个建设一个,边建边用。机关事务管理部门应当根据

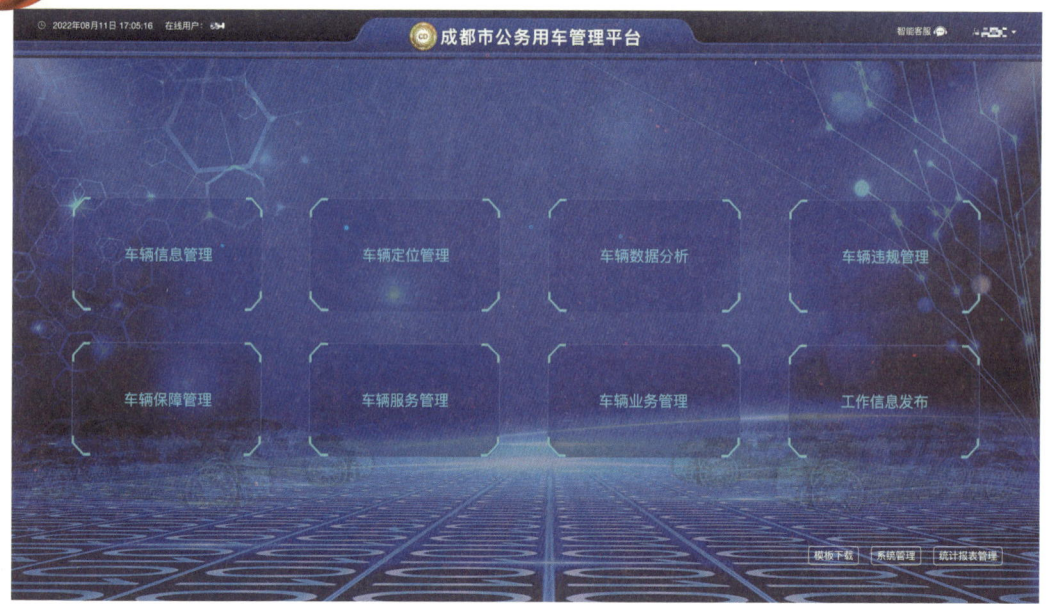

相关要求，立足各部门既有共性职能，充分考虑因执行政策和机构改革等原因造成的特殊问题，做好顶层设计，把能够统一的先统一起来，明确"规定动作"，避免各部门在建设"机关事务管理信息化"过程中，缺乏标准规范，建设方式、技术路线、数据接口各不相同，造成不必要的资源浪费，从而阻碍后续信息系统、数据的垂直整合和大数据分析。在财力有限的情况下，对于机关事务管理信息化建设要遵循整体规划、分步实施、持续改进的原则，在总体设计上力求高起点，在技术实现上力求前瞻性，既充分考虑现有的基础条件，满足近期需求，又适应长远要求，着眼于可持续发展。不可因为资金不够，就畏缩不前；也不可因为追求高大上，就盲目投入，造成不必要的损失。

首先，要建立"智慧后勤建设"交流平台。机关事务管理部门要尽快形成建设机关事务管理信息化的共识，全面推进后勤智慧化、信息化建设的态势，建议成立信息化专业研究会，进一步加强组织领导和理念引导，通过定期开展机关事务管理信息化的学习、参观、研讨活动，统一思想、营造氛围，为问题研究、成果展示提供必要的交流平台。

其次，要科学地设立研究课题。为了高标准地做好"机关事务管理信息化"建设的统筹工作，在建立"智慧建设"交流平台的基础上，根据各级部门对"机关事务管理信息化"需求和理解，科学设置相关研究课题，带着共性问题做研究，带着核心问题抓实践，提高"机关事务管理信息化"研究的科学性、针对性和时效性。

再次，要做好"大数据"应用研究。机关事务管理信息化建设的一个主要目的是促进管理的科学化、规范化，提高决策的科学化水平。科学管理需要科学决策，科学决策必然要依靠机关事务管理信息化建设实践中产生的大量数据，站在更高的层次上，组织开展机关事务管理的大数据应用研究。

2. 加大对机关事务管理信息化建设的支持力度

建立有效的领导体制机制是推动机关事务管理信息化建设的重要保证。机关事务管理部门要不断完善组织机构，建立分工明确、协调有力的工作机制；要强化考核监督，把机关事务管理信息化建设工作纳入绩效考核体系，明确各部门各工作人员的职责任务，形成机关事务管理信息化建设人人有责、人人参与的良好局面；要加强干部职工信息化知识的培训，培养互联网思维，使互联网体现出来的开放、平等、协作、共享的精神贯穿于机关事务管理和服务保障的各个领域，推动思想、组织、制度和环境协调创新。

一方面，机关事务管理部门要加大对机关事务管理信息化建设的财力支持。相较于社会服务的信息化发展，中央国家机关事务管理信息化建设的相对滞后与缺少必要的经费保障密切相关。当前，许多单位既没有将机关事务管理信息化建设纳入本单位信息化建设的大局，更没有提供经费支持。如教育部机关服务中心机关事务管理信息化综合应用系统的建设经费只能由本单位自筹。各级机关事务管理部门应当设立机关事务信息化建设专项经费，支持开展机关事务管理信息化建设，并在一定阶段和范围内，对先行先试的单位给予倾斜支持，大力推进机关事务管理信息化建设。此外，要结合国务院印发的《关于积极推进"互联网+"行动的指导意见》，围绕机关事务管理领域与互联网的深入融合和创新发展，出台相应的行动计划，制定相应的配套政策，以供各部门各单位在推进"互联网+"行动中统筹安排；要在人、财、物等方面给予一定的支持和帮助，尽量满足机关事务管理信息化项目建设和运营维护的资金需求。

另一方面，机关事务管理部门要加强对机关事务管理信息化建设的人才培养。当前机关事务管理的信息化建设之所以滞后于社会互联网技术的发展，主要是因为没有专业的人才队伍，缺乏人才支持。机关事务管理部门要补齐机关事务管理信息化建设的短板，统筹加强各部门信息化人才队伍建设，利用培训、交流、专题学习等方式，提升现有人才队伍水平，同时制定政策、提出要求，支持各部门积极引进人才，加强专业人才的培养工作,建设既具备互联网思维与技能,又精通机关事务管理的复合型人才队伍,改变现有的"懂业务不懂技术、懂技术不懂业务"的人才队伍结构。

3. 推进机关事务管理信息化相关措施尽快落地

第一,机关事务管理部门要推进基础设施建设。例如,要推动机关事务工作软硬件平台集约化建设和电子政务专有云建设,鼓励各级机关事务管理部门集中部署业务应用系统;要建设机关事务工作大数据中心和交换平台,构建机关事务工作统一的数据资源体系,制定实施数据标准规范,推进信息互认、共享和交换,形成大数据资源。

第二,机关事务管理部门要建设数据分析中心。机关事务工作大数据主要指的是人、财、物以及工作过程中形成的相关数据信息。由于机关事务管理工作十分繁琐,其所涉及的数据不仅规模大,而且形式多样,包括文字、图片、视频等,机关事务管理部门有必要依托机关事务管理信息化信息管理系统,建立大容量数据中心,实现对数据的统一管理。此外,还可以通过建立相应数据分析模型和数据决策模型,进行政策研究和重大决策的预测、推演,实现"以数据促业务、以业务抓数据"的良性循环。

第三,机关事务管理部门要构建动态调整体系,使机关事务管理信息化建设能够

充分体现方便用户、提高工作效能、提升管理与服务水平等建设目的，从而建立起动态的需求和评价调整体系。一方面，在机关事务管理信息化建设的过程中，要不断了解服务提供者、服务使用者以及管理者的新需求，对机关事务管理信息化建设项目进行重新定位、规划；另一方面，要定期对已实施的机关事务管理信息化建设项目进行动态测量、评价和控制，并大力推进、推广和复制，使其能够更好服务于核心业务，对于满意度低、未达到预期效果的项目，要及时做出调整。

第四，机关事务管理部门要深化核心业务应用系统。建设机关事务管理信息化，核心是线下工作网络化、数据化，重点是深化业务应用系统，以业务为主线驱动建设符合实际的机关事务管理信息化。机关事务管理部门要聚焦核心业务，建设财务管理平台，开展机关运行成本数据采集、统计和分析，实现"所有预算单位在系统中有序运行、所有财务人员在系统中规范操作、所有银行账户在系统中实时监控"的目标；建设资产管理信息系统，推动资产构建、使用、处置、交易、绩效评估等要素、全生命的周期管理；建设房地产管理信息系统，加强对办公用房、职工住宅、周转住房的规划、建设、调配、维修改造、处置等，实现"一张图"动态化管理；加快建设公务用车管理平台，实现公务用车统一管理、车辆使用统一调度和用车情况实时监督"一张网"。

第五，机关事务管理部门要加快构建一体化在线服务保障体系。坚持服务宗旨，打通线上线下空间，创新保障方式，以机关事务管理信息化推动服务保障水平迈上新台阶；梳理政府集中采购、公共机构节能、机关事务管理、住房资金管理等面向职工干部的服务保障事项，按照"应上尽上、全程在线"的要求，做到"三个凡是"标准，即"凡是能通过网络共享复用的材料，不得要求企业和群众重复提交""凡是能通过网络核验的信息，不得要求其他单位重复提供""凡是能实现网上办理的事项，不得要求必须到现场办理"。同时，要推进办事材料目录化、标准化、电子化，开展在线填报、在线提交和在线审查；建立网上预审机制，及时推送预审结果，对需要补正的材料一次性告知；涉及机关事务管理部门内部多家单位的事项，实行一口受理、网上运转、并行办理、限时办结，做到"单点登录、全网通办"。

第三节

走好新时代机关事务管理的长征路

"红军不怕远征难,万水千山只等闲。" 八十多年前,英勇的红军将士苦战于穷山恶水间,笑对饥寒交迫,克服各种困难,冲破敌军重重封锁,胜利实现了军事上的转移和政治上的转变,挽救了党,挽救了革命,使中国从此走上光明的道路。从那时起,伟大的长征和长征所熔铸、锻造的长征精神,成为中国共产党先进性的真实写照,成为中国共产党革命精神的重要源头,教育和鼓舞了一代又一代中国人。各级机关事务管理部门积极学习和继承长征精神,推进党的先进性建设,紧密联系机关事务管理工作改革与发展的实际,不断完善政务公开、科学民主决策、绩效评估制度,努力推进机关自身建设和管理创新,进一步增强执行力和公信力。进入新时代以来,我国机关事务管理经历过数次重大改革,为我国的各项重大活动做出了突出贡献。放眼当下,新时代的"长征路"才刚刚开始,新时代机关事务管理的建设亦刚刚启航。

一、重大改革中的机关事务管理

2012年10月1日,我国第一部关于机关事务管理的法规——《机关事务管理条例》正式实施,是机关事务治理制度变迁的关键节点,为新时代机关事务管理的发展拉开了序幕。无论是国务院对机关事务管理机构进行的直接改革,还是党政机关改革引发的机关事务管理相关体制改革,都对新时代机关事务管理的发展产生了较为深远的影响。

(一)国务院机构改革与机关事务管理

根据党的十八大和十八届二中全会精神,深化国务院机构改革和职能转变,要高举中国特色社会主义伟大旗帜,以邓小平理论、"三个代表"重要思想、科学发展观为指导,按照建立中国特色社会主义行政体制目标的要求,以职能转变为核心,继续简政放权、推进机构改革、完善制度机制、提高行政效能,加快完善社会主义市场经济体制,为全面建成小康社会提供制度保障。

党的十一届三中全会以来,国务院机构经过六轮改革,形成了基本适应社会主义市场经济体制的组织架构和职能体系。近年来,国务院机构改革和职能转变取得新进展,行政审批制度改革继续推进，宏观调控体系逐步健全，市场监管、社会管理和公共服务职能进一步加强，一些重要领域管理体制不断完善，大部门制改革迈出重要步伐，政务公开和行政问责力度加大，依法行政取得新成效。通过不断改革，我国行政体制逐步完善，为推动科学发展、促进社会和谐提供了有力保障。

同时，现行行政体制仍存在许多不适应新形势新任务要求的地方，国务院部门在职能定位、机构设置、职责分工、运行机制等方面还存在不少问题。主要是：职能越位、缺位问题依然突出，不该管的管得过多，一些该管的又没有管好；职责交叉、权责脱节、争权诿责现象依然较多，行政效能不够高；机构设置不够合理，一些领域机构重叠、人浮于事问题依然存在；对行政权力的制约监督机制不完善，不作为乱作为、以权谋私、贪污腐败等现象尚未得到有效遏制。这些问题，需要通过深化体制改革、完善制度机制特别是职能转变加以解决。

2013年3月，根据第十二届全国人民代表大会第一次会议审议批准的《国务院机构改革和职能转变方案》和国务院第一次常务会议审议通过的国务院直属特设机构、直属机构、办事机构、直属事业单位设置方案，国务院将"国务院机关事务管理局"更名为"国家机关事务管理局"，作为国务院直属机构。2014年，国家机关事务管理局增加了承担全国人大机关、全国政协机关、各民主党派中央部级干部住房和公务用车管理工作。

（二）党政机关制度改革与机关事务管理

近年来，党中央、国务院先后提出中共中央八项规定、六项禁令和反"四风"，

对党政机关中的相关制度进行了一系列改革,并出台了《党政机关厉行节约反对浪费条例》《党政机关国内公务接待管理规定》《党政机关公务用车管理办法》《党政机关办公用房管理办法》等,上述文件中的很多内容都涉及机关事务管理,下文将一一梳理。

1.《党政机关厉行节约反对浪费条例》与机关事务管理

为进一步弘扬艰苦奋斗、勤俭节约的优良作风,推进党政机关厉行节约反对浪费,建设节约型机关,中共中央、国务院根据国家有关法律法规和中央有关规定制定《党政机关厉行节约反对浪费条例》。该条例由中共中央、国务院于2013年11月18日印发实施。《党政机关厉行节约反对浪费条例》是党的群众路线教育实践活动建章立制的重要成果,是党政机关做好节约工作、防止浪费行为的总依据和总遵循,对于推进厉行节约反对浪费工作制度化、规范化、程序化,从源头上狠刹奢侈浪费之风,具有十分重要的意义。《党政机关厉行节约反对浪费条例》的出台,使各级机关事务管理部门充分认识到了厉行节约反对浪费的重要性和紧迫性,推动它们充分发挥机关事务管理职能,切实把厉行节约反对浪费摆在突出位置,抓紧抓好。

《党政机关厉行节约反对浪费条例》涉及经费管理、国内差旅和因公临时出国(境)、公务接待、公务用车、会议活动、办公用房、资源节约等机关事务管理的各个方面,机关事务管理部门坚持加强日常工作和生活的监督管理,充分发挥自身职能,真正做到了"勤俭办一切事业"。在经费管理上,坚持"先有预算,后有支出"的原则,严格控制机关运行经费;在公务接待和公务用车上,坚持深化改革的原则,积极倡导政府购买服务,推进服务社会化改革;在国内差旅和因公临时出国(境)管理上,坚持从严从俭原则,严格规范公务差旅和会议等活动;在办公用房管理上,坚持集中统一原则,进一步加强办公用房管理;在资源节约管理上,坚持节约集约利用原则,切实加强全过程的节约管理工作。

2.《党政机关国内公务接待管理规定》与机关事务管理

为了落实《党政机关厉行节约反对浪费条例》相关要求,巩固党的群众路线教育实践活动整改成果,切实强化公务接待管理,中共中央办公厅、国务院办公厅对2006年印发的《党政机关国内公务接待管理规定》进行了全面修订,旨在解决党政机关国内公务接待活动中存在的突出问题,完善制度和标准,创新管理机制,推进社会化改革,强化监督问责，为加强党政机关厉行节约反对浪费工作，改进工作作风，树立党和政府良好形象提供有力支撑。2013年12月8日，中共中央办公厅、国务院办公厅印发了新一版《党政机关国内公务接待管理规定》，并发出通知，要求各地区各部门遵照执行。党的十八大以来，新一届中央领导集体对公务接待活动出现的问题高度重视，明确要求完善公务接待制度，严格控制接待标准和项目，坚决杜绝铺张浪费之风，切实遏制公务接待等公款消费中的各种违规违纪违法现象。

《党政机关国内公务接待管理规定》提出了3个方面13项新举措。一是源头管控，双向约束，从起点和源头压减公务接待活动数量。《党政机关国内公务接待管理规定》提出：严格公务外出管控。要求各级党政机关加强公务外出计划管理，科学安排和严格控制外出的时间、内容、路线、频率和人员数量。公务外出确需接待的，派出单位应当向接待单位发出公函，告知内容、行程和人员。严控接待范围。明确要求接待单位严格审批控制，无公函不接待，探亲、旅游、休假等因私活动不接待；对能够合并的公务活动统筹接待；不得用公款报销或支付应由个人负担的费用。建立接待清单制度，实现接待"留痕"。接待单位应当填写反映接待对象的单位、姓名、职务和公务活动项目、时间、场所、费用等内容的接待清单，作为报销凭证之一，留存备查。二是明确标准，综合治理，简化和规范公务接待活动。《党政机关国内公务接待管理规定》提出：简化接待礼仪。明确规定地区、部门主要负责同志不得参加迎送，不得层层多人陪同。限制接待住宿房型，接待对象自负住宿费用。住宿用房以标准间为主，接待省部级干部可以安排普通套间，不得额外配发洗漱用品。从严控制接待用餐的次数和陪餐人数，严格限制用餐地点和消费内容。规范警卫安排。尽可能缩小警戒范围，不得违反规定管控交通，不得清场闭馆。接待费全部纳入预算管理，合理限定接待费预算总额，单独列示。接待费开支标准参照会议等标准分地区制定并进行动态调整。严格接待费报销管理。明确报销凭证种类，具备条件的地方应当采用银行转账或公务卡结算，不得以现金方式支付。三是全面公开，强化问责，坚决杜绝公务接待中的"破窗效应"。《党政机关国内公务接待管理规定》提出：县以上各级党政机关全面建立接待信息公开机制，接受社会监督。建立立体式的接待工作监督检查体系，明确监督检查内容。将接待工作纳入问责范围，强化责任追究和惩处，涉嫌犯罪的，移送司法机关依法追究刑事责任。

3.《党政机关公务用车管理办法》与机关事务管理

2014年7月16日,中共中央办公厅、国务院办公厅印发了《关于全面推进公务用车制度改革的指导意见》和《中央和国家机关公务用车制度改革方案》。2017年12月,中共中央办公厅、国务院办公厅印发《党政机关公务用车管理办法》。该办法由6章组成,分别为总则、编制和标准管理、配备和经费管理、使用和处置管理、监督问责、附则,共31条,由国家机关事务管理局、中共中央直属机关事务管理局会同有关部门负责解释,自2017年12月5日起施行。中共中央办公厅、国务院办公厅2011年1月6日印发的《党政机关公务用车配备使用管理办法》同时废止。

在《党政机关公务用车管理办法》的指导下,各级机关事务管理局围绕建设廉洁型、节约型机关的要求,坚持社会化、市场化方向,转变传统的公务用车运行管理方式,合理有效地配置公务用车资源,创新公务交通分类提供方式,实现公务出行便捷合理、交通费用节约可控、车辆配置规范透明、监管问责科学有效,基本形成符合国情的新型公务交通保障方式。自2011年开展党政机关公务用车问题专项治理工作以来,全国共清理出违规公务用车19.96万辆,中央和国家机关本级一般公务用车压减达35%,公务用车中出现的超编超标、占用借用等问题得到有效遏制。[1] 近年来,为了进一步解决公务用车管理中存在的"公车私用"等问题,党中央、国务院强调要全面推进公务用车制度改革(简称"公车改革")。按照中央公车改革领导小组的要求,中央和国家机关取消的公务用车,由国家机关事务管理局和中共中央直属机关事务管理局统一

---

[1] 本刊记者.公车改革稳步推进[N].民主与法制,2012(19):3.

规范处置。处置的全过程要始终坚持公正公平、集中统一、充分竞争、规范透明、避免浪费的原则,做到"公开招标、公开拍卖、公开结果"。2014年8月,国家机关事务管理局和中共中央直属机关事务管理局已启动公车处置的招投标工作,以公开招标的形式确定了9家车辆处置的鉴定评估、拍卖和解体企业,做到了处置机构之间的充分竞争。2015年,国家机关事务管理局、中共中央直属机关事务管理局组织政府采购招标确定的3家车辆鉴定评估机构对封存公车进行核查验收,规定除必须报废的车辆外,其他车辆一律面向全社会公开拍卖,阳光处置。为保证公开公平公正,有关部门还加强了对车辆处置工作的审计监督,欢迎社会各界参与监督;加大公车处置中违规行为的惩处力度,对造成国有资产流失的,依法追究相关人员责任,车辆处置收入全部上缴国库。

4.《党政机关办公用房管理办法》与机关事务管理

2017年12月11日,中共中央办公厅、国务院办公厅印发了《党政机关办公用房管理办法》。该办法由8章组成,分别为总则、权属管理、配置管理、使用管理、维修管理、处置利用管理、监督问责、附则,共40条,由国家机关事务管理局、中共中央直属机关事务管理局、国家发展改革委和财政部负责解释,自2017年12月5日起施行。其他有关党政机关办公用房管理的规定,凡与本办法不一致的,按照本办法执行。

《党政机关办公用房管理办法》的出台是巩固办公用房清理整治成果、根治办公用房领域违规问题的现实需要。2013年7月,中共中央办公厅、国务院办公厅印发《关于党政机关停止新建楼堂馆所和清理办公用房的通知》,各级党政机关在该通知的指导下深入开展清理整治工作。为了保证清理整治工作的成效,各级党政机关迫切需要建立办公用房管理长效机制。《党政机关办公用房管理办法》便是在此背景下出台的,它全面梳理了各类政策文件,构建了党政机关办公用房集中统一管理体制,对清理整治工作中发现的易发多发问题作出了相应的制度安排,进一步完善了管理措施,落实了监督责任,织密扎紧了制度的"笼子"。《党政机关办公用房管理办法》的制定和实施,持续巩固和深化了清理整治工作的成果,从源头上解决了办公用房领域的违规问题,防止顽症痼疾"反弹回潮"。

办公用房是党政机关的基本工作场所,是党政机关运转的重要物质保障。《党政机关办公用房管理办法》进一步提升机关事务管理法治化水平、更好地为党政机关提供高效保障的有力支撑。《党政机关办公用房管理办法》进一步厘清了相关部门权责义务，明确了机关事务管理部门在办公用房管理中的职能定位，为机关事务管理部门更好地依法履行服务保障职责，切实做好各级党政机关办公用房配备、使用、维修、处置等工作，提供了制度基础和重要遵循。《党政机关办公用房管理办法》的制定和实施，有效提升了党政机关办公用房管理的制度化、规范化、科学化水平，进一步强化了厉行节约理念，提高了办公用房资源配置使用效率，促使机关事务管理部门更好地为各级党政机关运转提供高效保障。

二、重大活动中的机关事务管理

进入新时代以来，我国开展了一系列重大活动，包括一年一度的全国两会、新中国成立70周年庆典、纪念抗日战争胜利70周年等。随着我国的国际影响力日益增强，我国也承办了许多重大的国际会议和活动。这些活动的成功举办，都离不开各级机关事务管理局的努力。各级机关事务管理局以高度的责任感和使命感，精心组织、周到服务，圆满保障了各类活动的顺利进行，得到与会嘉宾的高度赞扬。下面将列举一些重大活动纪实，以彰显各级机关事务管理部门的努力拼搏精神。

（一）国家机关事务管理局2021年全国两会保障工作纪实

2021年是实施"十四五"规划、开启全面建设社会主义现代化国家新征程的第一年，全国两会关系全局，意义重大，国家机关事务管理局作为承担全国两会总务工作的重

要部门,使命在肩、义不容辞。大会期间,国家机关事务管理局以习近平新时代中国特色社会主义思想为指引,以高度的政治责任感、使命感全力以赴做好全国两会服务保障工作,圆满完成习近平总书记在友谊宾馆看望政协委员并参加联组会的服务保障任务,以实际行动为"十四五"时期机关事务工作开好局、起好步,贡献了力量。

1. 全方位周密部署,提升高度精度深度

根据十三届全国人大四次会议、全国政协十三届四次会议统一安排,国家机关事务管理局负责首都宾馆、国二招宾馆、内蒙古大厦、河南大厦、湖北大厦等五个人大会议接待驻地和友谊宾馆政协会议接待驻地的接待服务工作,共接待超过总人数1/4的人大代表和政协委员。国家机关事务管理局及所负责各驻地适应疫情防控常态化形势,科学统筹、提早谋划,周密组织、强化配合,全力做好服务保障工作,以实际行动确保了2021年全国两会胜利召开。

突出"高"度,从讲政治的高度服务保障全国两会。做好全国两会服务保障工作是国家机关事务管理局的重要政治任务。2021年初以来,党组书记、局长李宝荣多次主持召开会议,听取大会服务保障准备情况汇报,对提供优质服务、严格疫情防控、加强安全保密、确保食品卫生等方面做出明确指示,特别是对习近平总书记在友谊宾馆参加政协联组会服务保障工作提出具体要求,细致周到做好各项工作,确保大会安全平稳、万无一失。同时,第一时间成立2021年全国两会接待服务工作领导小组,组织落实国家机关事务管理局承担的各项任务,为做好接待服务工作提供组织保障。

突出"精"度，广泛动员全情投入。国家机关事务管理局广泛动员、上下一心，局党组以身作则、靠前指挥，李宝荣局长多次赴驻地检查接待服务工作准备情况，看望驻地工作人员，听取筹备工作汇报，协调解决突出问题。会议期间，党组成员、副局长赵峰涛、和培林驻守宾馆，一线指导接待驻地抓服务、抓防疫、抓安全，确保服务保障工作落实落细。局属各单位认真贯彻落实局党组和大会秘书处总务组各项要求，明确责任分工、强化协调配合，扎实做好各项工作。各驻地广大干部职工立足本职岗位，发扬劳模精神、劳动精神、工匠精神，全身心投入一线服务之中。

突出"深"度，在精细优严准备上更进一步。各接待驻地按照局党组和大会秘书处总务组统一安排部署，结合疫情防控和安全工作要求，第一时间召开动员部署会。一是进一步健全机制。成立接待服务工作领导小组，设立专项工作组，分别制定值班、接待、客房、餐饮、设备、安保、物资、宣传等细化工作方案，为顺利完成服务保障工作提供了细致严密的机制保障。二是进一步落实闭环管理。严格按照大会疫情防控要求，所有上会工作人员全部接种疫苗，核酸检测全部为阴性；设置无接触物品缓冲区，严格消杀，保证物品安全交接。三是进一步统筹协调。从局属单位抽调工作人员支援一线，结合服务保障需求和疫情防控要求，组织开展安全服务、保密教育、疫情防控等专项培训。四是进一步督导检查。对水电热气等各项设备设施进行拉网式检测维修，配合属地卫生、文旅、城管等部门开展督导检查，补足补齐短板弱项，确保各项工作落到实处。

2. 用心用情服务，造就放心暖心安心

2021年全国两会在疫情防控常态化形势之下召开。如何在符合防疫要求下，最大限度地提升服务保障水平，依然是各驻地需要解答的一个重点问题。各驻地认真贯彻落实局党组和大会秘书处总务组的部署安排，一手抓防疫、一手抓服务，兼顾厉行节约、节俭办会，给代表委员提供高质量服务。

严格防疫不打折，放心。方形餐桌设置为"考场课桌式"、圆形餐桌设置隔板、分批次错峰用餐，对客房、大堂、餐厅、会场、电梯等区域进行大规模、系统性清洁消杀，餐厅、会场入口安排专人测温，房间配备消毒包、设置"一米线"……这些防疫措施已成为"驻地标配"。在多次大会防疫经验基础上，2021年全国两会的防疫措施更显成熟顺畅，甚至在一些方面做到了"无感测温、智慧防疫"。"这是您的核酸检测条码,请您到宾馆时直接贴到试管上",在迎接大巴车上,核酸检测条码就已准确发放到了每一位代表和工作人员的手中。首都宾馆多次组织模拟演练,优化检测流程,提高检测效率,实现30分钟内完成所有代表及随团工作人员的核酸检测工作。内蒙古大厦、河南大厦用科技助力防疫,引进中央空调净化杀毒系统,净化空气的同时完成消毒;在代表房间内放置紫外线消毒收纳盒,随时消杀随身物品;送物、消杀智能机器人穿梭在各楼层,最大程度实现无接触服务。

细致周到做服务,暖心。由于实行闭环管理,除去大会堂参加全体会议外,代表委员只能在驻地封闭范围内活动。各驻地于细微处下功夫,用真情暖人心,让代表委员感受到"家"的温暖。友谊宾馆根据往届会议客史档案,精心检查布置房间,提供添加棕垫、晾衣架、荞麦枕、老花镜等个性化服务,并为不同民族的委员提供具有民族特色的服务,让他们宾至如归。"三八"国际劳动妇女节当天,湖北大厦为女代表准备了特别的礼物,由工作人员亲手送到代表手中,感谢她们对国家和人民的贡献和付出,也让每位代表感受到浓浓暖意。

严防"舌尖上的浪费",安心。为深入贯彻落实习近平总书记关于制止餐饮浪费行为的重要指示精神,李宝荣作为全国政协委员专门提交了关于常态化制止餐饮浪费的提案,建议加快推进法治建设,切实履行主体责任,发挥机关带头作用,持续加强宣传教育,常态化制止餐饮浪费行为。《人民日报》以"常态化推进'光盘行动'"为题,摘要刊发了提案。节约粮食、制止餐饮浪费行为成为代表委员们的共识。在接待服务过程中,各驻地严格遵守中央八项规定及其实施细则精神,积极倡导"光盘行动",以实际行动制止餐饮浪费行为。从菜品结构上下功夫,合理搭配每日菜品,根据地域差别定制菜单,避免因口味差异造成浪费。从流程优化上下功夫,厨房与餐厅前后联动,合理补充餐台菜品,严防超量供应造成浪费;严控订货数量,食品粗加工采取主辅料分开加工方式,保证物尽其用。从食材利用上下功夫,加强厨师烹饪技能培训,细化食材管理减少损耗;开辟"边角料专区",充分利用食材边角料开发凉拌西瓜皮、脆爽白菜干、一品菜根香等爽口小菜。从宣传引导上下功夫,在醒目位置张贴"厉行节约、反对浪费"标语,电子屏幕上不间断滚动播放光盘行动、拒绝"剩"宴的宣传视频,服务人员及时提醒勤拿少取……一系列措施营造了简约温馨、朴素务实的就餐氛围,大力弘扬勤俭节约优良传统,在驻地刮起了一阵阵文明新风。[1]

---

[1] 国家机关事务管理局.开局之年话两会 国管服务显担当——国管局服务保障2021年全国两会综述[EB/OL].(2021-03-11)[2021-08-22].https://www.ggj.gov.cn/ztzl/2021qglh/fwbz/202103/t20210311_32039.htm.

（二）厦门市机关事务管理局服务保障金砖国家领导人厦门会晤纪实

厦门市机关事务管理局作为2017年金砖国家领导人厦门会晤后勤保障部和交通服务保障工作指挥部筹备组牵头单位，负责车辆保障、办公设施保障、交通协调保障、行政中心安保工作，以及新闻中心媒体记者、核心区域工作人员、办证中心工作人员用餐保障等任务。厦门市机关事务管理局坚持服务大局毫不懈怠、遇到难题决不退缩、重点保障决不含糊，举全局之力，统各方力量，圆满地完成了各项服务保障任务，实现了车辆、餐饮、物资保障零差错、零事故、零投诉。外交部、公安部等国家部委分别以送锦旗、致感谢信等方式对厦门市机关事务管理局的服务保障工作表示了肯定。

1.举全局之力，统筹协调保障力量

会晤筹备及会晤期间，厦门机关事务管理局承担了6个部组工作任务，服务保障点多面广，协调难度大，为确保各项工作有效落实，坚持举全局之力，统筹各方力量，团结协作，共同保障。

一是全员参与，分工负责。局主要领导统筹协调各指挥部部长、指挥长，其他局领导分别担任车辆保障组、物资保障组、综合保障组、联络协调组、工作人员用餐保障组、办公设备保障组组长，各部门人员按照职能划分到各工作小组，全员上阵参与保障。筹备期间，全局81人次主动放弃休假、外出，会晤演练及举办期间，20多人连续近一个月食宿在工作一线。

二是统筹协调，建立机制。及时成立后勤保障部、交通服务保障工作指挥部组织架构，明确成员单位分工，确保各项保障工作责任落实。建立了请示报告、问题反馈、专题协调、督促检查和联络员制度，完善各类应急预案，形成快速高效的指挥协调机制。厦门机关事务管理局牵头负责的22个支撑项目全要素全流程演练取得圆满成功，相关演练流程固化为会晤保障的工作流程。

三是主动对接，密切配合。抽调后勤保障部有关成员单位精干人员组成"后勤保障部办公室"，主动对接市筹备办、各成员单位，处理日常工作，加强联动配合，确保各项工作在第一时间得到有效执行。特别是食品总仓供应链建设，存在职能交叉、涉及单位多协调难等问题，厦门机关事务管理局主动对接协调，确保了该项工作无缝衔接。

2. 抓保障重点，注重提升质量效益

车辆征集调度、交通保障协调、各部办公设备保障、食品总仓建设、礼宾车队保障、重点区域用餐等是后勤保障部、交通服务保障工作指挥部工作的重点，不仅标准要求高，开支财力物力也较大。为此，厦门市机关事务管理局按照"精严细实"的标准，既严格把关确保质量，又坚持勤俭办会原则，想方设法多渠道节约成本，节省财政开支。

一是争取社会力量赞助支持。向有关汽车厂商征用车辆。本次征集保障用车中，各汽车厂商赞助车辆占保障车辆65.3%，大大节约了资金；协调相关企业赞助工作人员食品、饮料、用品等，极大地节约了财政开支。

二是以租代购减少开支。对保障用车、各部办公设备、办公桌椅,以及部分场馆使用的视频设备、厨具等可重复使用的物资,采用租赁方式进行保障;对需要拆除的设施,采取以料抵工方式进行结算等。

三是利用科技手段降支提效。公共交通保障依托公交集团"掌上行"系统提供网约车保障;针对车辆保障调度量大的实际,开发"车辆监控调度指挥平台",提高了保障车辆调度效率和准确率,既节约了人工成本,也提高了车辆使用率。会晤举办期间,调度保障用车5.6万台次,安全行车112万公里,实现了零事故、零差错、零投诉。[1]

四是统筹规划择优采购。主动对接各工作部,了解保障需求,统筹制定保障计划,优化保障方案,实现了保障集约化、精细化管理。在车辆保险、服装采购、物资供应、场馆建设等方面,货比三家,廉字当头,严格把关,择优采购。

3. 集众人之智,攻坚克难解决问题

由于首次承担如此重大保障任务,许多工作只能是摸着石头过河。为此,厦门机关事务管理局不畏困难,注重发挥集体智慧,想方设法攻坚克难,解决问题。

一是建立协调解决问题工作机制。针对成员单位多、部分职能交叉、需要多部门协作等问题,通过分管市领导协调、工作例会、实地调研等方式,随时发现问题,研究问题,形成高效的解决问题机制,确保发现问题不拖延,解决问题不过夜。

二是主动作为破解难题。抢抓工作节点和时序进度,主动协调,多方调研,食品总仓选址和供应链建设、礼宾车队停车场选址、保障车辆接收和安保、交通运行保障、驾驶员生活服务保障等工作难点问题,都逐个得到了及时有效解决。坚持任务就是命令,加班加点,连夜奋战,提前完成赞助车辆2180副铁制车牌更换安装工作、连夜完成警戒区域内接驳摆渡22名工作人员临时集中入驻的生活保障、连夜组织完成人民会堂停车场400余台车辆转移工作等紧急任务。会晤期间,协调漳州、泉州市交通运输局紧急调用保障用车57台次。

三是突出抓好安全稳定。坚持把维护市行政中心安全稳定作为重中之重,加强同公安、信访、武警及安保中队协调,全面做好信访排查处置;深入开展机关办公楼、使用醇基燃料、机关办公区域消防、安全生产等大检查工作,以及信息、网络、保密安全检查等,落实安全管理责任,加强巡查巡视,严格落实会晤期间安全管控措施,

---

[1] 卞加海.厉兵秣马服好务 精严细实抓保障——厦门市机关事务管理局服务保障金砖国家领导人厦门会晤侧记[J].中国机关后勤 2017(11):20-23.

第三章 光荣的发展：守正创新与砥砺前行
Chapter Three : Keep innovation and forge ahead

确保了重点部位、重要工作安全稳定零事故。[1]

（三）湖北省各级机关事务管理部门疫情防控和服务保障工作纪实

新冠肺炎疫情发生以来，湖北省各级机关事务管理部门坚持以习近平总书记关于疫情防控工作的系列重要指示精神为指导，按照坚定信心、同舟共济、科学防治、精准施策的总要求，全面落实中央和省委省政府的各项决策部署，始终保持"战时"状态、"冲锋"姿态，主动发挥职能作用，压实疫情防控责任，多措并举做好疫情防控和服务保障工作，凝心聚力、科学施策、积极作为、冲锋在前，汇聚起共同抗击疫情的强大合力，为打赢疫情防控阻击战贡献湖北机关事务人的力量。

1. 全力以赴做好援鄂医疗队保障服务工作

援鄂医疗队是湖北抗疫的宝贵资源，各级机关事务管理部门坚决落实习近平总书记关于"医护人员是战胜疫情的中坚力量，务必高度重视对他们的保护、关心、爱护"的重要指示精神，带着责任和感情扎实做好服务保障各项工作，切实维护医疗队员的健康安全。2020年2月19日下午3时，湖北省机关事务管理局接到省疫情防控指挥部

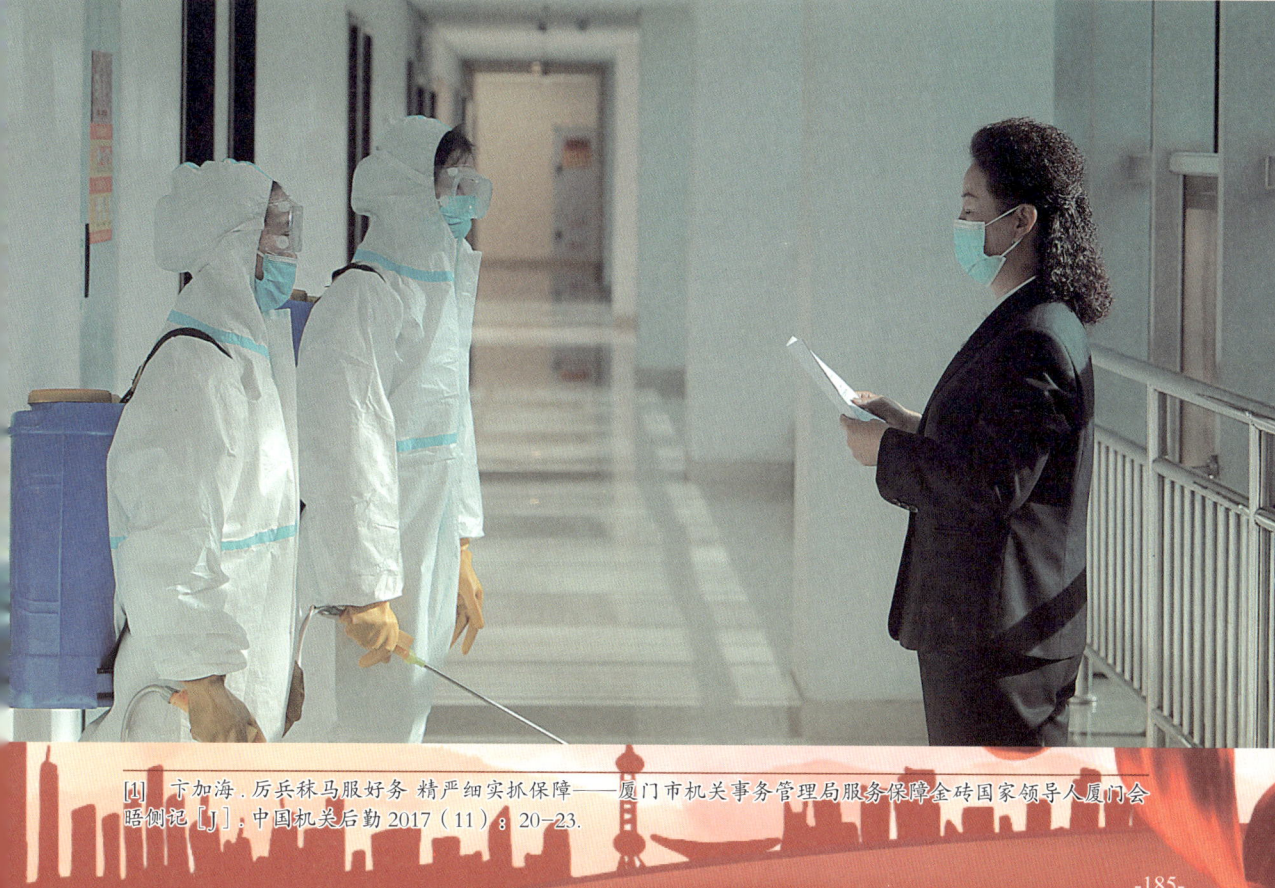

[1] 卞加海.厉兵秣马服好务 精严细实抓保障——厦门市机关事务管理局服务保障金砖国家领导人厦门会晤侧记[J].中国机关后勤2017（11）：20-23.

要求统计上报省直单位酒店、培训中心等住宿资源的紧急通知后，迅速响应组建工作专班，充分利用办公用房数据平台，科学分工，通力协作，8小时内就完成了省直43家单位的住宿资源收集、汇总、确认和上报工作，确保任务"不过夜"。武汉市机关事务管理局作为援汉医疗队后勤服务保障的协调服务主要机构，接到任务伊始，就迅速对接各区成立区接待协调机构，建立市区援汉医疗队服务保障群，实现接待协调组和各区、各医疗队的直线定点联系；制定《援汉医疗队服务保障参考细则》，全面规范援汉医疗队抵汉接待、生活保障、返程送行、其他需求转办等工作流程，着力提升标准化服务和规范化管理水平；积极对接武汉市防疫指挥部，协调解决医疗物资需求、医疗队跨省调配物资进汉等问题，全力做好援汉医护人员后勤保障工作，确保其生活无忧、住宿舒心、通勤顺畅、安全无患。鄂州市机关事务服务中心对口保障了来自贵州、北京的7批次905位援鄂医护人员，对每个住宿点安排24小时值守和每日定点全面消毒，成立中心协调服务工作组确保饮食安全卫生及时，并多次组织义务理发服务。天门市机关事务服务中心与山西医疗队开展志愿者"一对一"服务，考虑到天气因素和队员饮食习惯，为队员们购买保暖内衣和羽绒服110套，招募面点师傅4名，制作山西特色面食，让前方医疗队员安心舒心。

2. 统筹协调做好公务用车保障服务工作

为满足疫情防控工作需要，湖北省机关事务管理局于疫情伊始就结合省市疫情防控指挥部有关要求，研究明确了疫情防控期间各类公务用车使用管理的意见，并对车辆消毒及司乘人员提出具体要求。宜昌、黄石、十堰等地结合实际，进一步细化了抗疫期间公车使用管理的措施。根据疫情防控公车保障需要和上级要求，湖北省机关事务管理局公务用车管理处紧急协调，克服物流缺乏和沿途交通管控等困难，从外省调剂部分车辆，日夜兼程，千里驰汉，迅速交付用车单位，确保车辆能立即投入疫情防控工作。在抗击新冠肺炎疫情战斗中，各级公务用车平台充分发挥保障作用，进一步优化车辆调度，强化平台服务，增强公务出行保障能力，重点保障防疫工作用车需求。省直机关综合执法应急用车保障中心承担起省疫情防控指挥部工作督查等用车保障任务，中心30多名驾驶员自除夕之夜起，就奔赴全省各地市州，辗转雷神山、火神山等各大医院，截至2020年2月中旬，赴市州公务出行45次，人均行驶3000余公里；十堰市公车保障中心选派23名司勤人员24小时全天候保障疫情防控工作用车需要，截至目前共计出车1128台次，安全运行2.7万公里，日均出车34台次；荆州市公车保障中心保障市直党政机关防控疫情应急公务出行和运送防疫物资共768余次；随州市公车保障中心服务疫情防控工作累计出车千余台次，安全行程6万公里；部分平台还组建党员突击分队，挺身在前、迎难而上，闻令而动、枕戈而眠，为及时处置应急疫情、督查疫情防控、运送战"疫"物资、护送医疗支援队伍以及疫情新闻宣传报道提供有力保障。

3. 多层设防做好物业保障服务工作

全省机关事务系统全面加强保障院落和物业服务小区的管理防护，做好公共环境卫生消杀，切实解决困难群众的生活需求与保障问题，筑牢社区疫情防控的安全防线。疫情伊始，省直住建中心鄂勤物业公司，迅速启动应急反应机制，采取有效措施，配合社区对所辖小区实施封闭式管理，积极做好小区疫情防控的守门员、宣传员、卫生员、采购员、维修员。客服人员通过电话、微信24小时在线回应业主诉求，让业主在家真正安心隔离；保洁人员每日背负着近20公斤的消毒液，往返于几十栋没有电梯的老旧住宅进行全覆盖、无死角式的消毒，循环往复，从不间断；物业维修人员冒着感染风险，有求必应，多次进出确诊、疑似患者楼栋和家中开展维修工作，有效处理了下水堵塞、楼面漏水等突发状况，获得住户的赞誉。襄阳市机关事务服务中心自2020年2月3日所辖机关大院实施封闭管理以来，其采购专班持续为6个机关大院生活区1500多户协调采购各类蔬菜、水果、副食等生活必需品100多种、30多吨，得到了生活区住户的一致认可和称赞。孝感市机关事务服务中心全面加强行政中心集中办公区进出人员管理、车辆消毒处置和巡查巡检，每天坚持巡查建筑物面积达12万多平方米，消毒面积达19360平方米，检查人员进出400人次，车辆160余台次。荆门市机关事务服务中心组建专班，全力督促市直各单位院落建筑物排水系统排查和完善，已完成70个市直单位所属建筑物地漏、洗手池、拖布池、便池、坐便器排水管等重点部位的拉网式排查，坚决阻断感染途径和源头。湖北省公安厅、省交通厅、省水利厅、省总工会等省直单位后勤服务部门按照"内强防控、外防输入"的要求，加强对机关办公楼及所辖住宅小区的出入管控和全面消杀，积极协调开展社区内部巡控、生活医疗保障、防护物资发放等工作。其中，省公安厅西院社区疫情封控模式在武昌区委区政府专题会议上得到推广。

4. 精心细心做好餐饮保障服务工作

全省机关事务系统从实施消毒防疫、严把食材安全关、严格操作规程、加强健康管理、避免集中用餐5个方面着手，积极开展疫情防控期间的用餐保障工作。湖北省机关事务管理局茶港老干部生活服务中心克服人手短缺的困难，全心全意提供优质高效服务，24小时待命保障就餐需求，确保第一时间提供热气腾腾的可口饭菜，为疫情指挥部提供最坚实的后勤保障，让他们无后顾之忧、全力战斗。黄冈市机关事务服务中心通过"预约订餐、叫号取餐、上门送餐"的方式，已为一线医护及工作人员和患者保障供餐14万余份。并制定《餐饮服务食品安全保障监督工作方案》，对城区供餐供宿点进行卫生检查监督26次，安排协调29家供餐供宿点所有保洁、保安及厨师607人进行免费体检并建立健康台账。仙桃市机关事务服务中心严格食材采购验收，减少冷菜制作加工，加强对操作间、就餐点消毒通风，实行取餐制度，提倡分散就餐，确保每天700余人次就餐保障工作安全有序。

5. 科学引导做好垃圾分类管理工作

疫情发生后，全社会防护口罩用量激增，为落实湖北突发公共卫生事件Ⅰ级应急响应有关要求，积极有效做好疫情防控期间省直单位废弃口罩处置工作，1月26日，湖北省机关事务管理局紧急研究制定省直单位废弃口罩规范处理方案，积极引导公共机构做好废弃口罩、防护服等垃圾分类工作，并于1月27日全部通知到位。17个市（州、林区）机关事务管理部门、省直61家单位迅速行动，积极作为，设置统一收集处置点，规范废弃口罩分类投放，加强对投放的引导和监督，以守土有责的使命感、坚决遏制疫情的责任感，严格落实废弃口罩规范处置各项措施，防止废弃口罩二次污染等问题发生。咸宁市机关事务服务中心在市政府办公区三栋大楼各楼层醒目位置布置小型脚踏式废弃口罩垃圾桶，共计28个。同时，督导所辖6个县（市、区）机关事务服务中心做好辖区内公共机构废弃口罩垃圾桶配置工作。

在湖北抗疫战斗的最前沿，全省机关事务系统积极响应、全力以赴，高效保质地完成了世界卫生组织新冠肺炎联合专家考察组接待、宾馆及培训中心征用、治疗点改建等各项急重险难任务。同时，加强人员值守，倡导业务网办，积极提升供暖、会务、绿化、幼教、物资供应等服务质量，努力为打赢疫情防控阻击战提供坚强的服务保障。[1]

---

[1] 国家机关事务管理局. 湖北：把忠诚书写在荆楚战"疫"一线 [EB/OL]. （2020-03-04）[2021-04-23]. http://www.ggj.gov.cn/ztzl/zydt/xtsy/202003/t20200304_29736.htm.

三、"十四五"规划中的机关事务管理工作

党的十九届五中全会提出,"十四五"时期要推进国家治理体系和治理能力现代化,实现经济行稳致远、社会安定和谐,为全面建设社会主义现代化国家开好局、起好步。会上审议通过的《中共中央关于制定国民经济和社会发展第十四个五年规划和二〇三五年远景目标的建议》和习近平总书记作的重要讲话,为推进机关事务治理现代化、更好地在国家治理体系和治理能力现代化中发挥职能作用指明了方向、提供了遵循。机关事务管理部门为机关运转和政务运行提供资金、资产、资源和服务保障,是国家治理体系的有机组成部分。机关事务管理部门要深入学习贯彻习近平总书记和党中央的一系列重要指示精神,立足于服务党和国家中心工作,对标"十四五"时期"国家治理效能得到新提升"的目标要求,牢固树立治理思维、治理理念,把机关事务管理工作放在国家治理的高度去认识、去定位、去谋划,全面依法履行职责,着力提升机关事务保障和管理效能,为党政机关高效运转、提高施政水平提供有力保障。

历经多年的发展,机关事务管理工作取得了长足进步,形势喜人、未来可期,但仍有许多领域需要进一步加强和提升。未来一段时期,各级机关事务管理部门应当着力在以下几个方面取得突破。

(一)坚持以政治建设为统领

机关运行保障对象涵盖各级党政机关,保障的效果效能既影响机关自身运转效率,也辐射政务运行质量和公共服务能力。机关事务管理工作的理念和导向、能力和水平,直接关系党政机关的运转效率,关系政府的施政效能,关系党的领导水平、执政水平,关系国家治理体系建设和治理能力提升。机关事务管理部门必须以更高的政治站位和政治担当,深刻认识、认真履行职责使命,始终把党的政治建设摆在突出位置,以政治建设为统领,狠抓事业谋划、工作落实和制度完善,建设牢固树立和践行"四个意识"的政治机关,坚决落实党中央、国务院决策部署的行政机关,有力保障党政机关规范高效运行的服务机关。

2020年以来,国家机关事务管理局积极推动中央行政事业单位公物仓试点工作。公物仓试点工作开展以来,国务院国资委、生态环境部等部门将本单位闲置的办公设备家具近4000件纳入示范仓管理,全国政协办公厅、发展改革委等部门从公物仓调剂配备办公设备家具700多件,节约资产购置经费600余万元。[1]

---

[1] 中共国家机关事务管理局党组.着力提升机关事务工作保障和管理效能[J].中国机关后勤,2020(11):4-8.

机关事务管理部门要始终把"两个维护"作为首要任务，在思想上政治上行动上同以习近平同志为核心的党中央保持高度一致，强化政治机关意识教育，持续深入学习贯彻习近平新时代中国特色社会主义思想，转化为指导推进机关事务管理工作的思路举措，推动理论武装向广度深度拓展，切实把"两个维护"体现在行动上、落实到工作中。始终坚决贯彻落实习近平总书记重要指示精神和党中央决策部署，在推动全面从严治党向纵深发展、贯彻中央八项规定及其实施细则精神、推进党政机关厉行节约反对浪费等方面主动担当、积极作为，坚决落实过紧日子要求，规范和完善党政机关国内公务接待、办公用房、公务用车等管理制度，加强对制度执行情况的监督检查，确保党中央决策部署落实落细、见行见效。始终坚持把不忘初心、牢记使命作为加强党的建设的永恒课题和党员干部的终身课题，扎实践行忠诚、为民、务实、奉献、创新、效能、节约、廉洁等工作要求，巩固深化主题教育成果，形成长效机制。

（二）统筹加强集中统一管理

党的十九届五中全会提出，"十四五"时期要实现"国家行政体系更加完善，政府作用更好发挥，行政效率和公信力显著提升"等目标。机关事务管理体制，其实质是机关运行保障资源的管理模式和配置方式，直接反映了机关事务治理能力和水平，对提升行政效率和政府公信力至关重要。改革开放40多年来，机关事务工作始终与国家改革发展大局同频共振，坚决拥护改革，主动参与改革，积极投身改革。1983年，中央提出，要逐步解决机关事务管理服务社会化的问题，拉开了机关事务管理改革的序幕。机关事务工作坚持后勤服务社会化方向，引入市场竞争机制，转变服务保障方式，提高资源配置效率，降低行政运行成本，逐步实现从内部封闭、分散保障到市场导向、集中统管转变，逐步建立了适应社会主义市场经济体制要求和机关运行保障需要的机关事务管理体制。中央和国家机关将机关事务管理职能和后勤服务职能在机构上分离，组建了专门后勤服务机构，开放机关事务管理服务市场，加大向社会购买服务力度。2019年，中央国家机关事务管理服务外包率达到69.5%。[1]很多地区利用建设行政中心多部门集中办公的契机，打破"小而全"模式，实现了基于市场化的集中统一管理，保障效能、服务质量和管理水平进一步提升。

深化党和国家机构改革，是贯彻落实党的十九大决策部署的重要举措。按照中央要求，退役军人事务部、国家国际发展合作署、国家医疗保障局等新组建部门不再设立单独的后勤服务机构，由国家机关事务管理局统一提供后勤保障。坚决贯彻落实中央决策部署，创新服务保障模式，完善工作机制，按照统一项目、统一标准、经费归口、资源共享的原则，为新组建部门提供4大类16项后勤服务，探索建立组织、经费、运行、评价、监督等5项工作机制，有力保障了部门平稳有序运行。[2]新冠肺炎疫情暴发以来，国家机关事务管理局会同新组建部门建立联防联控机制，指导督促社会服务机构严格落实防控措施，统筹做好集中办公区疫情防控和服务保障工作。

实践证明，以市场化、社会化为基础，对机关运行保障实行集中统一管理，既精简了机构人员、节约了行政资源，又规范了服务类型、提高了工作效能，是后勤改革的方向。要坚定不移推动集中统一管理，按照优化协同高效原则，进一步完善机关事务管理部门机构设置，优化职能配置，推动机关运行保障所需资金资产资源归口管理、统筹配置、集约使用，逐步实现事权统一、权责明晰、运行顺畅、保障有力。积极稳妥推进中央和国家机关事务管理改革，坚持"政事分开、管办分离，机构精简、职能优化，管理内置、服务外购，统分结合、保障有力"，构建机关事务主管部门集中统一管理、各部门负责日常运行管理、后勤服务通过市场化方式供给的机关事务管理新格局，推动机关运行保障更均衡、更优质、更高效。

---

[1] 中共国家机关事务管理局党组.着力提升机关事务工作保障和管理效能[J].中国机关后勤，2020(11)：4-8.
[2] 中共国家机关事务管理局党组.着力提升机关事务工作保障和管理效能[J].中国机关后勤，2020(11)：4-8.

（三）大力推进标准化信息化

标准化、信息化是提高机关事务工作质量、推进治理现代化的重要路径，对提升保障和管理效能具有整体性、变革性、重塑性作用。在标准化方面，全国已经组织开展了两批机关事务标准化试点工作，确定了22个试点单位，出台机关事务国家标准7项、新立项两项，各地区共出台128项地方标准，成立了全国机关事务管理标准化工作组，工作机制更加完善，标准体系日益健全，标准化实施效果逐渐显现。标准化已经成为健全机关事务管理制度的重要载体、提升机关事务治理能力的重要抓手，标准的理念、规范的观念日益深入人心。在信息化方面，全国29个省（区、市）完成了公务用车"全省一张网"平台建设，18个省（区、市）初步建成办公用房管理系统，19个省（区、市）建设了公共机构节能管理系统，有的地区整合建设了机关事务大数据中心和一体化平台，为党政机关统一提供机关事务信息化服务。[1] "智慧后勤"亮点频出，一些地区和部门将大数据、云计算、人工智能等技术应用到办公区运行保障、住宅区物业管理中，着力构建"智慧机关事务平台""机关事务云""机关事务网上办事中心"，管理智能化、信息化水平得到较大提升。

党的十八大以来，机关事务管理部门建立健全党政机关厉行节约制度体系和标准体系，组织开展节约型公共机构示范单位创建，推动机关运行成本进一步降低，在全社会发挥了示范引领作用。各级机关事务管理部门要坚持以标准化、信息化赋能机关事务管理实践，推动机关事务工作更加规范、更富质量、更有效能。以标准化建设促进规范化管理，加强全国机关事务标准化工作的系统规划、统筹谋划、指导协调，大力推进国家标准立项，编制《机关事务管理基础术语》《机关办公区域物业服务评价规范》，健全机关运行保障实物定额标准、支出定额标准、后勤服务项目标准等，推动国家标准、地方标准、行业标准衔接协调，构建高质量的机关事务标准体系，确保完成《机关事务标准化发展规划（2018—2020年）》目标任务。以信息化手段提升精细化水平，努力实现从管理科学化、数字化向智能化、信息化飞跃。建设全国机关事务数据直报系统，整合办公用房、公务用车、公共机构节能、机关运行成本等主要业务模块，促进信息互联互通、数据共享共用、业务一网通办。加快推进中央国家机关"智

---

[1] 中共国家机关事务管理局党组.着力提升机关事务工作保障和管理效能[J].中国机关后勤,2020(11):4-8.

慧后勤"建设，开展"智慧机关""智慧社区"试点。加快标准化信息化"两化融合"，编制机关事务信息资源互联互通标准规范，为各省（区、市）机关事务管理部门构建"全省一张网"提供技术支撑。加强统筹规划，完善顶层设计，编制《政务运行保障数字化建设规划》，作为机关事务"十四五"规划的子规划，探索建设全国"机关事务云"，逐步实现全国"一张网"，构建机关事务管理的"大平台"。

（四）加快完善机关运行保障体系

党的十九届五中全会指出，要加快转变政府职能，建设职责明确、依法行政的政府治理体系。推进机关事务法治建设，构建系统完备、科学规范、运行有效的机关运行保障制度体系，是贯彻落实法治政府建设要求、推进机关事务治理现代化的重要保障。党的十八大以来，涉及机关事务法治建设的力度、速度、效果明显提升，在已出台《公共机构节能条例》《机关事务管理条例》基础上，中共中央、国务院印发了《党政机关厉行节约反对浪费条例》《党政机关国内公务接待管理规定》《党政机关办公用房管理办法》《党政机关公务用车管理办法》等文件，各地也制定完善了相应的配套制度，在推动全面从严治党要求和中央八项规定及其实施细则精神落实、促进节约型机关建设、提高机关事务管理法治化规范化水平等方面发挥了积极作用。

对照全面依法治国要求，对照国家治理体系和治理能力现代化需要，机关事务管理制度建设还要进一步补短板、强弱项。一要加快推进机关运行保障立法。国家机关由机构要素、人员要素和物质要素三部分构成。目前，我国法律体系中有专门规范机构设置和组织编制的，如《中国共产党机构编制工作条例》等党内法规，《中华人民共和国全国人民代表大会组织法》《中华人民共和国国务院组织法》等法律，《国务院行政机构设置和编制管理条例》《地方各级人民政府机构设置和编制管理条例》等行政法规；也有规范机关工作人员的《中华人民共和国公务员法》《中华人民共和国公职人员政务处分法》等法律规章。要按照十三届全国人大常委会立法规划安排，制定一部全面规范机关运行所需物质要素的法律制度，加快推进立法工作，通过立法明确机关运行保障相关管理职责、保障事项、基本制度，推动机构、职能、权限、程序、责任法定化，逐步实现机关运行成本可控、质量提升、绩效可比、监督有力。二要健全配套制度体系。围绕机关运行和政务保障要求，逐步完善资产、资源、资金统筹和办公用房、公务用车、公务接待集约管理的配套制度，形成以机关运行保障法为统领、以综合性法规及专项法规为主干、以规范性文件为延伸、以各类技术标准为支撑的机关运行保障制度体系。三要强化制度执行。把尊法守法的理念、原则贯穿到保障和服务管理的全流程、各环节，确保各项工作在制度和法治轨道上有序运行，推动制度优势转化为治理效能。

（五）持续推进节约型机关建设

习近平总书记多次强调，党和政府带头过紧日子，目的是为老百姓过好日子。2020年8月，习近平总书记对制止餐饮浪费行为作出重要指示，强调要坚决制止餐饮浪费行为，在全社会营造浪费可耻、节约为荣的氛围。艰苦奋斗、勤俭节约，是机关事务工作的重要原则。党的十八大以来，机关事务部门建立健全党政机关厉行节约制度体系和标准体系，在办公运行、会议差旅、公务接待、政府采购、后勤保障等方面行简约、倡俭朴、戒奢华，大力压减一般性支出，提高资金资产资源使用效率，推动机关运行成本进一步降低。深入学习贯彻习近平生态文明思想，积极推进全国公共机构能源资源节约和生态环境保护工作，组织开展节约型公共机构示范单位创建，在全国范围内建成3600多家示范单位、180多家能效领跑者、3万多家节水型公共机构。与2015年相比，2019年全国公共机构人均综合能耗下降9.96%、单位建筑面积能耗下降8.08%、人均用水量下降12.07%。干部职工节约意识、环保意识、生态意识不断增强，机关节俭文化日益深入人心，在全社会发挥了示范引领作用。

新冠肺炎疫情影响广泛深远，世界经济形势复杂严峻。在这样的背景下，财政收支矛盾更为突出，党和政府过紧日子的要求尤为迫切。机关事务部门要坚守节用裕民之道，把过紧日子的要求落实落细，努力以尽可能少的支出、尽可能小的成本，保障党政机关高效运转。开展机关运行成本统计、分析、考核和质量评价，逐步实现机关运行成本核算科学化、开支标准化、效益最大化。抓好《节约型机关创建行动方案》组织实施，推动公共机构生活垃圾分类，统筹推进绿色建筑、绿色出行、绿色食堂、绿色数据中心建设，持续做好机关节水、节电、节粮、节油、节纸等工作，力争到2022年70%的县级及以上党政机关达到节约型机关创建要求，引导带动全社会形成崇尚生态文明、践行绿色发展的浓厚氛围。

（六）实施绿色低碳转型行动

各级机关事务管理部门要积极实施绿色低碳转型行动，对标"碳达峰、碳中和"目标，编制公共机构碳排放核算指南，组织开展公共机构碳排放量统计。制定公共机构低碳引领行动方案，明确碳达峰目标和实现路径。开展公共机构绿色低碳试点，结合实际深化公共机构参与碳排放权交易试点。积极参与绿色低碳发展国际交流，宣传中国公共机构推进节能降碳的成效经验，与有关国际组织、国家和地区加强合作，吸收借鉴先进适用的绿色低碳技术和管理模式。规范集约使用办公用房和土地，合理利用地上、地下空间资源，统筹调剂余缺，避免闲置浪费。加速推动无纸化办公，倡导使用再生纸、

再生耗材等循环再生办公用品，限制使用一次性办公用品。充分采用自然采光，实现高效照明光源使用率100%。合理控制室内温度，严格执行"夏季室内空调温度设置不低于26摄氏度、冬季室内空调温度设置不高于20摄氏度"的标准。探索建立电器电子产品、家具、车辆等资产共享机制，推广公物仓经验，鼓励建立资产调剂平台，提高资产使用效率。积极推进单位内部区域绿化工作，按照节水节地节材原则，采用节约型绿化技术，倡导栽植适合本地区气候土壤条件的抗旱、抗病虫害的乡土树木花草，采取见缝插绿、身边添绿、屋顶铺绿等方式，提高单位庭院绿化率，营造绿色办公环境，促进实现碳中和，中央国家机关庭院绿化率达到45%以上。

此外，各级机关事务管理部门要加大绿色采购力度，带头采购更多节能、低碳、节水、环保、再生的绿色产品，优先采购秸秆环保板材等资源综合利用产品，将能源资源节约管理目标和服务要求嵌入物业、餐饮、能源托管等服务采购需求中。持续开展绿色出行行动，积极倡导"135"绿色出行方式；推动有条件的地区积极引入特色公交、共享单车服务，保障公务绿色出行。鼓励大型活动实施碳中和。培养绿色消费理念，带动家庭成员节约用能用水、购买绿色产品、制止餐饮浪费、减少使用一次性用品。

（七）建设高素质专业人才队伍

习近平总书记多次强调，人才是第一资源，是事业发展最宝贵的财富。推动机关事务管理工作高质量发展，提升机关事务管理部门的保障和管理职能，归根结底靠的是人的能力、水平、作风，靠的是一支忠诚干净担当的高素质专业化干部职工队伍。机关事务管理部门要多渠道吸引人才、优化培训，加强基层和实践锻炼培养，进一步提升干部职工的专业思维、专业素质、专业水平。同时，要积极推进机关事务理论研究和学科建设。在之前的实践中，北京大学设立了国家机关事务研究中心，在政府管理专业硕士中开设了机关事务管理课程；中国社会科学院成立了国家机关运行保障研究中心，招收从事相关研究的博士后；广东、四川、湖北、云南等地与高校和科研机构合作，成立10余个机关事务研究中心。各研究中心围绕学科专业建设、法规政策研究、人才培养培训等方面开展一系列工作，各有侧重、相互补充，为机关事务工作创新发展提供理论武装和智力支持。

面对新时代新形势新任务，机关事务管理部门要把人才队伍建设摆在更加突出位置，树立整体人才观，抓好公务员、经营管理人才、专业技术人才、高技能人才的培养、

第三章 光荣的发展：守正创新与砥砺前行
Chapter Three : Keep innovation and forge ahead

使用和管理，加强队伍的思想淬炼、政治历练、实践锻炼、专业训练。健全系统内干部交流互派、人力统筹调配机制，组织多层次、跨地区的挂职交流、基层锻炼、委培代培，提升人才队伍整体水平。大力弘扬工匠精神，广泛开展技能竞赛、岗位练兵、业务比武、评比评优等活动，选树先进集体、模范人物、工作标兵、技术工匠、岗位能手，让专业化成为机关事务工作者的形象和名片。积极引智聚力，加强与高等院校、科研院所务实合作，深化机关事务基础理论研究，健全学科体系，加强高层次、高水平人才培养，推进高端智库建设；为事业发展广泛汇聚智慧力量。

机关事务管理工作直接服务机关、服务干部职工，涉及人、财、物，必须持续抓好纪律作风建设，为推动机关事务管理工作高质量发展、提升保障和管理效能提供坚强保证。各级机关事务管理部门要认真学习贯彻习近平总书记关于全面从严治党重要指示批示和讲话精神，持之以恒正风肃纪，聚焦重点领域、关键岗位和关键环节，强化对权力运行的监督制约,推动内部巡视、审计常态化、全覆盖,筑牢风险防控的坚固防线。强化对落实中央八项规定及其实施细则精神的监督检查,坚决防止"四风"问题反弹回潮,切实整治形式主义、官僚主义,营造求真务实、清正廉洁的清风正气。

第四章
Chapter Four

光荣的传承:
红色基因与文化自信

70多年前，毛泽东主席"中华人民共和国中央人民政府今天成立了！"的豪迈宣言响彻寰宇，新中国的历史齿轮开始转动，大国之史跃然开篇。从革命战争年代为军队提供后勤保障的供给制，到新中国成立后建局立制，再到改革开放后对后勤服务社会化、科学化、规范化体系的不懈追求，机关事务工作伴随着新中国政权建设、改革开放、民族复兴的伟大事业一路走来一路歌。

"坚持绝对忠诚的政治品格，坚持高度自觉的大局意识，坚持极端负责的工作作风，坚持无怨无悔的奉献精神，坚持廉洁自律的道德操守。"习近平总书记在2014年5月8日视察中央办公厅时发表的重要讲话，字字珠玑，成为机关事务管理部门的行动指南。进入新时代，机关事务管理部门顺应历史发展潮流、响应党政机关发展需求、回应人民群众呼声，深入学习贯彻党的十九大及各次全会精神和习近平新时代中国特色社会主义思想，坚决执行党章、《中共中央政治局关于加强和维护党中央集中统一领导的若干规定》《关于新形势下党内政治生活的若干准则》《中共中央关于加强党的政治建设的意见》等党内重要法规文件，始终保持先进性、纯洁性。除了始终坚持的政治追求，新时代的机关事务管理需要追求更加明确的发展目标、更加规范的工作标准，追求"坚持以政治建设为统领，坚持集中统一管理，坚持以标准化、信息化为支撑"的高质量发展之路。

新冠肺炎疫情暴发以来，各行各业承担着疫情防控与经济发展的双重任务，机关事务管理部门面临着更大的工作压力和发展阻力，这要求机关事务管理部门吸取红色文化，将其转化为前行的精神力量，以一往无前的奋斗姿态，推动"中国号"巨轮破浪前行。新发展时期的机关事务管理部门在重温红色历史、感悟红色文化的基础之上，在见证艰苦卓绝的功绩、学习拼搏奋斗的历程之中，不断努力拼搏，奋力推进中国特色社会主义伟大事业前行。

在激昂奋进的时代背景之下，作为机关事务管理实践的先行者，成都市机关事务管理局在习近平总书记指出的"为民服务孺子牛、创新发展拓荒牛、艰苦奋斗老黄牛"的精神引领下，在"以服务社会为己任、以人才培养为抓手、以勤劳精神为支柱"的发展理念下，奋力传承红色基因，切实践行初心使命，不断开创新时代机关事务发展新局面，为新时代机关事务高质量发展提供了成都样本。

第四章 光荣的传承：红色基因与文化自信
Chapter Four : Red gene and cultural confidence

第一节
红色基因永传承

党的十九大报告指出："文化是一个国家、一个民族的灵魂。"文化作为一种力量，能够在人们认识和改造世界的过程中发挥重要作用，对经济社会发展产生深刻的影响。成都市机关事务管理局积极履行机关事务管理工作职责，做好管理、保障、服务工作，坚持以文化人、以文育人、以文引人、以文励人。

"伟大出自平凡，平凡造就伟大"。成都市机关事务管理局自2018年被国家机关事务管理局确定为机关事务文化建设专项联系点，始终坚持以文铸魂、以文化人、以文立品、以文创新，传承红色基因，弘扬"延安精神"，学习张思德光辉榜样，涵育"平凡精神"，推动机关事务文化建设从全国试点到示范升级。

一、平凡与坚守：成都市机关事务管理局"平凡"文化建设的主要做法

成都市机关事务管理局赓续"红色基因"，坚守"文化自信"，强化"知行合一"，坚持以"平凡"为核心文化理念，把真诚服务、爱岗敬业、优质高效的机关服务文化理念植根于日常工作中，构筑机关事务工作者最深层的精神追求和最科学的价值导向。

（一）赓续"红色基因"：描绘"平凡"文化的思想图谱

红色文化是中国共产党和中国人民在革命战争年代特殊历史时期形成的精神追求、精神品格、精神力量。红色文化是推动国家治理现代化可资利用的宝贵资源，是国家治理现代化的精神养分与智慧力量，具有重要的国家治理功能。从"红船精神""井冈山精神""长征精神""抗大精神"到"延安精神""西柏坡精神"等，构成了中华民族的红色精神谱系。成都市机关事务管理局按照习近平总书记"要把红色资源利用好、把红色传统发扬好、把红色基因传承好"的重要指示，赓续"红色基因"，将红色文化与新时代机关事务发展紧密结合，通过科学的理论提炼，描绘出了机关事务"平凡"文化的思想图谱。

成都市机关事务管理局坚持"政治机关、行政机关、服务机关"的科学定位，大力弘扬延安精神，学习张思德光辉榜样，长期坚持为群众办实事，使"全心全意为人民服务"成为机关事务工作"平凡"文化的永恒主题。坚持"依法管理、精心保障、

创新服务"的责任要求,大力弘扬"功成不必在我、功成必定有我"的崇高精神,传承"创新创造、优雅时尚、乐观包容、友善公益"的天府文化,使"尽职尽责"成为机关事务管理工作"平凡"文化的核心内容。坚持"真诚服务、爱岗敬业、优质高效"的工作理念,大力弘扬忠于职守、精益求精的工匠精神,追求"平凡但不平庸,平实但不平淡,简约但不简单",使"工匠精神"成为机关事务管理工作"平凡"文化的时代要求。

(二)坚守"文化自信":塑造"平凡"文化的符号体系

习近平总书记在庆祝中国共产党成立95周年大会上的讲话中强调,文化自信"是更基础、更广泛、更深厚的自信",它是一个国家、一个民族的"根"与"魂",是推动社会变革发展的更基本、更深沉、更持久的力量。机关事务管理部门承担着弘扬和传承优秀文化,创造适应新时代要求的文化责任,肩负着为坚定文化自信提供力量的使命。成都市机关事务管理局积极联合成都大学、成都职业技术学院建设成都银杏文化学院,成立成都市机关事务管理与文化建设研究中心,坚持高点定位、多维命题,注重点、线、面有机结合,塑造出了机关事务管理工作"平凡"文化的符号体系。

首先,成都市机关事务管理局精心打造了"平凡"文化走廊。充分发挥机关集中办公区的独特优势,统筹规划、精心设计、合理布局,利用办公区走廊、会议室、电梯等公共场所,规划布局机关管理事务。以办公用品老旧物资展、机关办公场所变迁摄影展、老成都记忆图片展等艺术形式,精心讲好机关管理事务"平凡"文化故事的"成都篇章",努力打造"沉浸式"互动体验文化平台,推动"平凡"文化建设"走深、走实、入脑、入心"。

其次,成都市机关事务管理局持续开展了"平凡"文化的主题活动。举办了"不

忘初心使命、传承红色基因"主题文化展、"新中国成立70周年机关事务工作成就展";开展"壮丽70年·奋斗新时代·庆祝新中国成立70周年""机关党建进农村、结对帮扶促发展"主题党日活动;组织观看《张思德》《1949年国庆大阅兵》等影片;持续在全市机关事务管理系统开展"平凡与优秀"系列活动,如"向张思德学习"主题党日活动、"表率、示范、形象"人文展示活动、"两优一先""服务明星、技术标兵、能工巧匠、特级厨师"创先争优评选竞赛活动。通过这些主题活动,潜移默化强化所有员工对平凡工作的责任感和使命感。

再次,成都市机关事务管理局高度重视理论建设,通过汇编《平凡与优秀》《平凡与奋斗》《平凡与奉献》《平凡与自信》《平凡与光荣》《平凡与桥梁》《平凡与美丽》《平凡与青春》等"平凡系列"丛书,大力弘扬劳模精神,强调事在人为的价值取向,凝聚引领、感染激励全体职工践行工匠精神,把"平凡"文化的价值探索和理论建设成果扎根在机关事务管理的基层工作实践中,在"表彰先进、贯通文化、凝聚人心"的过程中贯彻"平凡"文化。

(三)强化"知行合一":打造"平凡"文化品牌

"知是行之始,行是知之成。"党的十八大以来,习近平总书记多次提到"知行合一"思想,提出党员领导干部要善于把学到的本领运用到实际工作中去,努力做到知行合一、以知促行、以行求知。成都市机关事务管理局在"平凡"文化建设过程中,始终贯彻"知行合一"思想,做到言行一致、表里如一。

机关事务文化建设的关键在于将自身工作放进改革发展的全局之中,从系统的角度、行业的维度和全局的高度深入贯彻新发展理念,思考、谋划、推进机关事务管理工作,提升服务质量和服务水平,促进机关建设。成都市机关事务管理局在习近平新时代中国特色社会主义思想指引下,结合成都建设世界文化名城和"三城三都"的城市发展定位,围绕"文化铸魂、文化立品、文化创新",打造了"平凡"文化品牌。

首先,成都市机关事务管理局提出了"三个终生"的队伍建设理念,积极倡导"终生职业、终生学习、终生奋斗",从职业道路规划、职业技能提升、自我价值实现三个方面,加强对机关事务管理系统职工的教育、管理和培养。着眼于职工的职业发展,拟定职工队伍建设意见,制定"职工—单位"职业生涯双向规划,强化专业职级评定,畅通员工发展通道。着眼于员工能力提升,开启"校地合作"模式,打造学习园地、文化阵地、人才高地、工匠营地、创新领地"五位一体"的机关事务产学研基地;在各个层级、各个领域选树一批先进集体、工作标兵、技术工匠、岗位能手,引领形成学习先进、对标先进、赶超先进、争当先进的良好氛围;建设开放式智慧阅览中心、远程实景教学中心,打造"互联网+学习培训"模式;鼓励员工参加"爱书、读书、用书"活动,倡导员工坚持"每天读书看报"。着眼于员工价值实现,按照"专业型、技能型、学习型、创新型"人才标准,打造一支有涵养、有气质、有风度、有魅力的服务团队,奋力书写机关事务工作新篇章。

其次,成都市机关事务管理局致力于打造"五心五动"的机关事务管理品牌。通过强有力的日常教育和管理,引导服务团队筑牢"以优质的服务赢得信任,以优异的成绩赢得尊重,以优秀的团队赢得未来"的工作理念,树立具有"主动、互动、联动、心动、变动"的"五动"机关事务工作作风;把真诚服务、爱岗敬业、优质高效的机关服务平凡文化理念植根于日常工作中,积极传递"奋斗创造幸福、实干成就梦想"的正能量,勠力打造"匠心、真心、热心、细心、虚心"的"五心"机关事务管理品牌。

再次,成都市机关事务管理局创新了"两化融合"的机关事务管理标准。通过统筹部署和科学谋划,推进标准化、信息化融合,形成国有资产、办公用房、节能环保、物业维保、厨房餐厅、会务服务六大标准体系。结合"安全机关"建设实际,提出了"对标机场健全安防体系、学习机务建强维护体系、研究机关建设管理体系"的"三机"对标管理体系,出版《标准化食堂建设》《"画"说安全》《公共机构节能》等机关事务管理系列丛书,为推动机关事务管理工作高质量发展提供了标准;推进"虚拟中央厨房"建设，出版《虚拟公物仓》等专著，将"虚拟公物仓"迭代升级为"现代公物仓"新模式，创新机关"十百千"精准扶贫活动，从平凡岗位实践中发现创新之源。

二、平凡与匠心：成都市机关事务管理局"平凡"文化建设的显著成效

"观乎天文，以察时变；观乎人文，以化成天下。"好的文化具有传递文明、规范行为、凝聚力量的特殊作用和独特功能。"文化兴国运兴，文化强民族强"。在推进国家治理体系和治理能力现代化背景下，成都市机关事务管理局始终以"平凡"文化建设为抓手，不断拓展"文化+"的思维，以"平凡"文化建设的"小切口"，夯实了机关事务管理工作作风，促进了机关事务管理实践创新，提升了机关事务治理绩效，书写了机关事务管理工作高质量发展的"大文章"。

（一）夯实机关事务管理工作作风

先进的文化就像一面旗帜，具有强大的导向功能和凝聚功能。持之以恒的"平凡"文化建设，推进了成都市机关事务管理工作作风的持续性转变，进一步树立了为党和中心工作服务的根本宗旨，突出了建设节约型机关的工作主线，塑造了良好的政府形象。

第一，"对党忠诚、用心做事"成为成都市机关事务管理工作者最鲜明的底色。成都市机关事务管理局6000多名职工紧紧依靠成都市机关事务管理局提供的广阔平台，在"平凡"文化的感召下，实现自己的人生理想与时代发展的"同频共振"，努力在劳动中实现个人价值的最大化，创造以奋斗为底色的幸福人生。

第二，"信念执着，无怨无悔"成为成都市机关事务工作者最美丽的基色。成都市机关事务管理局全体职工牢记初心使命，传承红色基因，弘扬延安精神，学习张思德、雷锋等光辉榜样，在党和人民最需要的地方冲锋陷阵、顽强拼搏，埋头苦干，无怨无悔，成为后勤保障战线上最美丽的风景。

第三，"作风朴实，埋头苦干"成为成都市机关事务工作者最突出的本色。他们在机关事务系统平凡的工作岗位上忘我工作、无私奉献，不计个人得失，舍小家顾大家，发扬"功成不必在我、功成必定有我"的崇高精神，使"劳动光荣、技能宝贵、创造伟大"成为机关事务管理系统的主流价值观。

（二）促进机关事务管理实践创新

机关事务文化既是机关事务"软实力"的生动体现，也是机关事务管理工作创新

发展的不竭动力。成都市机关事务管理局深入推进"平凡"文化建设，促使"平凡"文化建设走深、走实、入脑、入心，实现了内化于心，外化于行，促进了成都市机关事务管理的实践创新。近年来，成都市机关事务管理局在"法治、绿色、安全、数字、效能、廉洁"理念指引下，创新推进了"三机"安保体系、全生命周期国有资产监管体系、标准化食堂、标准化会议服务建设，深化拓展"现代公物仓""虚拟中央厨房""十万精品、百万特产、千万创新"名优特产进机关等特色工作。

各处（室）、单位结合工作职责，不断创新管理手段、健全管理组织、完善管理机制、优化管理方法，在办公用房管理、公务用车管理、大型会议活动服务保障、物业服务、餐饮服务等工作中，坚持"平凡"文化建设与机关事务工作相互融合，开展了一系列实践创新。

成都市各区（市）县机关事务主管部门结合地方文化闪光点加以创造，形成了"清白文化""豆瓣文化"等多形式多角度多载体的"平凡"文化。这些创新性工作体现了成都市机关事务工作者"钉钉子"的精神特质与"划句号"的责任担当，推动了成都市机关事务管理局管理、服务、保障能力的全面提升。

（三）提升机关事务治理绩效

文化软实力的提高意味着工作竞争力的提高。成都市机关事务管理局坚持将"平凡"文化建设扎根于实践，在成都市机关事务管理工作的各条战线上显示了强大的威力，切实增强了服务对象的获得感、幸福感以及安全感。

首先，成都市机关事务管理局全面落实了"法治化、规范化、标准化、精细化、职能化、信息化、绩效化"的机关事务管理理念，围绕"规范、安全、营养、健康"主题，积极推进"虚拟中央厨房"建设和试点推广，全面提升了机关后勤服务保障水平，推动了机关食堂科学化、标准化建设再上新台阶。

其次，成都市机关事务管理局以"行为节能、管理节能、科技节能、依法节能"为抓手，大力培育"绿色发展、机关先行"的绿色文化，高效推进"能效领跑者"示范创建，深化拓展"4+6"公务出行保障体系（"5分钟行程步行、10分钟行程骑车、30分钟行程坐公交、60分钟及以上行程用车"的4种公务出行新选择，"重点出行、应急出行、公交出行、绿色出行、健康出行、科学出行"6种公务出行新方式），积极倡导简约适度、绿色低碳的运行保障模式。

第四章 光荣的传承：红色基因与文化自信
Chapter Four: Red gene and cultural confidence

再次，在疫情防控工作中，全市机关事务管理系统的党员干部、一线员工，以普通平凡人的坚守和担当，坚持"三保三应三准"工作安排（应急物资渠道畅通保有、内部需求伸缩有度保障、人员防护全面细致保险，实现专业化应对、规范化应急、差异化应变，做到工作准时、信息准确、准备充分），坚守岗位、沉着应对、敢于担当、乐于奉献，经受住了考验，为夺取疫情防控工作的阶段性胜利、有效保障广大市民的健康安全做出了应有的贡献。

三、平凡与卓越：成都市机关事务管理局"平凡"文化建设的基本经验

"平凡"文化的实践探索，提升了机关事务管理的"成都印象"、塑造了机关事务服务的"成都品牌"、创新了机关事务保障的"成都标准"，为推动新时代机关事务工作高质量发展，推进国家治理体系和治理能力现代化贡献了"成都力量"。"平凡"文化建设是一项系统工程，成都市机关事务管理局坚持以"政治建设"引领"平凡"文化建设，以"多元参与"推动"平凡"文化发展，以"文化+"思维拓展"平凡"文化功能，形成了机关事务管理"平凡"文化建设的"成都经验"。

（一）以"政治建设"引领"平凡"文化建设

习近平总书记在中共中央政治局第六次集体学习时强调，要"把党的政治建设作

为党的根本性建设"。机关事务管理部门始终为党和国家中心工作服务，直接为党政机关和广大干部职工提供保障，必须着力把机关事务管理部门建成让党放心、让人民群众满意的模范机关。在推进"平凡"文化建设的过程中，成都市机关事务管理局始终以"政治建设"为先导，积极探索机关事务管理"平凡"文化建设的正确道路。

成都市机关事务管理局按照党的十九大"以党的政治建设为统领"和"把政治建设放在首位"的部署要求，将增强"四个意识"、坚定"四个自信"、做到"两个维护"作为"平凡"文化建设的主线；将习近平关于社会主义文化建设重要论述和机关事务管理队伍的自身建设要求相结合，不断提高政治判断力、政治领悟力、政治执行力，使践行"平凡"成为政治自觉和行动自觉；把廉政文化融入"平凡"文化建设的总体安排之中，立足"平凡"系列主题活动，选聘100名政治可靠、坚持原则的一线员工作为政风行风监督员，让他们带上红袖套，亮明真身份，在平凡的一线岗位上，当好政策法规的宣传员、上下沟通的联络员、"四风"问题的监督员，约束微权力，防止微腐败，助力推进党风廉政建设。

（二）以"多元参与"推动"平凡"文化发展

要搞好机关事务文化建设，一方面需要保持精神定力，另一方面需要开放心态。在推进"平凡"文化建设的过程中，成都市机关事务管理局坚持以创新创造为主线，以"跨机关整合资源"为思路，以"多元参与"推动了"平凡"文化的发展。

成都市机关事务管理局通过与高校和企业合作办学，不断深化产教融合，着力打造文化平台和工作载体，发挥企业主体作用和院校基础作用，推广"工学一体化""职业培训包"等先进培训方式，不断提升技术骨干的专业本领、创新能力和科学精神，加快一线员工创新思维、能力素质提档升级，为实现机关事务管理工作高质量发展提供了土壤和水源。

（三）以"文化+"思维拓展"平凡"文化功能

"文化+"是以文化为基础的一种跨业态融合，是文化与经济社会各领域的融合创新，已经成为经济社会发展的大趋势。"文化+"可以催生出无尽的创意、创新、创造，无限拓展空间，注入无穷潜力，提升发展力和竞争力。在推进"平凡"文化建设的过程中，成都市机关事务管理局积极拓展"文化+"思维，充分发挥了"平凡"文化功能。

首先，成都市机关事务管理局积极推动"文化+数字"深度融合发展，发挥信息化在高度集成、自动控制、科学预测、智能决策等方面的作用，实现了"工作布局一幅图、工作管理一张网、工作推进一盘棋、工作督察一把尺、工作标准一面旗"，推动了机关事务的数字化治理变革。

其次，成都市机关事务管理局推动"文化+绿色"有机结合发展，创新设计了一套涵盖办公用房、资产管理、餐饮、会务等各项工作评价的美好机关事务指数指标体系，形成"人人节约、个个节能"的良好社会风尚，不断降低机关事务管理运行成本。

再次，成都市机关事务管理局积极推动"文化+队伍"协调共进发展，持续开展"平凡与优秀""平凡与奋斗""平凡与奉献""平凡与自信""平凡与追求"等系列活动，营造了良好的机关事务管理文化氛围。

再次，成都市机关事务管理局积极推动"文化+创新"集成应用发展，将传统文化和创新思维融入成都智慧城市建设，做优做强"现代公物仓""虚拟中央厨房"平台，坚持集中集约，建好用好国有资产管理、能源资源管理系统，全面推动管理、保障、服务转型升级。

最后，成都市机关事务管理局积极推动"文化+效能"整合多元发展，积极防范法律、安全、廉政三大风险，着力破解安全防控、遗留问题处理、队伍建设三件难事，细致做好餐饮、会议、物业服务三件小事，确保机关政务活动的有序开展。

"文化是一个国家，一个民族的灵魂。文化兴国运兴，文化强民族强。没有高度的文化自信，没有文化的繁荣兴盛，就没有中华民族伟大复兴。"成都市机关事务管理局将中华文化、红色文化、地方文化与机关事务管理有机结合，从机关事务管理服务实践中提炼出了"平凡"文化，又在机关事务管理服务实践中充分发挥了"平凡"文化的功能。迈入社会主义现代化建设的新征程，成都市机关事务管理局将继续推动"平凡"文化建设与机关事物管理工作深度融合互动，在总结成功经验的基础上，促进"平凡"文化建设从理论到实践的全面深化，从而推动机关事务管理工作的高质量发展。

第二节
文化自信更坚定

习近平总书记在纪念孔子诞辰2565周年国际学术研讨会暨国际儒学联合会第五届会员大会开幕式上的讲话中强调："不忘历史才能开辟未来，善于继承才能善于创新。只有坚持从历史走向未来，从延续民族文化血脉中开拓前进，我们才能做好今天的事业"。在可歌可泣的民族奋斗史中，中华民族形成了源远流长、博大精深的优秀传统文化，创造了鲜明独特、奋发向上的崇高革命文化，开拓了承前启后、继往开来的社会主义先进文化。中华民族的文化自信不仅来自文化的积淀传承与创新发展，也来自当今中国特色社会主义的蓬勃生机和伟大前程，更来自实现中华民族伟大复兴的光辉岁月与光明前景。党的十九届五中全会开启了全面建设社会主义现代化国家的新征程。面对错综复杂的国际形势和发展环境，我们必须在党的坚强领导下汲取文化营养、树立时代精神。

第四章　光荣的传承：红色基因与文化自信
Chapter Four : Red gene and cultural confidence

文化建设是组织发展的关键基石和根本动力，良好的组织文化建设能有效规避工作目标偏离、工作质量降低、工作事故频发、工作进展停滞等系统性风险。机关事务管理部门走过峥嵘岁月、传承红色基因，始终为党和国家的中心工作服务，为国家党政机关和广大干部职工提供保障，其根本属性是政治先进性，其核心优势是文化先进性。中华民族强大的文化根基、强盛的文化实力和强劲的文化发展，始终是机关事务管理部门夯实文化底蕴、保持文化先进、坚定文化自信的动力源泉。机关事务管理部门要坚定文化自信，主动担当新征程机关文化的传承使命，自觉满足新形势机关部门运行需求，积极适应新时期的机关事务发展态势。

2020年12月31日，习近平总书记在全国政协新年茶话会上的讲话中指出："我们要深刻铭记中国人民和中华民族为实现民族独立、人民解放和国家富强、人民幸福而奋斗的百年艰辛历程，发扬为民服务孺子牛、创新发展拓荒牛、艰苦奋斗老黄牛的精神，永远保持慎终如始、戒骄戒躁的清醒头脑，永远保持不畏艰险、锐意进取的奋斗韧劲，在全面建设社会主义现代化国家新征程上奋勇前进，以优异成绩庆祝中国共产党成立100周年。"先进优秀的机关事务工作文化包括政治立场的坚定性、服务大局的自觉性、组织工作的原则性、改革创新的敏锐性等，其核心是以高度称职的职工素质为基础的人本思想。为全力打造饱含机关事务情怀、忠诚机关事务事业、矢志机关事务创新的优秀人才队伍，成都市机关事务管理局努力探索国家治理体系和治理能力现代化背景下机关事务工作的文化建设方向，在"为民服务孺子牛"精神的教导下培育了以服务社会为己任的终生职业理念，在"创新发展拓荒牛"精神的指导下形成了以人才培养为抓手的终生学习理念，在"艰苦奋斗老黄牛"精神的引导下塑造了以勤劳精神为支柱的终生奋斗理念。

一、终生职业：以服务社会为己任

"为民服务孺子牛"精神是党的初心使命和永恒底色，体现了中国共产党"情为民所系、权为民所用、利为民所谋"的崇高执政理念。1942年5月，毛泽东同志指出："鲁迅的两句诗，'横眉冷对千夫指，俯首甘为孺子牛'，应该成为我们的座右铭。"自此以后，人们把心甘情愿为人民大众服务的人比作"孺子牛"。从党的七大将"全心全意为人民服务"写入党章，到党的十八大以来"以人民为中心"深入人心，"为民服务孺子牛"精神在时光更替中历久弥新。

"对党和人民事业有利，对最广大人民有利，对实现党和国家兴旺发达、长治久安有利"是判断改革方向和工作成效的重要标准。机关事务管理部门工作的任务是通过促进党政机关在正确的工作路径上高效顺畅运行，最终实现有效服务于人民群众的政治目的，是党和国家治理体系和治理能力的重要组成部分。机关事务管理活动以机关运转高效率和行政投入高效益作为直接目标，追求高度满意的社会评价是机关事务管理永葆政治本色的生动体现和根本保证。

　　成都市机关事务管理局集中管理成都市市级行政事业单位的公物仓、运行经费、办公用房、办公用地和公务用车，承担着市级机关集中办公区的安全运转、绿化卫生、会务餐饮等保障服务工作，并负责统筹指导全市公共机构节能工作、后勤服务工作以及市级机关社会治安综合治理工作。在集中管理国有资产、保障服务政务活动、统筹指导节能安保工作的过程中，成都市机关事务管理局出色完成了市委、市政府交办的各项任务，圆满实现了机关政务活动的有序开展，全力保障了一大批重要会议的顺利召开，为成都经济社会发展做出了卓越贡献。

　　平凡事务筑成光辉事业，平凡人生造就光荣人物，政通人和、安居乐业的美好成都离不开机关事务一线员工的辛勤付出和贴心守护。为有效激励一线员工工作热情、

切实提升一线员工技能素养，成都市机关事务管理局根据职业分类和个人潜能对一线员工进行培养过程管理，矢志探索职工队伍建设的科学方案，为职工提供优质的工作体验、可控的工作预期和坚定的工作信心。职业生涯规划对职工有着决定性影响，在可及性组织参与和可视化职业发展的制度引导下，积极有效的职业生涯规划能为职工发展指明方向，能为职工更为广泛的社会生活提供意义体系。在成都市机关事务管理局组织的一次"红色寻根"活动中，一名党员同志写下了这样一段话："走进延安，一次次燃烧的激情，撞击着我的思绪，一次次感动的热泪，涤荡着我的灵魂，我梦寐以求的答案终于找到了：坚定正确的政治方向，实事求是的思想路线，全心全意为人民服务的根本宗旨。这，就是我们机关事务人的力量源泉。"从他的心得体会中不难看出，尽心尽力以获同事认可、尽职尽责以获组织信赖、尽善尽美以获社会效益已经成为成都市机关事务管理局职工矢志不渝的工作追求。

二、终生学习：以人才培养为抓手

"创新发展拓荒牛"精神是实现社会主义现代化的核心要领，是马克思主义政党先进性的重要体现。从历史沿革来看，"拓荒牛"起源于改革开放之初。在改革开放初期，开拓创新的先行者们在国家各个领域发光发热，他们不畏艰险，积极贡献才智和力量。人们习惯将先行者比作拓荒牛，拓荒牛便成为开拓创新精神的象征。敢走别人没走过的路，才能收获别样风景；敢垦前人没种过的地，才能开辟新的天地。创新是引领发展的第一动力，抓住了创新，就抓住了牵动经济社会发展全局的"牛鼻子"。"创新发展拓荒牛"精神体现了创新在我国现代化建设全局中的核心地位，展现了中国人自立自强的卓绝志气。

习近平总书记强调，"人才是创新的根基，是创新的核心要素。创新驱动实质上是人才驱动。为了加快形成一支规模宏大、富有创新精神、敢于承担风险的创新型人才队伍，要重点在用好、吸引、培养上下功夫。"组织发展既取决于人才的质量和数量，更取决于人才的使用效率，人才的充分引进和自主培养是组织有效应对环境变化、迅速实现自我成长的根本动力。机关事务管理部门致力于保障和强化党政机关运行的政治功能、政治定位和政治效果，是党和国家治理能力的重要力量来源，加强高端人才队伍建设是机关事务管理部门增强政治能力的有效方法和长远途径。

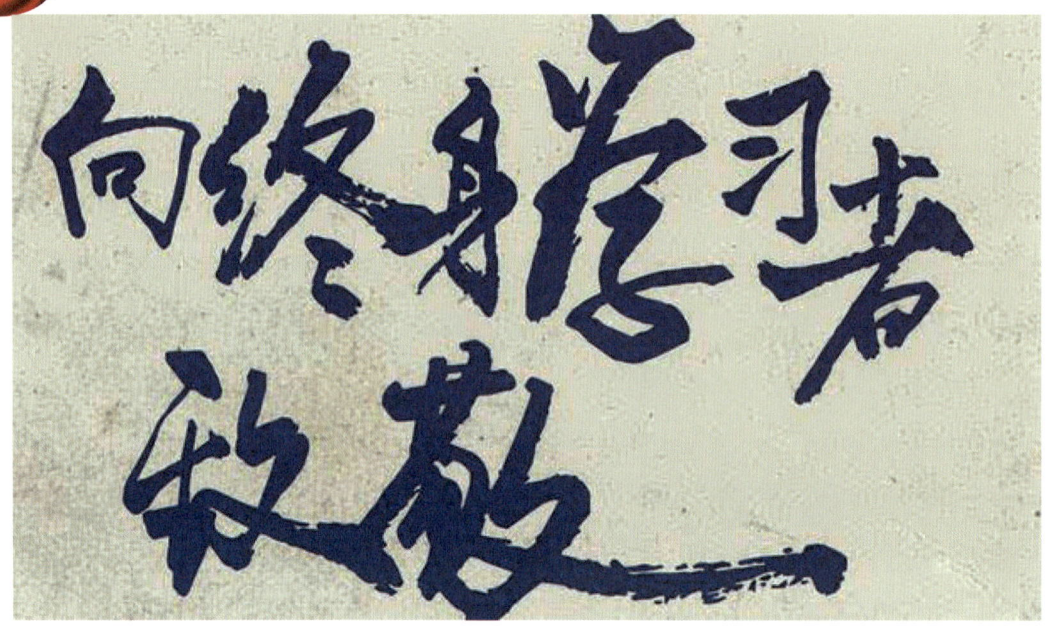

  忠诚于机关事务管理事业、矢志创新创造的优秀人才队伍是机关事务管理工作的人才支撑和智力保障。为着力打造事业发展的人才高地、全力开创人才工作新局面、有力推动人才事业蓬勃发展，成都市机关事务管理局坚决贯彻"聚天下英才而用之"的思想，牢固树立"人才是第一资源"的理念，以培养领军人才为重点，以提升人才效能为目标，运用工程管理模式推动人才引进工作向更广范围拓展、向更高层次提升、向更优路径转型，逐步构建起体系全面的人才资源开发战略规划，初步形成了系统科学的人才资源引进实施步骤。

  按照工作需要，成都市机关事务管理局将人才引进规划分为以下三步：第一步，在全国范围内选聘100名全日制本科应届优秀毕业生。第二步，到2023年左右，初步实现高层次、市场化、专业化人才质量与规模的同步提升，使人才"断层""盖层"问题得到有效缓解，破除人才发展体制机制障碍，有效激发人才队伍活力，使人才队伍发展趋于协调，为机关事务管理工作高质量发展奠定坚实的人才基础。第三步，到2026年左右，实现"人才基础更加坚实，布局更加合理，年龄梯次、专业分布、层级结构更加科学"的目标，人才作为第一资源的价值得以充分显现，人才发展体制机制更加系统完备，人才吸引力显著增强；培养造就一批涵盖各专业领域的高层次人才，包括具有全日制本科及以上学历的优秀管理人员200人、机关事务名匠100人、骨干人才300人左右。

三、终生奋斗：以勤劳精神为支柱

"艰苦奋斗老黄牛"精神是党实现初心使命的根本方法和核心路径，是艰苦奋斗革命文化的生动体现。"老黄牛"一词，来源于农民对黄牛的美称。老黄牛的"老"字，彰显了黄牛所代表的精神——老老实实、勤勤恳恳、任劳任怨、忠心耿耿。现代诗人臧克家曾写过一首题为《老黄牛》的诗，其中有这样两句："块块荒田水和泥，深耕细作走东西。老牛亦解韶光贵，不待扬鞭自奋蹄。"这首诗形象而又深刻地道明了老黄牛精神的内涵。"艰苦奋斗老黄牛"精神要求各级领导干部树立正确的政绩观，要求所有党员为实现社会主义现代化不懈努力，始终保持党在革命时期的优良传统作风。

习近平总书记强调，一切伟大成就都是接续奋斗的结果，一切伟大事业都需要在继往开来中推进。时间不等人！历史不等人！时间属于奋进者！历史属于奋进者！为了实现中华民族伟大复兴的中国梦，我们必须同时间赛跑、同历史并进。新时代机关事务管理工作逐渐从幕后走向台前，获得了社会更为充分的关注，但不变的是保障党政事业发展、服务人民群众需求的初心使命。机关事务管理的工作质量和履职成效对党和政府的社会形象有着直接影响，树立艰苦奋斗的伟大精神是机关事务管理部门提升政治修养的核心要求和主要方式。

劳动不仅是生存的需要，更是经历幸福人生、完成自我超越、实现社会价值的需要。新时代是平凡劳动者做主角的时代，新时代的劳动者是有着充分文化自信的劳动者，是有着充盈精神生活的劳动者。为焕发干事创业的精气神、汇聚担当作为的正能量，近年来，成都市机关事务管理局持续深化"表率、示范、形象"活动，针对勤能进行全面发掘、定期奖励和充分表彰，激发一线员工干事创业的热情，培养一线员工的艰苦奋斗意识，使严肃而不失活泼、平凡但不减光荣的机关事务管理工作取得了新成效、迈上了新台阶。

为大力弘扬劳模精神和工匠精神，切实厚植真诚服务、爱岗敬业、优质高效的机关服务文化理念，成都市机关事务管理局开展了全市机关事务"平凡与优秀"系列活动，通过"两优一先""服务明星""技术标兵""能工巧匠"等评选表彰活动，积极传递"奋斗创造幸福、实干成就梦想"的机关事务正能量。荣誉既是感人肺腑的记忆，也是催人奋进的号角，在各次评选表彰活动的名单中，既有为夺取疫情防控和经济社会发展"双胜利"而冲锋在前的优秀党员，也有为矢志提升专项技能和服务质量而忘我钻研的优秀技师，还有为维护会务进程和党政机关形象而负重前行的优秀职员，他们共同书写了成都市机关事务管理局一线员工顽强拼搏、无私奉献的激昂篇章，全面展现了脚踏实地、追求卓越的光辉形象。

第四章 光荣的传承：红色基因与文化自信
Chapter Four : Red gene and cultural confidence

第三节

使命光荣再出发

"中国共产党一经诞生，就把为中国人民谋幸福、为中华民族谋复兴确立为自己的初心使命。"2021年7月1日，习近平总书记在庆祝中国共产党成立100周年大会上发表的重要讲话中，作出了这样的重要诊断。早在2019年6月开始，全党已自上而下分两批开展"不忘初心、牢记使命"主题教育，深刻领会"不忘初心、牢记使命"的时代要求，推动全党更加自觉地为新时代党的历史使命而努力奋斗。习近平总书记在"不忘初心、牢记使命"主题教育总结大会上强调，一个忘记来路的民族必定是没有出路的民族，一个忘记初心的政党必定是没有未来的政党。我们要不断叩问初心、守护初心，不断坚守使命、担当使命，始终做到初心如磐、使命在肩。中国共产党人必须用马克思主义中国化最新成果统一思想、统一意志、统一行动；必须以正视问题的勇气和刀刃向内的自觉，不断推进党的自我革命；必须发扬斗争精神，勇于担当作为。各级机关事务管理部门深入贯彻习近平总书记的重要讲话精神，积极开展"不忘初心，牢记使命"主题教育活动。2019年8月，《人民日报》专栏刊发报道表扬了国家机关事务管理局在对标中找准差距，在整改落实中补齐短板，着力解决突出问题的突出事迹。机关事务管理工作逐步在探寻初心的过程中得到锤炼，在牢记使命中实现飞跃。为了发挥机关事务管理工作更大的担当作用，成都银杏文化书院在成都市机关事务管理局的统筹规划下应运而生，成为全国机关事务管理领域创新发展的先锋。

在推进书院建设的过程中，成都银杏文化书院认真贯彻落实中央、省、市委人才工作会议精神，坚持"党管人才"原则，实施人才强校战略；基于红色文化、时代精神对书院的未来发展方向进行规划，以服务区域经济社会发展为办学使命；坚持"立足成都、面向西南地区、辐射全国"的办学理念，积极推进"区域化、特色化、国际化"建设，在机关事务管理文化建设方面彰显书院特色，力图为成都社会经济发展做出更大的贡献，为全国机关事务管理提供更多的成都经验。

一、不忘初心：成都银杏文化书院的成立

"不忘初心"一词，最早出自唐代著名诗人白居易的《画弥勒上生帧记》："所以表不忘初心，而必果本愿也。"这句话的意思是说，时时不忘记最初的发心，最终一定能实现其本来的愿望。做好机关事务管理工作，就是坚持中国共产党为人民群众谋幸福的初心。成都银杏文化书院正是成都市机关事务管理局党组在国务院下发的《关于加快发展现代职业教育的决定》的指引下，秉承"突出职业院校办学特色，强化校正协同育人"精神，以成都市银杏物业管理有限责任公司（简称"银杏物业"）为项目主体成立的一所文化教育书院。

（一）成都银杏文化书院的成立背景

《资治通鉴》有言："经国序民，正其制度。"成都银杏文化书院作为成都市机关事务管理局的创新成果，其脱胎于机关事务管理现代化的现实需求，建设于成都市银杏物业公司的现实条件。从机关事务管理现代化层面来讲，成都银杏文化书院的成立是机关事务管理现代化进程中创新发展的必然成果。随着我国在推进治理体系和治理能力现代化方面不断发力，新时代下具有中国特色的社会主义制度已完成了基本体系构建。如何实现从制度优势到治理效能的有效转换，将是未来一段时间内需要加以探索回答的重大命题。机关事务管理工作作为政府运行的支持和保障力量，自然也要顺应现代化需求，更好地为机关提供管理和保障服务。新时代背景下的机关事务管理不仅应追求具有基础性、服务性和保障性的职能，更应追求具有核心性、综合性的"进阶式"职能。

早期的机关事务管理侧重于政府内部的自我服务和自我管理，其目的和任务主要是保障机关正常运转。随着中国特色社会主义制度基本体系的构建和完善，作为公共机关重要组成部分的机关事务管理部门势必成为提升国家治理效能支点。机关事务管理部门只有不断为顺应现代化进程而转变职能，才能更好地为人民服务。因此，提升机关事务管理水平，是共产党人坚持初心的内在要求。

银杏物业是成都银杏文化书院成立的现实基础。银杏物业成立于1998年2月，是由成都市机关生活服务中心与四川省财政厅共同持股、自主经营、自负盈亏、独立核算的国有独资有限责任公司。银杏物业成立20多年来，已发展为年产值近3亿元、员工人数超4000人的规模型服务企业。近年来，银杏物业坚守"以优质服务赢得信任，以优异成绩赢得尊重，以优秀团队赢得未来"的企业核心经营理念，紧密围绕机关保障服务的内部性、政治性、保障性的特性，逐步形成了专业机关物管的口碑和市场，在全员努力下先后获得"全国示范项目"称号2个、"省优项目"称号11个。这些成绩的取得，证明了银杏物业的服务不但受到客户单位的好评和认可，也受到了同行的称赞和肯定。

随着银杏物业的进一步发展，现有的人才结构和培养模式已不能有效满足企业的发展需要，为深入实施人才强企战略，加快建设一支与企业发展相适应的人才队伍，将人口规模优势转化为人才资源优势，银杏物业党委根据中共四川省委组织部等五部门联合印发的《四川省技能人才队伍建设"十三五"规划》中的相关条款和成都市机关事务管理局党组《关于银杏公司应加强人才队伍建设的要求》，用自有资金组建成立了成都银杏文化书院。

（二）成都银杏文化书院概况

成都银杏文化书院坐落于成都市武侯区大石西一街2号，左临杜甫草堂，右倚武侯祠。书院现有8层综合楼及其配套设施，总建筑面积为2800平方米。书院的总体建设参照成都东郊记忆进行，以"利旧翻新"为建设原则，以"小切口，大文章；小舞台，大空间；小课堂，大合作；小改动，大平台"为建设方针，坚持"能利用的充分利用、必须改的尽量节约"的建设理念，分类别、分区域、分阶段地对现有闲置房产资源开展功能性改造，科学规划教学区、生活区、文化展示区，合理设计党性教育室、机关事务文化展室、技能培训教室、标准化库房教室等功能性教室。

校徽是一所书院的精神表现和文化传承。成都银杏文化书院依托成都古蜀文化、三国文化，根植蓉城土壤，其校徽也充满了文化寓意。校徽上的"银杏文化书院"几个大字采用中国著名文学家、书法家郭沫若先生的沫体字书写，彰显了成都银杏文化书院承载的文化使命。校徽外圈采用了金沙出土的太阳神鸟金箔为底纹，金箔有12道芒纹，代表的是太阳在运转时发出的12道光芒，寓意时间周而复始、循环往复，也承载着书院"发展生生不息"的美好愿望。校徽中间的银杏叶片，代表的是银杏物业以及成都银杏文化书院。叶片下面有三本书籍，代表着书院的三大主旨：终生职业、终生学习、终生奋斗。"2019"则代表银杏文化书院成立的时间。

成都银杏文化书院自2019年9月6日揭牌成立以来，力图筑牢企业办学质量"巢"，吸引有经验无平台、有实力无优势的社会资本、国企资本共同参与，合力建设专业化的机关后勤服务教学产业基地，通过品质效应及功能效应，构建机关后勤服务做大、做强、做优、做长的战略延伸意图和战略发展体系。成都市机关事务管理局以成都银杏文化书院为摇篮，开发银杏文化书院科研孵化中心职能，使其成为党政机关后勤服务作业标准研发、程序研发、管理体系研发及机关事务管理服务人工智能工具应用试验基地等科研科普基地。同时，成都银杏文化书院还承担了银杏物业体系文件、作业标准、服务标准、作业文件、评价体系规则的编制与编撰工作。成都市机关事务管理局将积极综合性战略整合，立足国企发展、配套国资产教实体、延伸政策职能，积蓄原始资本，扩充资源，争取十年内将成都银杏文化书院建设为具有国资背景的综合性教育培训产业基地。

二、砥砺前行：成都银杏文化书院的运行

　　进入新时代，面对新形势和新挑战我们要勇于担当，战胜困难，奋勇前行。要有直面困难的勇气和战胜困难的决心，更要提出行之有效的解决困难的新方法，坚持在重大斗争中磨砺，在困难大、矛盾多的地方练胆魄、磨意志、长才干。成都市机关事务管理局基于机关事务发展的现实情况，为书院设定了打基础和利长远的机构设置和运行模式，旨在将成都银杏文化书院打造成综合性机关后勤教育培训基地。银杏物业破除重重困难，投入占公司利润一半以上的资金支持成都银杏文化书院的建设，在全国范围内开了先河。

（一）成都银杏文化书院的机构设置

　　成都银杏文化书院的院长由公司主要负责人担任，书院面向全社会公开选聘具有企业商学院管理、办学经验的专业人士担任执行院长。书院设有四个部门，分别为：负责提出人才需求和培训效果检验的人才开发部、负责全公司人才培养规划制定的教学计划部、具体牵头负责教学计划实施的教学实施部和支援教学的教学支持部。

　　成都银杏文化书院采取内部讲师为主、外聘专家教授为辅的师资构成模式，内部讲师主要由具有丰富理论基础和专业技能水平的公司骨干人员担任；外部讲师则是聘请的具有全面政策功底和丰富理论实践经验的行业专家、学者、教授。

　　作为综合性机关后勤教育培训基地，成都银杏文化书院设置了众多功能区域，旨在为教学、培训、活动等各种机关事务管理人才培养项目提供合适的场所。这些功能区域包括入户功能区，该区域设置了上级领导寄语、来访嘉宾祝福、银杏书院文化墙等功能墙；临街铺面区，该区域设置了气源燃气式餐厨设备保障区及多家餐厅，为餐饮食品安全操作教学区、学员就餐及快餐外卖配送区；办公及后勤保障区，该区域主要由物管办公室、物管值班室、物管宿舍及书院办公室等组成；标准化库房展示区，该区域为书院库房、标准化库房管理展示教学区；教学区，该区域主要由多功能教室、开放式商务接待区（演示区）、图书阅览室、多功能电教化教室、沙盘推演教学室、礼仪及形体培训室、医务室等组成；学员住宿功能保障区，该区域为学员集中住宿的预留区。

（二）成都银杏文化书院的基本运行模式及主要培训课程

　　成都银杏文化书院的基本运行模式是基于机关事务管理人才培养的现实需求而制定的，采用理论教学与在岗实践、线上与线下、内训与外训、书院与项目相结合的方式，分区域、分专业、分层级地培养在职干部职工，确保全体干部职工学得到、用得上、能改善、能传承。书院当前主要开设了以下培训班。

①市外项目巡回式"微书院"半脱产学习班。此类学习班属于基层培训课程，一般采用分区域、分专业的培训方式，全年开班4~6次。

②脱产学习班。此类学习班主要针对公司管理人员和拟提拔的骨干人员，培训期为5~7天，单期培训人数30~50人，全年开班4~6批。

③"实习基地"培训班。此类学习班主要针对新入职人员、技术骨干，培训目标为实操技能提升，培训期为5~7天，单期培训人数30~50人，全年开班8~12批。

④半脱产轮岗学习班。此类学习班主要针对公司各专业骨干，培训期为5~7天，单期培训人数70~130人，全年开班8~12批。

⑤职业资格取证班。此类学习班一般与职业鉴定机构联办，主要针对需持证上岗的（消防设施操作员、变配电值班员、保安员、智能楼宇管理员、中央空调系统操作员、电工、安全管理员、食品安全管理员），每年分工种各办培训班一期。

⑥远程线上"电教式"长效学习班。此类学习班的开班时间、范围、对象、频次由成都银杏文化书院酌情制定。

⑦外接专项培训班。此类培训班主要针对关联单位和业务外包单位委托代为培训的各类人员。

三、使命光荣：成都银杏文化书院的发展

成都银杏文化书院肩负着光荣的使命，在成都市机关事务管理局高起点定位、高效能布局、高品质谋划下，取得了丰硕的成果。"尽职尽责以获上级信赖、尽心尽力以获学员认可、尽善尽美以获社会效益"是成都银杏文化书院矢志不渝的办学追求。

（一）成都银杏文化书院的发展成果

2019年11月，成都银杏文化书院承办了全国机关事务文化建设工作研讨会分会场活动。国家机关事务管理局领导莅临成都银杏文化书院参观指导，高度赞扬了书院的办学初心和办学成绩，并指出：成都银杏文化书院秉承高起点、高定位办学理念，在全国机关事务体系文化建设、职业技能提升等方面做出了表率，要把成都机关事务管理局与成都银杏文化书院成功的经验推广至全国。在未来发展中，要着眼于机关事务工作所需的基础专业、关键技能和重要岗位能力，进一步整合资源、拓宽渠道，全力提升机关事务工作质量和效能，为建设全面体现新发展理念的城市贡献机关事务力量。

国家机关事务管理局的高度评价,引起了各部门对成都银杏文化书院的关注,他们纷纷前来,希望能一睹成都银杏文化书院之"芳容"。2020年10月,南京市机关事务管理局考察团前来参观考察;2021年6月,中国社会科学院考察团来到成都银杏文化书院参观调研。

为实现优势互补、资源共享与合作共赢,成都银杏文化书院于2019年9月联手成都大学,成立成都市机关事务管理与文化建设研究中心(简称"研究中心")。研究

第四章 光荣的传承：红色基因与文化自信
Chapter Four : Red gene and cultural confidence

以优质的服务赢得信任
以优异的成绩赢得尊重
以优秀的团队赢得未来

中心立足成都实际，突出本地特色，优化整合资源，推进协同创新，聚焦机关事务管理标准化、信息化、法治化和机关事务文化建设，在理论研究、人才培养、资源共享等方面强化政校合作，以机关事务管理"思想库"和"智囊团"的强大作用助力世界文化名城建设，为加快建设全面体现新发展理念的城市贡献智慧和力量。2020年12月，成都市银杏物业管理有限责任公司与成都广播电视大学建立战略合作关系。双方将以此次战略合作为契机，依托成都银杏文化书院"产、学、研"平台，充分借鉴成都广播电视大学的网络办学经验及丰富的教学资源，在人才培养、标准孵化、文化浸润、品牌输出等方面展开深入合作，打造校企合作典范。

真抓实干练本领，团结一心干事业。在组织培训活动方面，成都银杏文化书院通过"双百计划"临时党总支的组织引领，切实加强了"双百计划"新入职员工的党建工作，充分发挥了基层党组织的战斗堡垒作用和党员的先锋模范作用。"杏坛之声"学习分享会是成都银杏文化书院开展时事政治、重要会议精神学习的重要平台，书院依托"杏坛之声"品牌，在2021年采用"优秀传统文化内核+文体形式"的模式举办活动15场，主办及承办各类文化活动31场，贯彻落实了新时期机关事务工作开展的指示精神，传承了先进机关事务工作者的优秀品质，了解了机关事务管理的进展脉络，提升了机关事务培训人员的综合素质。职业技能培训是按照职业分类和职业技能标准进行的规范性训练活动，机关事务职业技能培训是机关事务职业教育的核心工作。成都银杏文化书院先后承办了 2019 年成都市机关事务管理系统首届服务技能竞赛等多项竞赛活动，在 2021 年共举行了机关事务系统员工政务服务培训、公文写作培训交流会等 55 场培训活动，让参训人员在亲身参与中不断发现自身优势和不足，快速实现认知模式转变，从而迅速提升其机关事务工作能力。在实际教学方面，成都银杏文化书院积极运用"从实践中来，到实践中去"的教学方法，推出了"客服事务受理及咨询""物业安保基础知识""常用清洁剂的认识、使用及注意事项"等具有代表性的课程。在育人平台方面，成都银杏文化书院立足成都、放眼全国，积极拓展战略合作关系优化资源利用，毅然成立研究中心强化理论指导，圆满承办全国会议增进行业交流，构建了"政、校、行、企"一体化协同育人平台，在建设全国一流机关事务产学研基地的征途中取得了累累硕果。

【案例库 4-1】成都银杏文化书院全程参与国家机关事务管理局第三届服务技能竞赛保障工作

2021年10月12日至14日，国家机关事务管理局举办了以"弘扬工匠精神，争做岗位能手"为主题的第三届服务技能竞赛，旨在全面贯彻习近平总书记对技能人才工作的重要指示精神和李克强总理关于"在打造高素质专业人才队伍上下功夫"的批示精神，深入推进党史学习教育，弘扬劳模精神、劳动精神和工匠精神，推动机关事务工作高质量发展。成都市机关事务管理局作为协办单位，携银杏物业及成都银杏文化书院技术团队前往北京，全程参与了国家机关事务管理局第三届服务技能竞赛的前期筹备、组织协调及现场执裁工作，取得了零投诉、零仲裁的赛事效果，得到了国家机关事务管理局及所有参赛单位的高度赞扬。

本届竞赛设置了客房服务、会议服务、中餐摆台、中餐热菜、面点制作5个个人项目和西餐摆台、前厅服务、咖啡拉花、主题展台4个团体辅助项目。国家机关事务管理局机关服务中心，宾馆管理中心所属的首都宾馆、友谊宾馆、国谊宾馆、国二招宾馆、达园服务中心、紫金服务中心等10个参赛单位130余名选手参加竞赛。各竞赛项目均按照国家级竞赛的相关技术文件和竞赛标准执行，组织专家组，按国家职业三级技能标准（高级工）及以上标准命题，选聘服务领域权威专家担任评委，保证比赛的权威性、正规性和公正性。参赛单位和选手严格遵守竞赛规则和纪律以及疫情防控要求，服从裁判员和工作人员的统一安排，将精益求精的工匠精神融入竞赛的每一个环节，以极具创意的主题展台、独具匠心的餐台设计、一气呵成的规范动作、游刃有余的刀工手法、地道可口的美食制作，充分展示了优质的服务质量、精湛的服务技能和良好的精神风貌。

（二）成都银杏文化书院的发展规划

制定发展规划，就是要恰当地设定理想的奋斗目标，寻求可持续发展的生长点，选择适切的操作路径，以实现各种管理要素之间的相互协同和人、财、物等各种资源的最佳配置和最有效利用。在未来，成都银杏文化书院将通过构建科学的人才培养体系，打造高质量培训教学课程，在行业领域和职业教育上树立成都品牌。

首先，在人才培养方面，成都银杏文化书院将以培养领军人才为重点，以提升人才效能为目标，强力推进人才引进计划。具体规划如下。其一，拓展招聘渠道，打造专业团队。为确保人才多元化，成都银杏文化书院将建立健全开放灵活的"聚才"机制，在全国范围内选聘人才，提升人才引进质量，不断完善高层次人才、优秀毕业生等人才引进制度；实施"星火计划""中流计划"和"领军计划"等多项人才专项提升计划，保障人才可持续发展，不断激活内部管理，力促"优基、扩中、培高"，着力培养德才兼备的专业化高素质人才队伍；牢牢把握打造全国知名机关事务管理人才培养基地的总体定位，始终坚持"政策通、视野宽、专业精，熟市场、熟基层、熟规则"，强化引进人才开发力度，打造高端人才培养链。其二，优化晋升机制，激发人才活力。成都银杏文化书院将通过推进职级序列调整，实施管理、专业双通道职业发展路径，细化岗位晋升要求，挂钩书院配套课程，根据机关事务业务和人才队伍特点，区分专业、层级、岗位，健全完善覆盖品德、知识、能力、业绩和贡献的人才评价标准体系；完善不同岗位建立胜任力模型，设立人才评估分析数据库，做到评价有支撑、培养有方向、选用有依据，激发人才干事创业的激情；继续推行绩效管理，完善《银杏文化书院学校绩效管理及奖励办法》，分层设置绩效目标和管理办法，在以岗位升级和薪酬调整为激励动力的同时，增加奖励的项目，提高人才绩效水平，同时加强团队绩效意识，提升团队整体绩效。

其次，在教学建设方面，成都银杏文化书院将以《国家中长期教育改革和发展规划纲要（2010—2020年）》为指导，深入贯彻党的重要会议精神、"十四五"规划纲要，坚持社会主义办学方向。一方面，加强统一的人才配置规划，提高人才资源配置效率，将现有的人才资源发挥其最大作用，坚持新老共存、优势互补、和谐共进的用人机制，营造公平向上的良性人才竞争环境；认真落实书院人才引进制度，做深做细人才工作，引导人才把实现个人价值与推动书院发展相结合；依托成都银杏文化书院既有平台，加强引进人才培训师资队伍管理，推进高层次人才上讲台，开展培训教师专项能力培训，推行专职教师竞争上岗制度，打造卓越教师团队。另一方面，书院坚持"以人为本，质量立校，服务国家，回报社会"的办学宗旨，依靠优秀的人才资源把优秀理念、先进技术等融入教学实践，设计系统化、特色化的教学课程，加强和完善教学体系建设。书院不仅将打造涉及内外培训的一系列特色课程，还将联手军训基地、非物质遗产文化传承人、天府新城会议中心等合作伙伴，开发出一套综合、创新、多元的课程体系。充分挖掘成都机关事务人的故事，凸显榜样作用，增强价值引领，进一步增强机关事务文化自信。在党的第二十次全国代表大会即将来临之际，聚焦机关红色文化，开展党史学习教育活动，开设党建理论提升系列课程，探访革命阵地，传承红色基因；举办爱国系列电影展，学习前辈先进事迹，在平凡的岗位上凝心聚力、努力工作、无私奉献，为党的百年华诞献礼。以新思想、新理念为指引，加强对机关事务文化内涵凝练，积极弘扬中华优秀传统文化、传承红色基因。

再次，在文化宣传方面，成都银杏文化书院将以"办红色书院，树绿色讲坛"为引领，以建设"学习园地、文化阵地、工匠基地、人才高地、创新领地"为办学目标，持续创新活动形式，丰富文化内涵。第一，丰富载体，加强品牌形象打造工作。书院专属IP形象"杏宝"经过多次修改优化后完成了基础形象定稿，在书院微信公众号正式推出。成都银杏文化书院将在现有文创成果基础上，继续探索各类产品开发及创意延伸。大力宣传推广现有的IP形象的相关周边产品，扩大对外影响力，打造具有特色的成都银杏文化书院品牌。第二，创新形式，积极开展文化建设工作。成都银杏文化书院计划推出"'杏宝'带您游成都"系列文章，以"杏宝"的视角展示"我们的城市"建设成果；制作书院原创视频，将其加入活动短视频及线上视频课程，并探索以"杏宝"为主题的原创视频制作。第三，加强业务能力提升，拓展业务覆盖面。在未来，成都银杏文化书院将把专业知识学习列入常态化工作中，细化到月度学习计划，全面提升学员的业务技能水平。作为机关事务管理工作人才培养和文化建设的阵地，成都银杏文化书院将继续发挥自身创新创造能力，持续推进品牌形象打造及文化建设工作。

1921年7月，在上海举行的党的第一次代表大会由于受到法租界巡捕房的干扰，被迫转移到浙江嘉兴的南湖画舫上继续召开。在这条船上，代表们在短短的半天时间之内，通过了《中国共产党的第一个纲领》《中国共产党的第一个决议》，选举产生了中国共产党的中央领导机构。2005年6月21日，时任浙江省委书记的习近平同志在《光明日报》发表署名文章《弘扬"红船精神" 走在时代前列》，将"红船精神"的内涵概括为：开天辟地、敢为人先的首创精神；坚定理想、百折不挠的奋斗精神；立党为公、忠诚为民的奉献精神。

百年风华，"红船精神"昭示着中国共产党永不褪色的精神丰碑。继承"红船精神"，最好的继承就是在创新中继承;学习"红船精神",最好的学习就是在奋斗中学习;实践"红船精神",最好的实践就是在奉献中实践。在未来,成都银杏文化书院将坚定不移地继承革命先烈的开拓精神,代表成都在全国机关事务管理系统进行重大创新;坚定推进机关事务管理服务高质量发展的理想信念,不畏艰险困难、为之奋斗拼搏;以高度的政治自觉,弘扬全心全意为人民服务、为党和国家服务、为社会主义建设服务的奉献精神。成都银杏文化书院将通过对红色文化的传承,力图以新时代的精神状态解决新时代的问题,肩负着平凡而光荣的使命不断前行,在机关事务管理领域阔步新征程、扬帆再起航。

主要参考文献

图书

[1] 埃德加·斯诺. 红星照耀中国 [M]. 北京：人民文学出版社，2016.

[2] 曹敏华. 中央苏区军事史 [M]. 厦门：厦门大学出版社，1999.

[3] 陈光金，张翼. 新发展理念与社会治理现代化 中国社会科学院社会学研究所博士后文集（第 12 卷）[M]. 北京：社会科学文献出版社，2018.

[4] 陈兆丰. 机关事务管理基础知识 [M]. 上海：上海人民出版社，2005.

[5] 成都市机关事务管理局. 虚拟公物仓 [M]. 成都：四川大学出版社，2020.

[6] 邓纯东. 新时代 新思想 新征程 [M]. 北京：人民日报出版社，2018.

[7] 房成祥，黄兆安. 陕甘宁边区革命史 [M]. 西安：陕西师范大学出版社，1991.

[8] 高富有，高英. 共和国元勋轶事 国务院机关事务管理局原常务副局长高富有回忆录 [M]. 北京：中央文献出版社，2005.

[9] 国家机关事务管理局公共机构节能管理司，中国科学院科技政策与管理科学研究所. 公共机构能源资源消费统计工作手册 [M]. 北京：科学出版社，2016.

[10] 国家机关事务管理局公共机构节能管理司. 公共机构节能管理与技术 [M]. 北京：清华大学出版社，2019.

[11] 国家机关事务管理局政策法规司. 机关事务管理法律法规汇编（2016 版）[M]. 北京：中国标准出版社，2016.

[12] 国务院机关事务管理局，国务院法制办公室. 机关事务管理条例释义 [M]. 北京：中国法制出版社，2012.

[13] 国务院机关事务管理局. 公共机构能源审计 [M]. 北京：中国环境出版社，2010.

[14] 国务院机关事务管理局. 节约能源资源政策法规汇编 [M]. 北京：中国环境出版社，2010.

[15] 国务院机关事务管理局. 日常节能手册 (第 2 版)[M]. 北京：中国环境出版社，2009.

[16] 金冲及. 毛泽东传 (1893-1949)[M]. 北京：中央文献出版社，2006.

[17] 孔永松，林天乙，戴金生. 中央革命根据地史要 [M]. 南昌：江西人民出版社，1985.

[18] 李宝荣.机关事务管理概论[M].北京：北京大学出版社，2020.

[19] 李宝荣.机关事务理论与实践研究[M].北京：社会科学文献出版社，2021.

[20] 李琪.机关事务管理相关法律法规[M].上海：上海人民出版社，2010.

[21] 刘万兴，李润乾，乔广奇.机关后勤管理工作[M].西安：陕西人民出版社，1992.

[22] 刘须宽.国家治理体系和治理能力现代化[M].北京：人民日报出版社，2020.

[23] 罗通.来自井冈山下——罗通回忆录[M].北京：东方出版社，1996.

[24] 马齐彬等.中央革命根据地史[M].北京：人民出版社，1986.

[25] 乔光烈.中国人民解放军后勤简史[M].北京：国防大学出版社，1989.

[26] 任丽梅.新发展理念[M].北京：人民日报出版社，2020.

[27] 孙钱章.机关行政事务管理学[M].北京：中共中央党校出版社，1987.

[28] 汤文颖，申珂瑜.国家治理体系和治理能力现代化[M].北京：中国财富出版社，2020.

[29] 王红霞.新发展理念方法论研究[M].北京：中国社会科学出版社，2020.

[30] 王立胜等.新发展理念[M].北京：中共中央党校出版社，2021.

[31] 王树增.长征[M].北京：人民文学出版社，2006.

[32] 王彤.中国之治：新时代国家治理体系和治理能力现代化[M].北京：中共中央党校出版社，2020.

[33] 吴吉清.在毛主席身边的日子里[M].北京：中央文献出版社，2007.

[34] 吴学海.中国人民解放军后勤史（土地革命战争时期）[M].北京：金盾出版社，1992.

[35] 徐梅坤.九旬忆旧——徐梅坤生平自述[M].北京：光明日报出版社，1985.

[36] 徐庆儒.中国人民解放军革命战争时期后勤史简编[M].北京：金盾出版社，1991.

[37] 薛晓峰主编.机关事务管理与实践[M].上海：上海人民出版社，2012.

[38] 杨成武.杨成武回忆录[M].北京：解放军出版社，1990.

[39] 杨立三.杨立三文集[M].北京：金盾出版社，2004.

[40] 杨尚昆. 杨尚昆回忆录 [M]. 北京：中央文献出版社，2001.

[41] 于明. 标准化从头谈起 [M]. 北京：中国电力出版社，2020.

[42] 余伯流，凌步机. 中央苏区史 [M]. 南昌：江西人民出版社，2001.

[43] 张升智. 机关后勤工作概论 [M]. 北京：群众出版社，1999.

[44] 张翼，陶雪良. 机关事务管理研究 [M]. 北京：北京大学出版社，2020.

[45] 张裕民. 机关事务管理工作实务 [M]. 上海：上海人民出版社，2005.

[46] 赵峰涛. 机关事务标准化指引 [M]. 北京：北京大学出版社，2020.

[47] 中央机关事务工作技术文化革命展览会办公室. 机关事务工作工具革新 [M]. 北京：轻工业出版社，1959.

[48] 钟日兴. 乡村社会中的革命动员：以中央苏区为例 [M]. 北京：中国社会科学出版社，2015.

期刊

[1] 白静. 新发展理念下机关事务标准化推进路径探析 [J]. 标准科学，2019(12):106-108.

[2] 白振刚，贾晓明. 新中国成立前后的国家机关事务工作 [J]. 纵横，2009(6):16-19.

[3] 白振刚. 改革开放后的机关事务工作 [J]. 中国机关后勤，2008(5):32-35.

[4] 白振刚. 机关后勤历史沿革与后勤历史人物 [J]. 中国机关后勤，2001(6):16-17.

[5] 白振刚. 建国初期的中央人民政府机关事务管理机构 [J]. 中国机关后勤，1999(2):31+33.

[6] 白振刚. 齐燕铭与国家机关事务管理工作 [J]. 纵横，2007(11):35-38.

[7] 白振刚. 我国机关事务的历史沿革 [J]. 中国行政管理，1997,(4):29-30.

[8] 白振刚. 新中国成立初期国事服务工作的六个"第一次" [J]. 中国机关后勤，2009(11):18.

[9] 白振刚. 周恩来机关事务管理思想与实践——纪念周恩来诞辰100周年 [J]. 高校后勤研究，1998(2):4-6.

[10] 白振刚. 周恩来与机关事务管理 [J]. 中国行政管理，1998(3):23-24.

［11］卞加海.厉兵秣马服好务 精严细实抓保障——厦门市机关事务管理局服务保障金砖国家领导人厦门会晤侧记[J].中国机关后勤，2017(11):20-23.

［12］曹春荣.瑞金时期的苏维埃政府机关事务工作[J].党史博览，2019(8):19-24.

［13］曹玉妹.机关事务标准化现状与发展路径研究[J].标准科学，2018(5):67-70.

［14］陈佳，曹敏华.抗日战争时期陕甘宁边区军粮供应述论——基于军事物流系统构建视角的探讨[J].中共党史研究，2011(12):78-86.

［15］陈佳.中央苏区后勤保障问题研究的学术进程[J].党史研究与教学，2020(1):89-99.

［16］陈梦.中共建党初期经费问题初探[J].上海党史与党建，2014(5):14-16.

［17］陈庆修.从历史沿革看机关事务的含义及其发展趋势[J].中国行政管理，2017(10):146-147.

［18］陈庆修.机关事务工作的政治性探析[J].中国机关后勤，2019(12):57.

［19］陈庆修.建国前后的机关事务工作——访国管局第一届局领导周子健同志[J].中国机关后勤，1999(5):6-7.

［20］崔钢.以标准化手段促进机关事务管理水平提升[J].中国机关后勤，2017(3):7-10.

［21］丁煌，李雪松.新中国70年机关事务治理的制度变迁：一项历史制度主义的考察[J].理论与改革，2020(1):88-99.

［22］丁煌，王光良.国家治理语境下机关事务管理的角色定位与改革创新[J].中国行政管理，2020(12):15-20.

［23］杜茹，赵璐.陕甘宁边区儿童保育院的发展及其对抗战精神的传承[J].中华女子学院学报，2015，27(5):95-98.

［24］冯晓明.运用物联网技术扎实推进机关后勤智慧化[J].中国机关后勤，2019(2):14-16.

［25］傅志华，申学锋.延安时期的经济困境与财政突围[J].财政科学，2021(1):116-125.

［26］干旭，郎维伟.红军长征过藏区及藏族人民对红军的支援和贡献[J].西南民族大学学报(人文社科版)，2006(11):29-33.

[27] 龚喜跃.国管局创建的重要史实[J].中国机关后勤，2010(10):6-7+26.

[28] 郭济.开拓进取 务实创新——在全国机关事务工作协会第二次会员代表大会暨机关后勤改革座谈会上的讲话[J].中国机关后勤，1999(S1):8-9.

[29] 郭济.中央国家机关后勤改革的历史回顾——纪念国管局成立60周年[J].中国机关后勤，2010(11):11-13+33.

[30] 郭森.长征中红军部队的后勤保障工作[J].北京党史研究，1996(5):3-8.

[31] 郭文明.改革开放以来机关后勤人思想观念的转变[J].中国机关后勤，2008(11):22-24.

[32] 国管局公共机构节能管理司.公共机构节约能源资源工作十年综述[J].秘书工作，2018(12):42-43.

[33] 国务院机关事务管理局体改司.学习贯彻党的十五大精神 深化机关后勤体制改革[J].中国行政管理，1997(11):27-29.

[34] 何滨.机关事务信息化体系构想[J].中国机关后勤，2021(11):50-51.

[35] 衡霞.地方机关事务管理职能法定化困境及成因研究[J].中国行政管理，2019(3):18-22.

[36] 胡鞍钢.中国国家治理现代化的特征与方向[J].国家行政学院学报，2014(3):4-10.

[37] 黄江萍.关于深化机关后勤服务行业改革的几点思考[J].中国行政管理，2001(7):38-39.

[38] 黄文国.新时期机关事务管理体制转型的发展趋势及特征[J].办公室业务，2014(13):11-12.

[39] 黄新宝.中央国家机关后勤服务社会化改革的历史嬗变与未来走向[J].中国机关后勤，2016(6):16-20.

[40] 黄正林.民众动员在中共中央转战陕北中的作用[J].中国延安干部学院学报，2020，13(1):102-116.

[41] 霍岩.积极构建法规制度体系 加快机关事务工作法治化进程[J].中国机关后勤，2017(1):25-26.

[42] 贾建林.红军长征中的后勤保障对机关事务工作的启示[J].中国机关后勤，2017(4):43-45.

[43] 贾巨川.国计已推肝胆许：纪念习仲勋同志诞辰一百周年[J].渭南师范学院学报，2013，28(10):5-7.

[44] 江苏省机关事务管理局.做好基础工作 提升管理质量——江苏践行新发展理念推进公共机构节能工作纪实[J].中国机关后勤，2018(7):39-41.

[45] 江西省吉安市机关事务管理局党组.瑞金时期的苏维埃政府机关事务工作[J].中国机关后勤，2021(8):62-63.

[46] 江西省瑞金市机关事务管理局.瑞金时期苏维埃政府机关事务工作（二）[J].中国机关后勤，2018(3):42-45.

[47] 江西省瑞金市机关事务管理局.瑞金时期苏维埃政府机关事务工作（三）[J].中国机关后勤，2018(4):47-50.

[48] 江西省瑞金市机关事务管理局.瑞金时期苏维埃政府机关事务工作（一）[J].中国机关后勤，2018(2):46-50.

[49] 江西省瑞金市机关事务管理局.瑞金时期苏维埃政府机关事务工作的历史意义及启示[J].中国机关后勤，2018(5):42-43.

[50] 焦焕成.深入学习实践科学发展观 推动机关事务工作再上新水平[J].求是，2009(7):14-16.

[51] 李宝荣.加强机关事务理论研究 推动机关事务工作高质量发展[J].中国行政管理，2020(12):6-8.

[52] 李景鹏.关于推进国家治理体系和治理能力现代化："四个现代化"之后的第五个"现代化"[J].天津社会科学，2014(2):57-62.

[53] 李巧玲.机关事务保障的理论建构与治理现代化[J].甘肃社会科学，2021(5):178-184.

[54] 李彦娅.放管服改革背景下的基层机关事务管理创新[J].天津行政学院学报，2020，22(1):54-60.

[55] 梁作强，张宝山，刘慧.关于机关后勤体制改革的几点思考[J].全国商情(经济理论研究)，2006(7):99-102.

[56] 刘红凛. 新时代如何根除官僚主义与形式主义滋生土壤[J]. 人民论坛（学术前沿），2018(5):42-51.

[57] 刘会增. 深化机关后勤服务社会化改革的实践与思考[J]. 中国行政管理，2017(5):6-9.

[58] 刘受初. 中央苏区反"围剿"战争的后勤保障[J]. 井冈山师范学院学报，1995(1):7-12.

[59] 罗平汉，方涛. 从"四个现代化"到"第五个现代化"——中国共产党现代化思想的演进轨迹[J]. 探索，2014(5):36-40.

[60] 罗文. 坚持标准化信息化"两化融合" 推动机关事务治理体系和治理能力现代化[J]. 中国机关后勤，2020(12):18-20.

[61] 罗元生. 解放战争时期解放军的被装供应保障[J]. 党史博览，2014(5):20-23.

[62] 吕传彬. 王会悟：开天辟地一女杰[J]. 云南档案，2020(1):39-43.

[63] 马小惠. 红军长征中的后勤保障[J]. 大家，2010(6):116-117.

[64] 梅荣政. 中国特色社会主义进入了新时代[J]. 思想理论教育导刊，2017(11):8-9+20.

[65] 莫纪宏. "四个全面"：习近平治国理政思想的精髓[J]. 新疆师范大学学报（哲学社会科学版），2015，36(3):1-8+149.

[66] 内蒙古自治区机关事务管理局. 坚持新发展理念 围绕提升质量效能 扎实推进机关事务标准化工作[J]. 中国机关后勤，2018(8):18-19.

[67] 宁树藩，丁淦林. 关于上海马克思主义研究会活动的回忆——陈望道同志生前谈话纪录[J]. 复旦学报（社会科学版），1980(3):1.

[68] 农业部机关服务局. 立足新定位新目标 推动机关事务新发展[J]. 中国机关后勤，2018(1):11-12.

[69] 彭逸凡，侯超华，郑文京. 机关事务管理标准化建设基本路径论析[J]. 中国标准化，2021(11):150-153.

[70] 祁峰.1956，国家机关事务改革的先声[J]. 中国机关后勤，2020(9):49-51.

[71] 秦建培，张扬. 以法治化促进机关事务职能建设[J]. 中国机关后勤，2020(7):48-49.

[72] 全国机关事务管理研究会.机关事务管理改革创新发展 40 年不平凡之路[J].中国机关后勤,2018(10):9-12.

[73] 全国机关事务管理研究会.踏寻历史足迹 阔步走向未来 机关事务工作重要理念的形成及沿革[J].中国机关后勤,2019(7):15-18.

[74] 邵雍.红军长征时期的物资筹措[J].苏区研究,2017(6):66-76.

[75] 沈雪.后勤保障视角下长征中女红军战士的作用研究[J].党史博采(理论版),2017(11):7-8.

[76] 四川省机关事务管理局.从破解五大难题入手 创新推进机关事务标准化建设[J].中国机关后勤,2019(4):19-20.

[77] 宋凤英."红色管家"叶季壮[J].党史纵览,2011(3):37-41.

[78] 孙迪.张思德:为人民服务[J].党建,2021(2):68.

[79] 孙维维,蔡文龙.党和国家机关事务管理的三次嬗变及启示(1921—2019)[J].广东行政学院学报,2019,31(5):33-37.

[80] 孙维维.现代性叙事下的机关事务管理实践路径与角色转型研究[J].领导科学,2021(12):69-72.

[81] 唐树杰.谈当前深化机关后勤体制改革相关政策[J].中国行政管理,1999(3):35-38.

[82] 唐秀平.长征中红军的物资保障工作[J].南京邮电学院学报(社会科学版),1999(2):18-21+28.

[83] 汪信砚,周可.关于新时代我国社会主要矛盾转化的论断及其重要意义探析[J].江汉论坛,2018(12):5-10.

[84] 王德.大力推进机关事务治理体系和治理能力现代化[J].中国行政管理,2017(3):6-10.

[85] 王德.科学把握当前机关事务工作的定位与职能[J].中国行政管理,2005(1):62-64.

[86] 王佃利,于棋.治理现代化视野下机关事务管理创新:从制度优势到治理效能[J].理论与改革,2020(2):122-130.

[87] 王东.红军长征中物资供给保障工作探析[J].历史教学,2006(10):23-27.

[88] 王恩林.延安时期政府如何过紧日子[J].党史纵览,2021(1):54.

[89] 王佳宁.抚脉历程——改革开放40周年大事记(2013～2017)[J].改革,2017(7):30-59.

[90] 王澜明等.建设节约型机关若干基本问题研究[J].中国行政管理,2012(1):7-12.

[91] 王启友.从单一到配套,从工具到价值——改革开放以来我国行政管理体制改革的基本经验[J].天水行政学院学报,2010(4):74-77.

[92] 王淑芹.正确理解五大发展理念的内涵和要求[J].思想理论教育导刊,2016(1):75-78.

[93] 王威."为人民服务"演讲历史背景考证[J].学术论坛,2013,36(1):30-33.

[94] 王卫斌.长征途中的供给保障[J].党史博览,2017(2):17-20.

[95] 王永海.社会化:机关事务工作的改革方向[J].行政管理改革,2013(8):49-52.

[96] 吴培兄.大数据背景下机关"智慧后勤"建设探究[J].中国机关后勤,2019(4):22-23.

[97] 吴文博.机关后勤服务社会化改革与发展的思考[J].中国机关后勤,2016(4):18-20.

[98] 肖楠楠."革命的毛驴":延安时期的李富春[J].党史文苑,2021(1):22-25.

[99] 萧国亮.全国后勤管理研究会首届学术研讨会综述[J].中国行政管理,1994(11):40-42.

[100] 徐刚,封海涛.杨至成与人民军队后勤院校建设[J].军事历史,2008(3):53-56.

[101] 许博春.坚持一条主线 融合三大理念 探索推进机关事务管理信息化[J].中国机关后勤,2019(6):18-20.

[102] 许立新.学习贯彻新发展理念 全力打造现代机关后勤[J].中国机关后勤,2016(12):27-29.

[103] 杨承贤.机关事务管理的制度逻辑与路径选择[J].中国机关后勤,2020(12):57-59.

[104] 杨根乔.论习近平以人民为中心的新发展理念[J].当代世界与社会主义,2019(2):93-99.

[105] 杨植霖.自力更生艰苦奋斗是延安精神的显著特点——五谈延安精神[J].党的建设,1988(8):21-24.

[106] 姚宇娜.机关后勤事业单位内部控制的问题与强化措施[J].人才资源开发,2014(12):11-12.

[107] 佚名.自力更生:延安时期从困难走向胜利[J].新长征,2019(8):35.

[108] 殷杰.天道酬勤——八路军的后勤供给工作(上)[J].军事文摘,2015(21):64-68.

[109] 殷杰.天道酬勤——八路军的后勤供给工作(下)[J].军事文摘,2015(23):69-72.

[110] 尹利民,丁杰,吴茗.机关事务标准化:理论逻辑、实践困境与路径选择[J].理论与改革,2020(2):113-121.

[111] 尹利民,丁杰,吴茗.机关事务标准化:理论逻辑、实践困境与路径选择[J].理论与改革,2020(2):113-121.

[112] 应松年.加快法治建设促进国家治理体系和治理能力现代化[J].中国法学,2014(6):40-56.

[113] 余伯流.中央苏区的历史地位及其深远影响——纪念中央苏区创建暨苏维埃共和国成立70周年[J].党史研究与教学,2001(6):3-7.

[114] 余小勇.三五九旅开发南泥湾及其现实启示[J].前沿,2011(12):105-108.

[115] 袁伟.以信息化推动机关事务治理能力提升[J].中国机关后勤,2020(2):58.

[116] 岳世平.西方发达国家政府机关事务管理的实践及其启示[J].甘肃理论学刊,2009(3):106-109.

[117] 张明知.浅谈促进机关事务工作和谐发展的几点看法[J].社会科学家,2006(A1):27-28.

[118] 张伟伟,李晓光.中国特色社会主义进入新时代的"四个重大意义"[J].中共云南省委党校学报,2018,19(2):11-14.

[119] 张文显.国家制度建设和国家治理现代化的五个核心命题[J].法制与社会发展,2020,26(1):5-30.

[120] 张晓天,赵绪选,王国志.发展物业管理 深化后勤改革[J].中国行政管理,1998(6):29-32.

[121] 张永杰，余红伟，秦瑞荣.机关事务标准化监督管理与实效评估[J].中国机关后勤，2021(1):24-26.

[122] 赵中源.新时代社会主要矛盾的本质属性与形态特征[J].政治学研究，2018(2):55-65+126.

[123] 郑涵予.基于行政成本控制视角的事务标准化建设[J].行政事业资产与财务，2021(17):38-39.

[124] 中国标准化研究院服务标准化研究所.机关事务标准化试点建设分析与建议[J].中国机关后勤，2019(6):11-13.

[125] 钟桂松.沈雁冰在中共建党初期的贡献初探[J].观察与思考，2017(5):33-39.

[126] 钟山，彭志中，任向阳，唐元松.习仲勋辅佐总理治国[J].党史文苑(纪实版)，2016(19):8-15.

[127] 朱春奎，廖福崇.机关事务治理现代化的上海样本：成效、挑战与对策[J].中国行政管理，2019(3):23-29.

[128] 朱鸿亮，郭鑫.延安时期自力更生、艰苦奋斗精神的当代价值[J].西北大学学报(哲学社会科学版)，2020，50(6):23-29.

[129] 朱萌，王浦劬.从"去行政化"到"再行政化"：机关事务管理体制变迁研究(1983至今)[J].云南大学学报(社会科学版)，2021，20(4):121-129.

报纸

钟哲.党的成立是开天辟地的大事变[N].中国社会科学报，2021-04-19(1).

学位论文

周珊.杨立三军事后勤思想研究[D].长沙：国防科学技术大学硕士论文，2011.

后记

习近平总书记指出:"一百年来,一代又一代中国共产党人,为赢得民族独立和人民解放、实现国家富强和人民幸福,前仆后继、浴血奋战,艰苦奋斗、无私奉献,谱写了气吞山河的英雄壮歌。"在中国共产党的百年奋斗历程中,有很多机关后勤事迹荡气回肠,有许多机关后勤人物故事感人至深。机关后勤队伍在平凡的岗位上为党、国家和民族的事业做出了不平凡的贡献。《平凡与光荣》这本书就是对机关后勤队伍百年奋斗历程所做的一个"全景式"回顾。

"红军不怕远征难,万水千山只等闲。"在不同的历史时期的前进路上,机关后勤队伍一次又一次地翻越"雪山草地",攻克了一个又一个"娄山关""腊子口",留下了一曲又一曲"英雄赞歌"。习近平总书记指出:"每一代人有每一代人的长征路,每一代人都要走好自己的长征路。""雄关漫道真如铁,而今迈步从头越。"迈入新

后 记
Postscript

发展阶段，在开启全面建设社会主义现代化国家新征程的时代背景下，机关后勤工作必须坚持党的全面领导，坚持以人民为中心，贯彻新发展理念，坚持深化改革开放，持续推进信息化、法治化、社会化、标准化。

"大人不华，君子务实"，是所有奋斗者的座右铭。后勤工作大有可为。全体机关后勤队伍的干部职工要不断提高政治判断力、政治领悟力、政治执行力，心往一块想，劲往一处使，投身到党、国家和民族最伟大的事业中去。

特别鸣谢

　　本书系成都市机关事务管理局主编的出版物,仅供学习与分享使用,相关图文资料无任何利益相关,也无意侵犯任何一方。因书载部分图片年代久远,若存在部分图片的原作者未能得以联系而因此产生困扰,请及时与本单位联系更改。

　　在此对关心并支持本书的各位领导、各家单位、图文编辑工作者表示最衷心的感谢!